本书系国家社会科学基金一般项目
"行为决策视角下的我国企业绿色技术创新影响机制与政策体系研究"
（编号：19BJY086）最终成果

企业绿色技术创新

影响机制与发展对策

ENTERPRISE GREEN TECHNOLOGY INNOVATION

Impact Mechanism and Development Countermeasures

王丽萍 李 创 著

社会科学文献出版社
SOCIAL SCIENCES ACADEMIC PRESS (CHINA)

引　言

　　习近平总书记在党的十八届五中全会上提出了新发展理念，把创新和绿色放在了重要位置。党的十九大报告再次强调"加快生态文明体制改革""构建市场导向的绿色技术创新体系"。党的二十大报告指出，"完善科技创新体系""坚持创新在我国现代化建设全局中的核心地位""强化企业科技创新主体地位"。这些重要论述不仅体现了党对人类文明发展规律的深刻认识，而且为我国经济社会发展指明了方向。在此背景下，把绿色技术创新融入当前的环境政策当中，引导和激发企业自主进行绿色技术创新，不仅是建设环境友好型社会、实现经济可持续发展的重要政策手段，也是降低政府管制成本、提高政策执行效率、加强市场经济体制改革的必然选择，对此进行研究对提升发展质量，更好地满足人民群众对美好生活的需要具有重要的理论和现实意义。

　　第一，本书从国内外背景出发提出研究的理论和现实意义，重点从绿色技术创新的起源、政府环境管制与企业绿色技术创新的关系、企业绿色技术创新的影响因素以及创新效应等方面，全面阐述了国内外专家学者的研究贡献，旨在厘清本领域的研究进展，在此基础上提出本书研究的基本思路和基本观点。

　　第二，通过与传统技术创新的对比，明确绿色技术创新的基本内涵与特征，进而将可持续发展理论、系统理论、利益相关者理论和波特竞争理论作为本书研究的理论依据，按照抓主要矛盾和矛盾的主要方面的整体思路，从内部和外部、主观和客观两方面构建企业绿色技术创新影响机制的分析框架，内部影响因素主要指企业禀赋和高管特征，外部影响因素主要指政府干预、市场力量和社会背景。在此基础上，本书基于中国 2010～2019 年的沪深 A 股上市重污染企业数据进行了实证分析，结果表明，企业内部资源是企业绿色技术创新的基础，政府管制能显著影响企业的创新战略，社会背景因素在企业禀赋影响企业绿色技术创新方面的调节作用不明显，但在企业高管的行为决策方面的作用明显增强。

第三，环境问题的公共属性为政府干预提供了契机，为此，本书从政府的环境管制外部视角出发，分析了环境管制对企业绿色技术创新的影响机制，并以 2010～2019 年沪深 A 股上市企业为样本，通过计量模型实证研究了异质性环境管制政策对企业绿色技术创新的影响。研究结果表明，命令型、市场型和自愿型环境管制政策发挥了不同的作用，且在所在地区、企业性质、要素密集度、污染程度、行业属性等方面存在差异。基于此，本书进一步从不同类型的环境管制政策出发，分别选取新环保法、ISO14001 认证等作为政策代表，运用准自然实验法、倾向得分匹配法等，深入细致地实证研究了命令型环境管制政策对企业绩效的影响机制，以及自愿型环境管理的驱动性因素与障碍性因素，通过平行趋势检验、替换变量、更换模型、安慰剂检验、剔除政策干扰等多种稳健性检验，分析讨论了研究结果的可靠性。

第四，绿色技术创新是企业环境战略的重要内容，为此，本书从环境战略的历史沿革与影响因素等方面阐述了企业环境战略与企业绿色技术创新之间的关系，并运用计量经济学模型实证分析了环境战略对企业绩效和企业绿色技术创新的影响，及其在市场环境、成长阶段、产权性质、企业规模和时间效应等方面的差异化表现。鉴于绿色技术创新的高风险、高投入、长周期和低收益特点，本书进一步从行为决策的非理性特征入手，一方面剖析企业内部的非理性决策过程，另一方面研究企业与外部主体的非理性决策过程。关于企业内部的非理性决策过程，本书以 2010～2019 年沪深 A 股上市的制造业企业为研究样本，以企业环境战略的重要决策者高管团队为突破口，重点考察了高管团队的环境意识、社会责任感、冒险精神、创新精神等行为决策因素对企业绿色技术创新的影响，有力弥补了现有研究"重理性变量、轻行为变量"的不足；关于企业与外部主体的非理性决策过程，本书运用前景理论构建了企业与政府之间的基于感知价值理论的演化博弈动态模型，借助仿真技术进行了数值模拟，从而清晰再现了企业与政府之间的动态博弈关系和演化稳定策略。

第五，基于研究结论，结合我国的国情并借鉴国际先进经验，本书从政府、企业、公众和第三方组织四个主体出发，分别提出相关政策建议。建议政府基于法律法规，综合运用经济手段和行政手段，积极构建市场导向的绿色技术创新政策体系；建议企业从内外部两个方面入手，以企业资源禀赋为基础，充分激发企业内部的创新力量，尤其是要培养高管团队的创新精神和社会责任意识，为绿色技术创新提供源源不断的内生动力，同时处理好与外部的政府等利益相关者的关系，为绿色技术创新营造良好的氛围；建议社会公众积极参与绿色技术创新，培养绿色消费意识、践行绿色消费行为、增强绿色维权意识；建议高校和科研院所、金融机构、中介服务机构等社会力量，着力推动"产学研金介"有效融合，为企业绿色技术创新提供有力支持。

本书在撰写过程中，参考了大量的中外文资料，在此向所有文献作者表示感谢。由于时间仓促和条件所限，书中难免存在疏漏和错误，敬请各位读者批评指正。

目　录

1

绪论

1.1 研究背景与研究意义

1.1.1 研究背景

从世界发展历程看，构建人类命运共同体的内在要求就是绿色发展、和谐发展。由于全球冰川融化、海洋污染、生物多样性破坏、资源枯竭和能源短缺等生态问题日益加剧，绿色创新主题得到了世界各国的广泛关注。许多国家采取绿色创新技术以减轻对生态环境的破坏，并且越来越多的国家将绿色技术创新作为经济社会可持续发展的重要驱动力，以及增强国际竞争力和提升综合国力的重要途径和必要条件，重视绿色技术创新成为一国经济长远发展的重大战略选择。从企业发展来看，绿色技术创新是解决资源利用率低、污染物排放多、环境负面效应大等问题的有效手段，是企业实现绿色发展、降低环境损害、承担社会责任的重要体现，也是提高企业市场竞争力和改善企业社会形象的重要路径。总之，绿色技术创新符合生态经济发展规律，越来越多的国际组织、国家、企业以及微观个体积极主动地开展绿色技术创新。

改革开放以来，我国加快推进工业化和城市化的步伐，在此过程中由于存在管理水平较低和技术设备落后等问题，对资源开采、污染物排放缺乏有效的管制，正面临严重的资源消耗和环境污染问题。缓解经济发展和生态平衡之间的突出矛盾，需加快制造业的绿色改造升级，推动绿色发展提质增效，努力构建高效、清洁、低碳、循环的绿色制造体系。党的十九大报告指出，制造业企业应在创新引领、绿色低碳等领域培育新的经济增长点，并把构建市场导向的绿色技术创新体系、推动社会绿色发展，作为美丽中国、生态文明建设的重要任务。党的二十大报告指出，"完善科技创新体系""坚持创新在我国现代化建设全局中的核心地位""强化企业科技创新主体地位"。市场导向意味着政府在生态文明和环境治理领域中更多的是扮演监督者和引导者的角色，要充分发挥市场的基础性作用，即利用"无形的手"，引导各市场主体参与绿色技术创新活动，这为我国绿色技术创新体系的政策设计指明了方向。因此，在中国企业绿色转型升级的过程中，绿色技术创新是协调企业经济效益与环境保护、驱动企业转型升级的重要途径，企业对绿色技术创新的需求比以往任何时候都要迫切。

促进企业主动进行绿色技术创新，必须解决其动力问题，动力机制的设计关键在于掌握企业绿色技术创新的影响因素和作用机理，进而构建相关的政策体系，为企业技术研发和创造过程提供有力支持。在此背景下，开展企业绿色技术创新的影响机制与政策体系研究具有重要的理论和现实意义。

1.1.2 研究意义

习近平总书记在党的十八届五中全会上提出了新发展理念，把创新和绿色放在了重要位置。党的十九大报告再次强调"加快生态文明体制改革""构建市场导向的绿色技术创新体系"。党的二十大报告明确提出"推动经济社会发展绿色化、低碳化是实现高质量发展的关键环节"。这些重要论述不仅体现了党对人类文明发展规律的深刻认识，而且为我国经济社会发展指明了方向。当前，我国经济步入新常态，资源约束与环境保护面临新形势，产业转型与结构调整进入攻坚阶段，在此背景下，把绿色技术创新融入当前的环境政策当中，引导和激发企业自主进行绿色技术创新，不仅是建设环境友好型社会、实现经济可持续发展的重要政策手段，也是大力提升发展质量，更好地满足人民群众对优美生态环境的需要的迫切要求。

（1）学术价值

企业绿色技术创新是一个复杂的多因素综合作用过程，客观理性变量是企业决策的物质基础，主观行为变量是企业决策的精神动力，尤其是面临不确定性、风险性和创新性决策时，更需要企业管理层的环境意识、创新精神和冒险精神等。因此，本书从行为决策角度研究企业绿色技术创新的影响机制，有助于揭示企业绿色技术供给的微观机理，从而建立适合我国国情的绿色技术创新长效激励机制。

（2）应用价值

党的十九大和二十大报告都明确提出要构建市场导向的绿色技术创新体系，坚持节约资源和保护环境的基本国策。因此，建设资源节约型、环境友好型社会是一项长期的战略任务，而绿色技术创新是完成这一任务的根本出路。在此背景下，研究怎样的环境政策设计更有利于企业实现环境绩效和经济绩效的双赢，并建立相关的政策体系，不仅有利于充分调动企业绿色技术创新的积极性，而且是降低政府管制成本、提高政策执行效率、加强市场经济体制改革的必然选择。与此同时，深入研究企业绿色技术创新的内在动力和决策机制，对于引导和激发企业开展有利于节能环保的技术创新，真正发挥好企业作为创新主体的重要作用，具有重要的实际应用价值。

1.2 研究现状与文献评析

1.2.1 研究现状

经济学中的创新一词最早出现于熊彼特 1912 年所著的《经济发展理

论》，指的是将一种从没有过的生产要素和生产条件的"新组合"引入生产体系。20 世纪 60 年代，新技术革命来势迅猛，经济学家华尔特·罗斯托（Walt Rostow）将"创新"这一概念演变成了"技术创新"，将其提高到了"创新"的主导地位。此后，技术创新活动此起彼伏，世界财富急剧膨胀，但随之而来的环境污染问题也越发突出。较早步入工业时代的发达国家在社会发展中逐渐认识到环境保护对于可持续发展的重要意义，不断探索兼顾环境保护和资源利用的有效途径，绿色技术创新便应运而生。国外较早提出绿色技术创新概念的学者有 Rath 和 Copley（1993）、Brawn 和 Wield（1994）、Foster 和 Green（2000），他们从技术与经济、环境相结合的角度给出了不同的绿色技术创新的定义。此后，Ruediger（2007）等人对绿色技术创新的内涵进行了拓展。虽然不同学者对绿色技术创新的含义做出了不同的界定，但概括起来，绿色技术创新是指所有能够改善或提高人类生存环境质量的技术创新活动或过程，其一方面要通过技术创新去保护和改善生态环境，降低或者消除对环境的负面影响；另一方面又要通过解决环境问题推进技术进步，提高资源利用率，最终实现环境保护与经济发展的协调统一。

由于绿色技术创新兼顾发展经济和保护环境的双重使命，而解决环境问题是政府义不容辞的责任，所以，围绕政府的环境管制政策与企业的绿色技术创新的关联关系的研究受到社会各界的广泛关注。新古典经济学认为，环境管制所产出的社会经济效益必然以增加企业的私人成本为前提，即企业的运营成本和在环境保护方面的投入增加，将妨碍企业生产力的发展，影响其产品竞争力，这一观点的代表人物有 Cole 和 Elliott（2006）等。但迈克尔·波特（Porter，1991）提出，恰当设计的环境管制政策能够激励企业采取积极的环境战略，促进企业开展绿色技术创新，从而提升企业的产品竞争力和社会声誉，最终使企业更具竞争优势，这就是著名的波特假说。此后，Porter 和 Linde（1995）进一步说明了环境保护经由绿色技术创新提升企业竞争力的过程，波特假说得到进一步完善。

　　波特假说向新古典经济学关于环境保护问题的理论框架提出了挑战，为我们重新认识环境保护与经济发展的关系提供了全新的视角。此后，大量学者对此进行了理论与实证研究，研究主要集中在不同环境政策工具对绿色技术创新的影响机制等方面。如 Montero（2002）对排放标准、行为标准、交易许可证、拍卖许可证等四种环境政策对企业绿色技术创新的研发激励效果进行了比较，研究发现，环境政策的创新激励效果因市场结构不同而存在差异。Nesta 等（2014）认为环境政策对于高品质绿色专利的产生至关重要，且能够显著推动绿色技术创新。Miguel 和 Pazó（2017）基于西班牙制造企业的数据，探讨了环境管制对企业过程创新和产品创新的影响，研究发现，环境管制可以显著促进企业的绿色技术创新。Marin 和 Zanfei（2018）则从服务外包的角度研究得出，严格的环境监管可以触发广泛且密集的绿色技术创新外包，从而促进企业进行绿色技术创新。国内学者在这方面的研究成果也非常丰富，且研究结论也普遍认同应加强环境管制从而促进绿色技术创新的供给（齐绍洲等，2018），但董直庆和王辉（2019）指出，环境管制政策的激励效果也会因地区、企业或行业的差异而不同。从上述文献可以看出，一般基于市场的环境管制政策较命令型环境管制政策对企业绿色技术创新的激励效果更好，且市场竞争越充分，企业的创新活动就越活跃，这也符合党的十九大提出的"加快完善社会主义市场经济体制"，"使市场在资源配置中起决定性作用"的重要论断。当然，现有研究也发现，环境管制政策的激励效果存在一定的滞后效应，短期内企业往往会忽视绿色技术创新的机会，因此，环境管制政策的设计至关重要。

　　除上述谈及的绿色技术创新的影响因素之外，学术界还提出了利益相关者、专利共享、客户需求、行业竞争、产业集群、市场结构等因素，并且有学者对多种因素进行了综合分析，只是不同学者对各因素的关注度不一、对各因素重要性的排序也不一。如 Delgado-Ceballos 等（2012）

的研究发现，利益相关者压力和整合能力会显著影响企业采取积极的环境战略。Hall 和 Helmers（2013）从知识外溢的角度提出，专利共享机制可以更好地促使绿色创新技术的传播和扩散。Hojnik 和 Ruzzier（2016）的研究表明，来自客户的压力和行业的竞争压力对企业绿色技术创新实践具有正向影响。Antonioli 等（2016）、Metechko 和 Sorokin（2018）研究得出，绿色技术创新的公共物品属性使得企业集聚或产业集群更有利于企业的绿色技术创新。Seroka-Stolka 和 Fijorek（2020）研究发现，来自投资者及同行先锋等的压力是企业实施绿色技术创新的重要驱动力。在国内学者方面，范群林等（2013）、邵帅等（2019）研究得出，技术进步、市场结构和经济集聚对企业绿色技术创新具有显著的正向影响。从研究方法看，这部分研究采用问卷调查、统计分析或案例研究方法的较多，但由于研究视角和指标体系不一，研究结果也不尽相同。总之，以上大多采用实证研究方法，从单个企业或行业到跨区域的研究都有，文献资料也非常丰富。

企业开展绿色技术创新除了受上述外部因素影响外，还需要相应的内部支撑条件，这也是学术界关注的重点问题之一。资源基础观认为，企业实施怎样的创新战略、采取什么样的创新模式，都是由企业的内部资源决定的。如 Lucchesi（2013）研究发现，企业规模、企业类型和物质资本强度是巴西制造业企业绿色技术创新的重要决定因素。Zailani 等（2008）对马来西亚 252 家企业的调查研究表明，人力资源质量提升和环境不确定性可以显著提高运输业企业绿色技术的采纳意愿。Ángela 等（2017）研究得出，企业规模、R&D 投入和出口额对企业绿色技术创新的影响是正向的，而企业年限、公共研发补贴对企业绿色技术创新产生负向影响。曲小瑜和张健东（2017）研究发现，制造行业绿色技术创新能力受到研发基础、研发投入、新产品销售收入和单位工业产值综合能耗等指标的影响较大。总体来看，这部分的研究主要涉及企业规模、资产总量、人力资本、股权结构等，研究范围广泛、研究方法多样，研究成果也具有较高的实践指导价值。

随着人们环保意识的增强和绿色技术的推广，围绕绿色技术创新生态效益和经济效益的研究也开始增多。如 Heffels 等（2014）、Claudia 和 Francesco（2017）针对德国、巴西、意大利等国的大规模调查研究均表明，绿色技术创新不仅能提高生态绩效，还能提高经济效益，而且实施环境管理的企业较其他企业具有更好的财务表现。在中国，尤其是党的十八大以后，生态文明制度体系加快形成，生态环境治理明显加强，围绕绿色技术创新与经济增长、环境绩效和财务绩效等的关系的研究开始受到一些学者的关注。如迟楠等（2016）研究得出，先动型环境战略对企业的环境绩效和经济绩效有正向影响，且对环境绩效的影响更大。特别地，越来越多的企业开始实施自愿型环境管理战略，绿色技术创新正在成为企业积极主动的选择，这也使得围绕企业管理者的行为变量研究逐渐增多。杜晶和朱方伟（2010）构建了企业绿色技术创新的行为决策分析框架。周永圣和梁淑慧（2017）指出了绿色技术创新中的搭便车行为，并提出了相应的惩罚机制。Guimar 等（2017）认为，企业的社会责任与其绿色技术创新呈显著的正相关关系。Arena 等（2017）从 CEO 的个人特质出发，研究了 CEO 的傲慢特征与企业绿色技术创新之间的关联关系。邹志勇等（2019）、宋岩和孙晓君（2020）研究得出，高管环保意识、企业社会责任等对实施绿色技术创新有显著影响，但存在时滞性。Cai 等（2021）的研究表明，企业家的环境认知会显著影响绿色技术创新的效果。这方面的研究主要是定性分析，缺乏深层次的量化分析，在研究方法上表现出单一性。

1.2.2 文献评析

从现有研究资料和研究结论可以看出，企业进行绿色技术创新，一方面是为了履行社会责任、获得社会认同以及确保组织的合法性而采取的一种战略选择；另一方面是管理者根据企业内部资源进行的一种行为决策。这说明企业绿色技术创新是所在社会框架里的反应性行为，在这一过程中既有"经济理性"的因素，也有"行为决策"的成分，而现有研究多着眼于理性变量而忽略了行为变量在企业绿色技术创新决策过程中的影响。有的研究虽然注意到了决策者的环境认知、信息能力、个人特质和社会责任感等行为变量对企业绿色技术创新的影响，但定性分析或案例研究较多，作用机制的理论研究还有待深入。此外，在研究方法上，多数研究采用行业或区域面板数据进行经济模型、数理统计分析，针对企业微观层面的环境意识、环境态度和环境行为的研究较少，对企业创新决策的行为规律和机制探讨不够，从而使企业在绿色技术创新过程中对自身行为的改进和完善缺少系统的理论指导。因此，在理论和实践上对我国企业绿色技术创新的行为决策做出更加合理的分析和提出更加优化的措施是未来研究中需要改进和加强的地方。

1.3 研究内容与研究方法

1.3.1 研究内容

绿色技术创新本质上是提升企业的全过程环境绩效，因此，本书的研究对象是与企业节能减排、治污降耗相关的技术创新活动及其影响因素，所涉及的企业范畴主要是工业企业。

本书的研究内容主要分以下五个部分。

第一部分，绪论。重点介绍国内外研究背景与研究意义、研究现状与文献评析、研究内容与研究方法、主要学术观点与创新之处，这一部分重点是对整体研究框架进行概述性介绍，为全面了解本书研究成果提供总体指导。

第二部分，企业绿色技术创新影响机制的一般分析框架构建。这一部分首先对绿色技术创新的内涵进行系统梳理，并将其与传统技术创新进行对比，以突出绿色技术创新的特征。在此基础上，结合调查研究和专家咨询的结果，从理论依据、基本过程和主体内容三个方面详细阐述本书所构建的一般分析框架，为后期剖析企业绿色技术创新的影响因素与实证研究奠定理论基础。分析框架包括内外部影响因素，且内外部影响因素都有理性和行为两类决策变量，外部影响因素主要有来自政府的环境管制、供应链上的利益相关者和市场竞争的压力，内部影响因素主要有企业内部资源状况和企业管理者的个人特质等。内部影响因素和外部影响因素相互联系、相互作用，外部影响因素会通过企业内部影响因素发挥作用，内部影响因素会调节外部影响因素的作用强度，内外部影响因素的作用关系还可能会因企业成长阶段、市场竞争环境等的变化而变化。最后，利用 2010～2019 年中国沪深 A 股上市重污染企业数据进行实证研究，以检验分析框架的合理性和可行性。

第三部分，政府环境管制政策对企业绿色技术创新的影响。来自政府的环境管制压力是企业进行绿色技术创新的首要外部力量。本书首先从环境管制的产生与发展出发，全面系统总结国内外环境管制的政策类型及其演化脉络，为环境政策的改革提供清晰的思路。在此基础上，围绕环境管制对企业绿色技术创新的影响进行理论分析，指出现有研究的贡献和可能的不足之处。接下来，将环境管制分为命令型、市场型和自愿型三种类型，开展异质性环境管制政策对企业绿色技术创新影响的总体实证研究，并运用准自然实验法以新环保法为例研究命令型环境管制政策、运用倾向得分匹配法以 ISO14001 认证为例研究自愿型环境管制政策对企业绿色技术创新的影响。在实证研究过程中，本书还注意到环境管制政策在地区差异、企业性质、企业规模、成长阶段、行业类型、污染程度等方面表现出的差异性，并运用替换变量、更换模型、安慰剂检验等方法进行了稳健性检验，还进行了调节效应和中介效应等机制检验，为深刻揭示环境管制政策对企业绿色技术创新的影响提供了全面系统的分析。

第四部分，企业环境战略对绿色技术创新的影响。企业绿色技术创新是企业战略管理的重要内容之一，企业选择怎样的创新模式、在哪些方向上开展创新，以及在多大程度上创新要依赖企业的环境战略。为了研究环境战略与企业绿色技术创新之间的关系，首先，本书梳理了环境战略的国际背景、历史沿革，以及环境战略的内涵与影响因素。其次，将环境战略具体细分为环境管理和环境合法性两个方面，并考虑企业在不同成长阶段和市场竞争性下的环境战略的不同，以沪深 A 股上市企业为研究对象，实证研究环境战略对企业经济绩效和环境绩效的影响，为解释为何不同企业会采用不同环境战略、产生不同绩效提供科学依据。再次，从企业内部高层管理团队的行为决策特征入手，重点分析高管团队的环保意识、创新精神、冒险精神和社会责任感对企业绿色技术创新的影响机制，较好地揭示高管在高投入、高风险、长周期的绿色创新方面的微观行为特征。最后，考虑到绿色技术创新的收益存在较大的不确定性和风险性，企业决策者的收益损失心理必然会影响其行为决策，故本书采用感知价值理论分析企业决策者的损失感知、感知价值敏感度、损失厌恶等心理活动过程，以及企业与政府之间的行为博弈，并运用数值仿真技术进行模拟分析，将它们之间的互动决策过程及均衡的动态调整机制可视化，为优化政府环境管制政策，尤其是综合运用绿色补贴、容错补偿、惩罚措施激发企业的创新积极性提供理论指导。

第五部分，促进企业绿色技术创新的对策研究。基于研究结论，立足当前的中国国情，在借鉴国际先进经验的基础上，从政府、企业、公众和第三方组织等不同主体出发，围绕促进企业绿色技术创新提出相关政策建议。基于政府视角，重点运用法律手段、市场手段、经济手段和行政手段来促进企业开展绿色技术创新；基于企业视角，重点从企业内部的资源和管理层以及企业与外部利益相关者之间的关系入手，提出相关政策建议；基于公众视角的政策建议主要从培养绿色消费意识、践行绿色消费行为和加强环境维权三方面展开；基于第三方组织的政策建议主要是针对高校和科研院所、中介服务机构、金融机构以及推进"产学研金介"有效融合等四个方面提出。

1.3.2 研究方法

（1）文献分析

全面梳理国内外技术创新与环境管制的理论与实践成果，结合环境经济学、管制经济学、企业竞争力理论、行为决策理论、演化博弈理论等相关理论与方法，为下一步构建行为决策视角下企业绿色技术创新的影响机制分析模型提供理论基础和分析思路。

（2）实地调研

选取我国东、中、西部具有代表性的省区市作为调研对象，重点调研企业对待环境问题的基本态度及企业的战略设计，尤其是企业高层管理者在绿色技术创新方面的行为表现，以及了解企业的经济发展状况和创新水平，获取相关领域中最新的统计数据，为后续研究提供微观数据支持。

（3）专家咨询

充分利用国内外合作院校的专家资源，通过线上交流和线下会议等方式，邀请经济学、管理学、生态学、环境科学、系统科学等不同领域的专家学者分享其对本书研究的独到见解，不断完善、深化本书的研究思路。

（4）计量统计

对所获取的调研资料和统计数据进行整理，定量分析异质性环境管制政策、企业环境战略及企业高管的行为决策变量对企业绿色技术创新和企业经济绩效、环境绩效的影响，以科学测算不同环境管制政策或不同环境战略的作用效果。此外，本书运用双重差分法对实验数据进行计量分析，通过定量研究为后期政策建议的设计与改革路径的研究提供科学依据。

（5）博弈研究

考虑到决策行为是一个不断学习与调整的过程，本书在分析企业与外部利益相关者的互动决策过程中，基于感知价值理论构建了企业与政府之间的动态演化博弈模型，展开9种情景的分析讨论，并运用仿真技术进行了数值模拟，从而深刻揭示了企业与政府的行为决策过程。

本书拟采用的技术路线见图1-1。

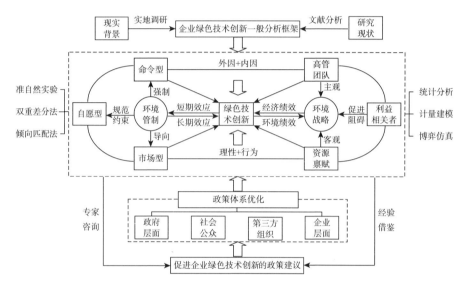

图1-1　本书拟采用的技术路线

1.4　研究结论与研究创新

1.4.1　研究结论

第一，企业绿色技术创新决策既受理性决策变量的影响，也受行为决策变量的影响，尤其是在风险较大及收益不确定的情况下，行为决策变量的影响更加显著。

第二，环境管制政策的设计应兼顾效率与公平，既要有利于资源环境的合理保护，也要有利于企业绩效的不断提升，同时还要能降低环境管制政策的执行成本、提升执行效率。

第三，企业环境战略与企业绿色技术创新紧密相关，环境战略不同的企业，其绿色技术创新的执行程度也会存在一定差异。面对投资规模大和周期长的绿色创新选择时，企业高层管理者的环保意识、创新精神、冒险精神和社会责任感等非理性因素发挥着至关重要的作用。

第四，消费者及社会组织是企业绿色技术创新的重要外部影响因素，应大力培育全民环保意识，发展壮大绿色消费市场，从消费侧驱动企业进行绿色技术创新。

1.4.2　研究创新

（1）研究内容新颖

企业绿色技术创新的影响因素很多，本书在传统的理性分析基础上将行为因素内生化，重点分析企业高层管理团队的非理性行为决策特征、决策者的感知风险和感知价值等行为因素对企业绿色技术创新的影响，这些研究内容是对现有研究重理性、轻行为的有益补充，也为深刻剖析企业绿色技术创新决策提供了更加全面科学的微观基础。

（2）研究方法新颖

本书研究是建立在庞大的数据资料基础之上的，在研究环境管制政策时，本书先从整体进行，然后再细分为命令型、市场型和自愿型三种类型，分别基于大量数据实证研究异质性环境管制政策对企业绿色技术创新及其经济绩效和环境绩效的影响。在研究环境战略时，也是先从整体进行分析，然后再从具体环境战略、企业高管团队特征和企业行为决策等三个方面，系统全面分析环境战略对企业绿色技术创新及其经济绩效和环境绩效的影响。这种严谨的研究设计与缜密的数据处理，保证了研究结果的科学性和有效性，得出了具有启发意义的研究结论。

一方面，本书采用新古典经济学理论、利益相关者理论和企业竞争力理论等，全面系统梳理企业绿色技术创新的发展脉络与演化机制。在此基础上，从企业内部和外部两个方面构建行为决策视角下的企业绿色技术创新影响机制一般分析框架，运用计量统计和实验经济学的分析方法，检验"波特假说"在我国是否成立，从而从理论上揭示我国企业绿色技术创新的内在机制。另一方面，当前我国经济社会发展中的不平衡不充分问题尚未解决，突出表现为发展质量和效益不高、创新能力不强、生态环境保护还任重道远。为此，本书综合国内外绿色技术创新的相关理论和研究经验，对我国企业积极开展绿色技术创新的驱动性因素和障碍性因素进行深入分析，重点探讨在外部宏观管制政策不断加强、创新需求不断升级的背景下，企业高管在绿色技术创新中的行为决策机制，为科学设计绿色技术创新激励政策提供微观决策依据。

2

企业绿色技术创新影响机制的一般分析框架构建

国家发展改革委员会与科技部于 2019 年 4 月联合印发了《关于构建市场导向的绿色技术创新体系的指导意见》（发改环资〔2019〕689 号），在明确绿色技术创新具体目标的同时，提出了构建市场导向的绿色技术创新体系的路线图和时间表，强调了推进绿色技术创新是生态文明建设的重要途径。特别地，在推进全国碳市场建设的背景下，工业企业作为碳排放大户的主要成员，可以通过绿色技术创新驱动转型，实现环境效益和经济效益的统一，追求更高层次的效益最大化，故绿色技术创新的研究对工业企业的发展具有重大意义。

2.1 企业绿色技术创新的内涵及其特征

鉴于生态系统自身有一定的净化代谢能力，因此，在工业化生产中，人类需要将对自然生态系统的影响控制在可容许的范围内，这就是可持续发展的观点。企业绿色技术创新就是指，企业在遵守生态原则的前提下，将可持续发展理念同技术创新相结合，将环境效益摆在更加突出位置而进行的一系列技术创新行为的总称。国外学者对"绿色意识"的研究较早，有关"绿色技术"的萌芽出现在 20 世纪中叶美国海洋生物学家雷切尔·卡逊（Rachel Carson）的著作《寂静的春天》中。学者 Brawn 和 Wield（1994）从环境友善技术的角度对"绿色技术创新"进行了概念界定，他们提出，企业绿色技术创新是指可以减少环境污染、提高资源利用率的产品或工艺环节的总称。Kemp（2000）认为，绿色技术创新是以减少甚至避免环境损失为目的的、新生的或者新改良的技术产品或结构系统。该学者于 2007 年从系统角度出发进一步精化了"绿色技术创新"的概念，他提出，绿色技术创新就是在企业整个生命周期中，能够实现减少资源消耗负面效应的创新系统总称。学者 Beise 和 Rennings（2005）根据创新目的提出，绿色技术创新是通过完善产品、工艺、制度等来尽量避免环境损害的技术创新，进而有学者指出绿色技术创新是对产品和工艺相关的环节进行的环保性创新。Andersen（2010）认为，绿色技术创新又称生态创新，可以通过产品创新、工艺创新等方式实现利用绿色声誉或绿色产品获得溢价、降低生产成本提高资源效率，进而吸引市场绿色租金，故生态创新是在市场上吸引绿色租金的创新。经济合作与发展组织（Organization for Economic Cooperation and Development，OECD）2008 年将"绿色技术创新"的概念延伸为企业有意或无意做出的产品、工艺环节或结构系统方面的创新动作，强调了无意的创新。

随着 20 世纪 90 年代可持续发展理念进入中国，国内学者开始对企业绿色技术创新的研究产生兴趣，他们从多个视角对绿色技术创新概念进行了界定。其一，从企业创新的目的出发，坚持成本最小化原则，通过绿色技术创新降低产品生命周期的成本（许庆瑞、王毅，1999；李广培等，2018），提高企业绿色竞争力，进而实现增加市场份额。此外，也有研究从政府目的视角出发，认为绿色技术创新是一种在政府推动之下开展的，旨在改变公众"绿色意识"的创新行为（强雁，2003）。徐学军和查靓（2009）将上述两个视角进行了整合，提出企业绿色技术创新是考虑环境损害的企业经营活动，追求的是经济效益和环境效益的最大化。其二，从创新过程出发，学者们主要按照时间序列和环节序列进行概念界定。从时间角度分析，绿色技术创新是指从绿色研发投入到绿色技术创新再到绿色技术生产和应用甚至扩散的一个连续过程（蔡宁、葛朝阳，2000）；从环节角度分析，何小钢（2014）认为，绿色技术创新的结构特征与技术创新相似，都是由诸多有序环节组成的一个连续过程。其三，从系统视角出发，有研究认为绿色技术创新是指，一个基于动态演化行为的多层次交互过程系统，会因市场或自身技术的不确定性波动发生类型转换，即不同类型的绿色技术创新之间发生转换（汪明月等，2021）。

综合上述国内外文献可知，企业绿色技术创新是指在技术创新的过程中整合环境因素，兼顾经济效应和绿色效应的一项综合性创新。对绿色技术创新进行研究时，应当尽量避免将其作为企业的单一活动，而应从过程性和系统性的视角出发，对创新过程的各环节、各因素进行整体分析。企业绿色技术创新同原有的企业技术创新相比具有以下显著特征。

第一，创新动力不同。传统技术创新的动力来源于产品升级换代，能够为企业带来更高的经济效益，而绿色技术创新除了上述动力外，还有来自促进人与自然和谐共生的动力，强调的是对环境的负责，能为人类发展提供一个健康良好的生存环境。第二，带来的外部性不同。传统技术创新强调能够带来更多的利润，而绿色技术创新强调能够带来社会的正外部性，达到保护环境的目的。第三，对环境成本的态度不同。传统技术创新不会考虑或较少顾及环境成本，企业的环境负外部性治理费用留给社会承担；而绿色技术创新关注到生产经营的负外部性，并通过创新将环境成本内部化到企业总成本中。第四，技术体系结构不同。传统技术创新强调对资源的开发利用，是一种单向链式思维，可能会导致资源的枯竭，而绿色技术创新则是以节约资源和保护环境为宗旨，是一种循环利用思维，注重生物技术结合再生低耗技术，缓解资源枯竭对经济发展的制约。第五，技术运行过程不同。传统技术运行过程具有相对封闭性以及缺乏逆向恢复性，在消耗资源的同时会对环境造成一定的破坏，而绿色技术创新则具有相对的开放性，考虑对资源的再生利用，降低原材料的消耗，减少污染。第六，评价标准不同。传统技术创新的评价标准是投入产出指标，强调的是经济效益，而绿色技术创新则是从经济、生态、技术及社会效益等多方面进行评价，两者之间有本质的区别。第七，研究内容不同。传统技术创新研究的重点是产品设计、生产与销售，绿色技术创新强调的是绿色技术方面的创新，其创新处于各个阶段中。总之，传统技术创新与绿色技术创新之间有着非常大的不同，只有持续开展绿色技术创新，才能实现可持续发展。

2.2 企业绿色技术创新影响机制的分析框架

2.2.1 分析框架构建的理论依据

鉴于企业绿色技术创新是一个多因素影响下的、错综复杂的系统作用过程，创新的根本目的是实现人类社会的可持续发展，同时提升企业的核心竞争力，因此本书在构建绿色技术创新影响机制的一般分析框架时，综合借鉴了可持续发展理论、系统理论、利益相关者理论和波特竞争理论。

（1）可持续发展理论

可持续发展是指既满足当代人的需要，又不对后代人满足其需要的能力构成危害的发展。企业的绿色技术创新对绿色和创新的强调，以及同可持续发展理论三大基本原则的关联，都体现了可持续发展理论在创新实践中的关键性地位。可持续发展理论的三大基本原则为公平性、持续性以及共同性，其中，公平性原则指的是同代人间的横向公平、代际的纵向公平以及资源的公平分配。由于绿色技术创新能够提升资源利用率，所以能够给后代人公平利用自然资源的权利，最终实现资源的优化配置。绿色技术创新可以提高企业的资源利用效率和减少能源消耗，从而降低企业的生产成本和产品的价格，使得更多消费者有能力购买该产品，提升消费者对绿色技术产品的可获得性。绿色技术创新将资源和环境的可持续发展摆在重要的战略位置，并将能源消耗和环境保护视为衡量创新能力和绩效的关键指标，因此绿色技术创新的实现促进了经济、社会和生态的可持续发展。持续性原则指的是生态系统的可持续性，强调了资源和环境的重要地位，而共同性原则关注发展的整体性和相互依存性，无论哪一原则都或多或少地印证了可持续发展理论在绿色技术创新实践中的重要性。

（2）系统理论

系统理论最早来源于理论生物学家贝塔朗菲（L. Von Bertalanffy），其核心在于研究复杂系统环境下的结构和规律，是指按照该规律构建出具备特定功能的有机动态整体，即具备广泛适用性的模型、框架或原理。将系统理论应用到企业绿色技术创新影响机制分析时，可以通过设置条理清晰的逻辑思路，从内部因素和外部因素、直接因素和间接因素、理性因素和行为因素等不同的分类角度切入，形成一个强适应性的分析框架。企业绿色技术创新的影响机制涉及面较广，内容复杂且不确定性较高，故系统理论对于企业绿色技术创新影响机制分析具有重要指导意义。因此，本书通过要素分类、设定各自分析路径等方式，以统一基础分析框架为基准获取不同情境下的绿色技术创新影响机制。

（3）利益相关者理论

利益相关者是指与企业生产经营行为和后果有利害关系的群体或个人，不同的利益相关者作为不同权益的主体所关心的问题往往存在差异。故本书从企业绿色技术创新的各利益相关者出发，考虑了政府、市场、社会等多个权益主体。具体来说，企业是环境污染的始作俑者，而政府作为公共环境利益的代表，在环境治理方面具有义不容辞的职责，尤其是环境治理领域"市场失灵"的存在，使政府干预尤显重要。在企业绿色技术创新活动中，一方面，政府通过不断完善的政策法规或环境标准对企业绿色技术创新和环境污染治理提出更多更高的要求；另一方面，政府作为消费主体，通过绿色采购等引领企业的绿色技术创新方向。换言之，企业的绿色技术创新与政府的奖惩机制紧密相关。市场需求的存在是满足对应需求的企业得以出现的原因，故企业服务于市场。市场与企业之间也存在着相互推动的关系，市场需求的变动要求企业通过不断进行绿色技术创新来提高自身的产品吸引力，而不同企业之间共同推进创新的趋势又提高了市场的竞争程度，从而提升了市场中产品的平均水平，进而进入下一个良性的创新循环。另外，随着社会经济的日益发展，企业对社会的影响逐渐增加，同时企业又依存于社会的认知、文化等背景，故社会作为企业的资源来源，同企业绿色技术创新之间也存在密切的关系。

（4）波特竞争理论

波特竞争理论是指，企业在制定竞争战略时，必须深入了解决定产业吸引力的竞争法则。波特竞争理论涵盖五力竞争模型、价值链等，在企业实践的各项决策中都有所体现。绿色创新通过工艺创新和产品创新等方式节约资源、降低能源消耗、提高劳动生产效率等，用技术创新来降低必要生产成本，帮助企业实现低成本竞争优势。企业通过绿色技术创新满足消费市场的个性化需求，通过精致的产品服务和闭环管理提升消费者的体验、增强消费者的品牌黏性，从而提升企业的差异化竞争优势。企业顺应时代发展潮流，坚持绿色发展理念，顺应环保政策法规的要求，通过绿色技术创新，推动企业在行业中扮演领导者的角色，提升企业的技术竞争优势和市场引领优势。这些竞争优势的形成与企业追求自身利益最大化的目标不谋而合。因此，企业绿色技术创新决策与企业其他战略决策一起，共同构成企业生产经营的内容。

2.2.2 分析框架构建的基本过程

企业绿色技术创新一般分析框架的构建过程大致可分为三个阶段，

为了能清晰地呈现各层级内部以及层级间的逻辑结构，从而提高分析框架的可信度，下面逐步进行细化。

第一阶段，明确系统内的利益相关主体。以企业绿色技术创新为核心，以系统理论和利益相关者理论为指导，从宏观视角选取各权益主体，初步搭建分析框架的大致结构。第一阶段对应到后续的具体分析步骤如下：选择主体产业、集群或若干企业组作为分析主体，由于各个产业或集群等样本的利益相关者特征有所不同，故不同的分析主体有不同的侧重点，利益相关主体在行业之间存在一定差异，最终形成不同的分析框架。从实践角度看，此步骤有一定的主观性，选取的产业样本主要受分析者的影响较大，也会受到社会热点及发展阶段等因素的影响，如国内近几年的研究主要集中于重污染业、清洁业、新能源业等，故在第一阶段分析结果会出现差异。

第二阶段，归纳各主体对应的影响因素。从各主体出发，以企业绿色技术创新为核心，结合国内外已有文献的研究成果，收集整理各类指标数据并进行归纳总结，形成不同主体不同方面的影响因素。例如针对企业主体构建包含环境管理体系、研发投入及创新压力等因素的分析框架，针对企业高管主体构建包含企业管理层的环境注意力、薪酬激励等因素的分析框架，等等。其目的是实现点—轴系统理论内"点"的分类呈现。这一阶段对应到后续的具体分析步骤为内外部因素的选择，以一般分析框架为基础，在各细分变量上进行对照，依据所选取产业的特征进行筛选或调整，形成具有个体差异性的影响因素分析系统。

第三阶段，呈现各影响因素同企业绿色技术创新行为之间、其他影响因素之间的联结关系。各影响因素对绿色技术创新的影响路径或作用程度存在差异。其中，内部影响因素对于企业创新行为的影响最为直接，外部影响因素对企业创新行为的影响主要是以间接方式切入，即通过作用于内部影响因素来影响企业绿色技术创新。但这并不意味着，外部影响因素在企业创新中只是起到辅助作用，某些情况下，外部影响因素是内部影响因素的动力和源泉，尤其是政府颁布的法律法规，往往是企业开展创新活动的基本准则。本书在阐述具体影响机制主线的同时，还阐述了各影响因素之间存在的排斥、促进或并存联系，最终构建出完整的点—轴系统。这一阶段对应到后续的具体分析步骤为对各影响因素间联系的阐述，从选取的产业特征出发，对构建的概念框架所提及的影响因素进行系统分析，明确各因素之间的关系。将分析结果同影响机制一般分析框架进行对比，进而归纳出一般化特征，通过分析差异部分，得出个体化的结论。

2.2.3 分析框架构建的主体内容

企业绿色技术创新的影响因素是激发企业绿色创新活力的关键因素，可以从影响因素来源视角将其分为内部影响因素和外部影响因素，且无论是内部影响因素还是外部影响因素，从作用方向来分，又可以分为动力因素与阻力因素。特别需要强调的是，内外部影响因素并不是完全独立的，而是相互联结、相辅相成、交织相融的关系。已有研究多基于内外部影响因素的逻辑进行归类分析，集中于理性变量或客观变量的量化与分析，相比之下，现有研究对非理性变量或行为变量的研究相对稀缺，对理性变量和行为变量的综合研究也有待深入。故本书在内在运行机制和外在保障机制的划分基础上，分别对客观因素和主观因素进行归类分析。

（1）企业内部影响因素资源禀赋

企业资源禀赋是指企业拥有的各项生产要素的数量与质量，包括劳动力、资本、技术、管理、信息等各类生产要素。由于企业现有资源禀赋状态所涵盖的要素范围较广，是企业行为决策的物质基础，所以企业资源禀赋在研究企业行为影响机制的过程中扮演着十分重要的角色。绿色技术创新是一项非日常经营决策，会因为企业内部某些因素的不确定性而发生改变。结合绿色技术创新的特点，本书从股权结构、经营规模、研发投入以及环境管理能力四个方面剖析企业资源禀赋与绿色技术创新之间的关系，这四个方面对应企业的资本、劳动力和管理三大生产要素。

第一，股权结构，也称股权集中度，强调企业内部各股东之间的制衡程度。基于委托代理理论，大股东更倾向于关注长期利益，加之绿色技术创新符合企业追求长期价值最大化的战略思路，故企业的股权结构越集中，越有利于大股东做出创新决策，企业绿色技术创新的实施越顺利。然而，当企业的股权过于集中时，大股东凭借手中所掌握的具有垄断优势的控制权会倾向于侵占中小股东的权益，此时短期私利对大股东的诱惑明显增大（唐国平等，2013），这将不利于企业绿色技术创新的推进。

第二，经营规模，主要通过企业的总资产、主营业务收入或者是从业人员数量来确定企业规模的大小。根据已有文献可知，企业规模同绿色技术创新之间存在倒"U"形关系（高良谋、李宇，2009），即在一定范围内较大规模的企业在资金、技术、人员等方面都占据优势，企业的绿色技术创新更易于推进。然而，当企业规模过大时，由规模经济获得垄断势力的企业更偏向于利用规模优势来获取利益，最终使得该企业进行技术创新的意愿降低（周方召等，2014）。也有学者提出，上述倒"U"形关系在规模不同的企业之间又会存在差异：不同于小企业的非定向性技术创新，大企业的创新属于定向性技术创新，故倒"U"形关系主要集中于大企业，且健康可持续的创新环境需要实现定向与非定向性技术创新之间的动态转化（王旭、褚旭，2019）。

第三，研发投入，反映企业在研究与开发方面的投入，反映了企业对技术创新的态度（Chiang，2013）。有学者对企业规模、研发投入以及绿色创新三者间的关系进行分析，发现随着企业规模的扩大，R&D投入强度对绿色创新的作用方向实现由负变正（王惠等，2016）。其中，以投入金额大小来衡量企业对研究开发项目的投入强度；员工投入用企业研发部门的员工占比或者高素质人才占比衡量，关注的是企业在高技术研发方向上的人力资本投入强度。当员工结构越趋向于以研发创新人才或高素质人才为主时，当研发资金投入越多时，企业的创新意愿越强，创新研发投入的水平越高，对绿色技术创新的实施推动力越大。

第四，环境管理能力，反映企业围绕环境进行动态调整以及实施环境治理的能力（路江涌等，2014）。高水平的环境管理能力能够降低企业日常的环境管理成本，有效规避企业可能面临的环境风险，更好地推动企业进行绿色技术创新。当企业面对日常管理之外的环境变化时，环境管理能力便成了企业应当具备的用于适应外部环境变化的重要特质，对绿色产品创新具有显著促进作用（邢丽云、俞会新，2019）。企业环境管理能力与企业管理者密切相关，企业内部人员的认知导向会在一定程度上调节企业的创新决策。企业家或企业管理层是企业的一项无形资产，他们的关注点是影响企业绿色技术创新的重要因素，例如企业管理者会基于创新成本或创新风险干预企业创新决策，从而以创新认知压力为出发点来推动企业进行绿色技术创新（Scott，2008）。也有学者发现，企业决策者对创新的预期收益对企业绿色技术创新有着较大的影响，他们认为不同企业间的长期性预期和短期性预期差异会影响绿色技术创新的决策（汪明月、李颖明，2020）。

（2）企业内部影响因素高管特征

企业高层管理者负责企业战略目标的制定与战略执行，研判企业经营决策的方向，优化企业的资源配置，是企业运营的核心人物（Rosa et al.，2017）。企业绿色技术创新是企业生产经营决策的重要组成部分，也是企业实现长期发展的重要路径与有力保障。因此，企业绿色技术创新是一项十分重要的企业经营活动，是企业高管的重要决策内容，反过来，高管特征也必然会影响企业的创新选择。高管特征对企业绿色技术创新的影响可以从客观因素和主观因素两方面展开分析。

客观因素主要是指企业决策者在客观层面对绿色技术创新的影响因素，包括薪酬激励、社会声誉、技术掌握、学历背景以及团队断裂带。

①薪酬激励是所有者激励管理者的主要方式之一。委托代理理论认为，所有者和高管的利益追求往往存在矛盾，所有者倾向于追求有利于企业长期发展的绿色技术创新，而高管倾向于追求符合自身利益的短视行为。对此，所有者通过制定合理的薪酬激励方案，将管理者对创新的关注点从短期回报转移到长期回报上，从而缓解委托代理关系产生的利益冲突，推动企业进行绿色技术创新（张子余、袁澍蕾，2017）。②社会声誉是行业内对高管职业能力的累积评价，同管理者的长期职业生涯密切相关。社会声誉是一种用以评价高管能力的长期信号，社会声誉好的高管为了维持其良好声誉，倾向于支持同长期利益符合的决策，从而避免短期行为，这有助于推动企业进行绿色技术创新（徐宁等，2018）。然而，社会声誉良好的高管在决策时会将自己的声誉视为一项决策压力，故风险规避型的高管不愿选择具有冒险性的创新行为，以避免不确定性损失带来的声誉损害。③技术掌握是指高管对企业核心技术或市场前沿技术的掌握程度。提升高管对核心技术的掌握程度有助于降低企业创新决策的试错成本，缓和有利于企业长期发展的创新活动同短期行为的冲突，从而有利于促进企业进行绿色技术创新。④学历背景反映高管的受教育程度，进而在某种程度上体现了高管专业能力的高低，不同知识储备的高管掌握的科学技术不同。学历的提升有助于高管熟悉先进的科学技术，了解最新发展态势，掌握优良的社会资本，进而提升创新意愿以及与创新相关的个人素质，更快地推动企业向绿色技术创新方向发展。⑤团队断裂带是根据高管团队成员的相似特征将团队群体划分为若干子群体的虚拟分割线。有研究将断裂带分为任务相关断裂带和生理特征断裂带（王旭、杨有德，2018），不同类型的断裂带在捕捉政府的财政资源、利用社会的人力资源，以及转换企业治理侧重点时的表现有差异，这些差异最终在企业绿色技术创新决策中形成不同程度的推动或阻碍作用（李楠博，2019）。

主观因素主要是指企业决策者在主观层面对绿色技术创新的影响因

素，包括环境意识、风险偏好、预期收益以及战略制定等。①环境意识，是指高管在企业经营过程中对环境的关注程度。高管环境意识同企业的治理过程是密不可分的，高管的环境意识越强，越倾向于引导企业决策向"绿色"靠拢，满足企业所处环境的绿色要求，从而更积极地推动企业绿色技术创新决策的实施。②风险偏好，指高管在风险和安全之间的选择偏好，反映高管的冒险精神。高管风险偏好同企业绿色技术创新的不确定性和风险性紧密相关，风险偏好型高管不会为了规避创新的潜在损失而选择短期行为，相反，风险偏好的特质会缓和企业代理人与企业家之间的利益冲突，利益方向的转变使得高管更倾向于开展绿色技术创新这种长期的增值性活动（陈金勇、舒维佳，2021）。③预期收益是企业高管对绿色技术创新的预期（李楠博，2020），不同类型的创新在预期收益方面存在差异。一方面，为了使预期收益与机会成本尽可能匹配，技术开发型绿色技术创新的预期收益往往比将已有技术进行应用创新的绿色技术创新更高。另一方面，由于激进式创新的成本显著高于渐进式创新，故激进式创新的预期收益比渐进式创新的预期收益高。另外，预期收益对企业绿色技术创新的影响需要综合考虑高管的风险偏好，当高管的风险偏好同预期收益的方向匹配时，绿色技术创新便能得到更大力度的推动。例如，在企业采取技术开发型创新时，高管对该决策的预期收益较高，若此时再考虑高管是风险偏好型管理者的条件，企业绿色技术创新会得到更大程度的推动。④战略制定。企业战略的制定凸显了战略层次上高管的倾向所在，对企业的绿色技术创新决策存在一定影响。例如，当企业将成本领先战略作为核心战略时，企业的目标为降低经营过程中各环节的成本，此时的绿色技术创新便成为符合企业战略的有效决策之一，故企业的战略方向对企业的绿色技术创新选择具有一定的引导作用。

（3）企业外部影响因素政府干预

绿色技术创新具有准公共品的特征，仅在市场的作用下是很难实现的，因此政府干预作为一只"看得见的手"，通过颁布法律法规、制定监管政策等一系列宏观调控措施来引导企业的决策方向，从而改变企业内部资源的配置，实现对企业绿色技术创新的间接影响。政府干预包括环境管制、政府质量和政府支持三个方面。①环境管制，是政府管制在环境领域的延伸，是指政府通过颁布法律法规或出台行政文件，对个体或组织的与环境保护有关的行为活动进行约束或规范（贾军、张伟，2014）。环境管制一方面通过外部政策推动绿色技术创新；另一方面通过绿色化升级的生产流程引导绿色创新，最终促进企业进行绿色产品创新和绿色工艺创新。②政府质量，是指制度质量或政府治理水平，属于政府管理的一个多维度概念。本书强调的政府质量是政府资源配置的效率和政策执行的水平（王锋正等，2018），包含政府的行政效率、法治水平、反腐力度等内容。由于绿色技术创新能够带来双重正外部效益，故在企业创新动力不足的情况下，地方政府高效率的治理能力能够弥补资金缺口，加强产权保护，优化资源配置，进而推动企业进行绿色技术创新。③政府支持，包括政府的研发补助、税收优惠以及创新奖励等。技术投资存在知识溢出以及价格溢出的现象，具有一定的外部性，因此技术投资需要在政府支持的作用下规避外部性阻碍，从而推动企业进行绿色技术创新（陈红等，2019）。另外，政府支持对绿色技术创新存在一定的门限效应，在门槛区域内政府支持才对企业绿色技术创新具有显著影响（冯海红等，2015）。考虑到企业绿色技术创新受到多种复杂因素的影响，故税收优惠等政府支持的细分类目需要保持在一个理性区间内才能使企业在长期过程中向可持续方向发展。

（4）企业外部影响因素市场力量

市场力量作为经济的一只"看不见的手"，通过竞争、合作等方式建立起企业之间的联结。现实生活中，企业绿色技术创新往往不是一项独立的企业决策，而是需要考虑市场中多种交互作用的综合决策，企业绿色技术创新的选择来源于对市场需求的洞察，创新的风险和不确定性同样来自市场，创新的收益与成本也与市场有关，故市场力量作为外部因素与企业绿色技术创新之间有着非常紧密的关联。本书拟从市场结构、市场化程度、股价波动、产业结构以及成本压力五个方面展开市场力量的各项影响因素分析。①市场结构是指市场的垄断程度或竞争程度，反映了企业的竞争力水平及其面对的市场压力。市场集中化程度越高，该市场内企业的垄断势力越强，此时市场内的企业面临的竞争压力较小，这会影响企业的创新动力。与此同时，市场的高收益率会吸引市场外企业进入，对市场现存企业产生威胁，进而促进市场现存企业做出绿色技术创新等长期发展决策，提升市场的进入壁垒。②市场化程度不同的区域，市场对企业、政府、社会等主体的作用也会产生差异，进而导致绿色技术创新最终实施的不同。具体关联如下：对于市场化程度较高的区域，市场失灵程度较低，市场内主体间相互协调，如社会层面的流动资金能够通过政府补助的方式转移至进行绿色技术创新的企业手中，从而优化该市场范围的资源配置，增强企业的绿色创新动力；而对于市场化程度较低的区域，市场失灵程度较高，企业难以获得创新所需的要素，且市场内产品价格的不确定性降低了企业进行自主创新的积极性，无法推动企业的绿色技术创新（逯东、朱丽，2018）。③股价波动是指市场中企业股票价格的波动程度，反映了企业预期收益的波动。股价波动通过影响企业决策者的判断来影响企业绿色技术创新的实施。④产业结构，不同产业结构即第一、第二、第三产业形成的结构比例对企业绿色技术创新的影响也有所不同。例如，在第二产业占主体的区域内，第二产业的企业面临的竞争压力较大，此时第二产业的企业主体便更倾向于进行绿色技术创新。当然，繁荣的第二产业也为企业绿色技术创新提供了强有力的产业支持和辅助力量。⑤成本压力指企业在市场中的经营成本压力，当市场竞争激烈时，成本管控成为企业竞争的核心，此时企业需要控制成本才能获取更多的利益，因此较大的成本压力对绿色技术创新起促进作用。

（5）企业外部影响因素社会背景

企业绿色技术创新不仅受到企业内部因素的影响，还会受到企业所在地区整体技术水平、文化风俗、经济发展等外部社会因素的影响，故社会背景作为一项外部变量，与企业绿色技术创新也存在密切的联系。本书主要从技术水平、经济发展水平、受教育水平、贸易开放度以及环保监督五个角度对社会背景的各项影响因素展开分析。①各地区的技术水平差异会引起企业绿色创新决策的不同，这与技术创新的路径依赖特征有关。当某区域的技术水平位于同级别地区的平均水平以上时，该地区的技术创新市场较为广阔，社会各界对企业绿色技术创新的包容性更强，从而可以提高企业绿色技术创新的积极性；反之，则不利于企业创新发展。②区域经济发展水平较高意味着该区域可持续发展的基础设施较为完善、资源较为充足，故较高的经济发展水平能使在该区域的企业对绿色技术创新产生更为乐观的态度（李长娥、谢永珍，2016）。③受教育水平隐含着一地区的综合人文素质。社会教育的整体水平越高，位于发展前沿的绿色技术创新得到的关注度越高，那么该区域在发展过程中衍生出的能提供给企业创新的资源、平台就越多元化，创新渠道就越畅通。④贸易开放度较高反映出该地区思想比较开放，对新鲜事物的接受度较高，包容性比较强，与外界的联系也比较密切，这都有利于企业绿色技术创新的发展。贸易开放度越高，越有利于本土企业模仿学习外面世界的先进产品、生产设备与管理经验（向书坚、徐应超，2021）。另外，外商直接投资还可以为本土企业带来新技术、新管理经验，它会通过提高市场竞争压力来提升本土企业绿色技术创新的动力。⑤环保监督包括居民、媒体、社会团体等主体的监督行为，环保监督通过企业形象、职业声誉等对企业家和经理人产生压力，从而影响企业绿色技术创新决策，即环保监督的力度越大，该环境下的企业越倾向于开展绿色技术创新来规避潜在风险。

特别地，各影响因素之间是相互作用的，内外部影响因素并不是完全独立的，且各影响因素对企业绿色技术创新的影响途径也存在关联，如图2-1所示。其中，外部影响因素的影响总是通过影响内部影响因素进而干预企业绿色技术创新；内部影响因素也总是处于特定的外部环境中，受外部影响因素的约束和激励。内外部影响因素之间的关联主要有以下两种类型。第一，外部影响因素通过影响企业内部影响因素而影响绿色技术创新。例如，地方政府增加对高技术企业、绿色技术创新等项目的补助时，由于针对性较强，企业会增加对有关项目的研发投入（秦炳涛等，2021），从而推动绿色技术创新。第二，外部影响因素通过影响高管因素来影响绿色技术创新。例如，社会公众对经理人的社会声誉进行评价，在有效契约假说下，高管利益同企业家利益逐渐趋同，从而提高企业的研发投入、推动成果转化等，促进企业绿色技术创新。内部影

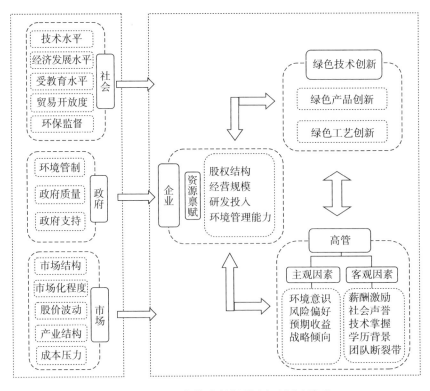

图2-1　企业绿色技术创新影响机制分析框架

响因素之间以及外部影响因素之间也存在相互作用，例如，企业资源禀赋是企业高管开展绿色技术创新的基础和物质保障，反过来，企业高管的冒险精神和创新精神也会进一步增加企业的创新收益，进而反哺企业，促进企业资源禀赋丰裕。同理，外部影响因素之间也是如此，如经济发展与贸易开放之间也是相辅相成的，对外开放促进经济发展，同时，经济发展也能进一步增强对外开放能力；社会的技术水平与经济发展具有高度正相关性和相互因果关系。

2.3 企业绿色技术创新分析框架的实证检验

2.3.1 样本选择与数据来源

重污染企业是各级政府环境监管的重点，也是我国各地实现绿色转型发展的难点和焦点，换言之，重污染企业的绿色技术创新不仅是企业可持续发展的重要保障，也是各省区市乃至全国实现绿色转型的关键因素。在此背景下，本书借鉴王锋正和陈方圆（2018）等学者的研究思路，选择重污染行业来进行实证分析。根据国家环保部门颁布的《上市公司环保核查行业分类管理名录》（环办函〔2008〕373 号）和《上市公司环境信息披露指南（征求意见稿）》，本书选取的重污染行业有火电、钢铁、水泥、电解铝、煤炭、冶金、化工、石化、建材、造纸、酿造、制药、发酵、纺织、制革和采矿等十六种行业。利用 2012 年中国证监会修订的《上市公司行业分类指引》的行业代码，在以上重污染行业的基础上筛选出 2010～2019 年的沪深 A 股上市重污染企业作为研究样本。选择 2010～2019 年作为样本分析区间的原因具体有以下两点：第一，2010 年之前各企业的专利数据普遍缺失严重，2010 年之后数据相对完整，因此，为了保证研究样本的专利以及绿色专利的获取完整性，本书选取 2010 年作为研究周期的起点；第二，考虑到面板数据变化趋势的跨度需求，本书将 2019 年作为样本区间终点，从而在获取数据具备可行性的基础上保证满足研究跨度的要求。在此基础上，对初始样本企业做进一步筛选，剔除样本期间被特殊处理的 *ST 和 ST 企业，并通过人工筛选剔除专利数据严重缺失的企业，最终筛选出 211 家重污染企业的平衡面板数据。

本书所用数据主要有以下几个来源：企业专利相关数据来自中国研究数据服务平台（Chinese Research Data Services Platform，CNRDS）；上市公司对应的一系列财务数据来自国泰安数据库、Wind 数据库；企业研发投入以及企业禀赋相关数据是通过研究团队手工整理上市公司的年报得到；企业环境管理体系相关数据来源于国家认证认可监督管理委员会；媒体监督数据来自知网的《中国重要报纸全文数据库》；其他环境管制数据来自《中国环境统计年鉴》。

2.3.2　变量定义与模型构建

（1）被解释变量

被解释变量是企业绿色技术创新（*GTI*）。首先，本书选取专利数据测度企业绿色技术创新，这是因为专利数据具有较高的客观性和权威性，且数据连续、统计口径一致。其次，本书选取专利申请数据而非专利授权数据，因为专利申请数据相比于专利授权数据更具及时性（黎文靖、郑曼妮，2016），且专利授权量容易受到政府政策等影响，导致变量的度量会产生一定的滞后效应。此外，专利申请数据同企业的创新意愿密切相关。从创新内容看，绿色产品创新和绿色工艺创新构成企业绿色技术创新的两大体系。

（2）解释变量

本书的解释变量主要从企业禀赋视角进行设定。企业禀赋主要由环境管理体系和研发投入两个二级指标构建而成。①环境管理体系（*ISO*）。ISO14001 认证是由国际标准化组织（ISO）在 ISO9000 质量管理体系的基础之上制定的环境管理体系标准，旨在帮助各类企业以适合自身的方式实施环境管理，将企业经济效益同环境效益进行联结（张兆国等，2019）。企业的环境管理体系状况反映了企业应对环境方面问题的管理能力，若企业通过了ISO14001认证，则反映出该企业可以更加轻松地改善环境绩效，拥有更加完备的环境管理体系。借鉴以往文献的做法，环境管理体系的衡量采取虚拟变量的形式，即通过ISO14001认证，则企业环境管理体系赋值为1，否则为0。另外，本书在ISO14001认证数据收集中对认证通过以及认证提前撤销的情况进行了综合考虑，认证状态是逐年更新的。②研发投入（RD）。本书选取广义研发投入来刻画企业主观的创新意愿和绿色技术创新投入强度。一般研发投入与绿色研发投入存在一定差异，本书未能采纳绿色研发投入的主要原因在于数据的可获取性，并非所有的公司年报都会详细公布绿色研发投入的数据，且部分公司在2014年之后才会明确公布研发投入数据。故该指标通过手工整理公司年报得到，即主要通过对"研发投入"、"研发支出"、"管理费用"及"其他与经营相关的支出"的"研究开发费"等明细内的数据进行整理汇总得到。

（3）中介变量

高管特征是本书的中介变量，高管特征主要由环境意识、薪酬激励和风险偏好三个二级指标构成。

第一，环境意识（MEA）。管理者环境意识的度量具有较强的主观性，已有文献对该变量的一手数据获取方式主要有问卷调查、专家访谈以及文本分析三种方法。本书选用的是近年文献常用的文本分析方法，原因主要有以下两点：一是问卷调查与专家访谈两种方式在较大程度上依赖被调查者的反馈，具有较强的随意性和主观性，该反馈可能无法全面反映被调查者的状态，而且很难通过一次性调查或访谈获取全部所需信息；二是关于时间差的问题，企业管理者无法在被调查时充分反映自身于特定时间做出公司战略决策的状态，这增加了调研数据的偏误。而文本分析法是指针对权威性的文本公告（主要指样本企业所发布的年报等），利用文本分析技术对关键词词频、核心词指向等要点进行量化分析，从而度量具备主观特征的变量。本书针对管理者环境意识的度量参照了 Cho（2006）等学者的研究方法，以人工方式对所筛选的样本企业2010～2019 年的企业董事会报告进行文本分析，利用"环保、生态、低碳、环境、绿色、清洁"等关键词，对整体年报进行统计分析。具体呈现为以下三个步骤：首先对所有样本企业的董事会报告进行收集，且将报告由 PDF 格式转换为文本格式；其次借鉴李楠博（2019）等学者的方法，选定"环保、生态、低碳、环境、绿色、清洁、净化、污染、治理、废气、废水"等作为筛选的关键词；最后利用计算机编程语言批量测算所选关键词的占比，即关键词字数占董事会报告全部字数的比例。

第二，薪酬激励（MCI）。高层管理者的薪酬激励主要包括声誉激励和工资激励。其中，工资激励反映了企业高管的薪酬待遇情况，主要通过各样本企业中前三名高管薪酬之和来衡量；声誉激励主要通过社会声誉进行衡量，社会声誉主要反映了管理者的社会影响力，依照重要性原则，本书并未选择具有兼职的高管人数作为该指标的数据基础，而是利用高管在各类行业协会以及相关理事会等组织中的兼职总数进行分析。

第三，风险偏好（MRP）。出于数据可获得性以及中国市场的考虑，本书借鉴龚光明和曾照存（2013）的衡量模型来分析管理者风险偏好，即通过风险资产总额占资产总额的比重来反映。风险资产包括交易性金融资产、应收账款、可供出售金融资产、持有至到期投资以及投资性房地产等五项资产。

（4）调节变量

依照前文的分析框架，企业绿色技术创新的外部影响主体主要有政府、市场及社会，因此本书的调节变量主要由政府干预、市场力量和社会背景三个变量组成。

首先，政府干预（GOV）作为调节变量之一，由环境管制和资金干预两个二级指标组成。①环境管制（*REG*）。学者们对环境管制的度量多种多样，如杨明海等（2021）通过去中心化处理后的地区污染治理投资额占 GDP 的比重来衡量政府的环境管制；李敬子等（2015）采用市辖区建成区绿化覆盖率来衡量环境管制；苏昕和周升师（2019）以环境管制指数来衡量环境管制水平。本书借鉴张永旺和宋林（2019）的研究方法，选择废气治理设施运行费用同工业产值的比值、废水治理设施运行费用同工业产值的比值和固体废弃物综合利用率来反映环境管制的强度。②资金干预（*INT*）。除了环境管制之外，政府还采取了补助或优惠等相关政策来促进绿色创新。本书主要选取政府研发投入和税收优惠两方面影响因素进行研究，并将其归类于资金干预指标。政府研发投入反映了政府同企业站在同一视角对创新的投入强度，通过对《工业企业科技活动统计年鉴》中各地区企业 R&D 经费支出情况的政府资金数据进行对数处理来衡量；税收优惠则反映了政府从税收优惠角度出发对企业的扶持，通过企业所得税费用占税前利润的比例与法定所得税税率（25%）之间的偏离程度来衡量。

其次，市场力量（*MAR*）由股价波动、市场竞争、产业结构、市场化程度、成本压力五个二级指标组成。①股价波动（*WAVE*）。本书借鉴程昕等（2018）的衡量方式，使用样本企业当年对应的日个股回报率的标准差来衡量股价波动的程度，其中的股票回报率是考虑了现金红利再投资之后计算而得的结果，该标准差越大，反映该样本企业的股价波动幅度越大。②市场竞争（*HHI*）。行业内企业间的竞争程度以及各企业的市场势力差距在市场竞争指标中都有体现。本书选取赫芬达尔—赫希曼指数（HHI 指数）进行衡量，赫芬达尔—赫希曼指数为行业中各企业市场份额的平方和，这里的市场份额通过样本企业的营业收入进行衡量。HHI 指数越接近于 1，说明市场竞争程度越低，现有企业的市场势力也就越大。计算依据为 CSMAR 数据库中所有上市公司的数据，且行业按照中国证监会 2012 年行业标准划分，制造业保留两位代码，其他行业保留一位代码。③产业结构（*IND*）。本书选取的样本为重污染企业，大部分集中于第二产业，故选取各个样本企业所处的省份其第二产业产值占该省份当期 GDP 的比重对产业结构进行度量。产业结构的值越大，反映样本企业所属省份第二产业产值占比越高，即第二产业对该省份经济发展的推动力越大。④市场化程度（ML）。地区对应的市场化程度体现了企业所处市场的流动性，基于数据可获取性的考虑，本书选取国有及国有控股企业工业总产值与工业企业主营业务收入的比值进行衡量。国有经济占比越大，民营经济越不活跃，市场化程度越低；相反，国有经济占比越小，民营经济越发达，市场化程度越高。⑤成本压力（PPI）。企业成本压力是企业绿色技术创新不得不面对的现实问题，本书选择企业工业品出厂价格指数作为企业成本压力的度量指标，其原因主要有三点。其一，数据可信度高。企业工业品出厂价格指数的涵盖范围较广，且数据均来自相关统计年鉴，数据来源具有权威性、统一性。其二，出于及时性的考量，该指标衡量的是企业产品出厂价格变动趋势，属于前端信息，较其他数据而言更能反映企业的处境，即企业面临的成本压力。其三，本书的样本主体为重污染企业，企业成本压力是从"一揽子"宏观视角出发考虑对企业创新行为的影响。工业品出厂价格指数指反映工业品出厂价格总水平的变动趋势和变动程度的相对数，主要体现了样本企业作为生产者其生产资料价格水平变动情况，反映企业面对要素成本变化时向其他价值链传导或转嫁的难易程度（王班班、齐绍洲，2016）。工业品出厂价格指数越高，样本企业面临的成本压力及创新压力相对越大，且本书对工业品出厂价格指数的样本解释是以将数据对应年度的上一年工业品出厂价格指数赋值为 1 的形式呈现。

最后，社会背景（SOC）由媒体监督、消费者监督、经济发展水平、受教育程度、技术需求、对外贸易程度等六个二级指标组成。①媒体监督（MED）。媒体监督体现在媒体方通过各种媒介对样本企业施加进行绿色技术创新的压力，本书参照李明等（2018）的研究方法，以中国知网的《中国重要报纸全文数据库》内 2010～2019 年各省份地方级报纸为检索对象，为防止检索结果的重复性偏误，选用检索"环境"主题报纸的方式获取报道数量，将符合研究要点的报道总篇数进行汇总，取对数处理后得出最终的媒体监督指标。②消费者监督（CONS）。消费者监督也被称为居民环保监督，本书通过样本企业所属各省份的人民代表大会建议的与环境有关案件数进行分析，且以各地区的人口总数作为标准化的处理依据进行相除核算。采取该方法是基于数据可获得性以及数据正规性的考虑，有助于客观地反映居民对环境的监督程度。③经济发展水平（RGDP）。社会的经济发展是企业绿色技术创新的社会基础，较高的经济发展水平会为企业提供更多渠道和机会，助力企业创新行为。本书对各地区经济发展水平的衡量是以各样本企业所处省份为界限，计算各地的人均地区生产总值，以剔除各地居民数量的干扰，提升该指标的可比性。④受教育程度（EDU）。某地区居民受教育程度的提升会使得该地居民收入水平发生改变，居民素质的提升会影响对应地区的企业绿色技术创新。另外居民受教育程度的提升也会影响居民的整体消费结构，进一步通过需求来影响创新。本书对各地区受教育程度的衡量是以各样本企业所处省份为界限，计算各地每十万人高中阶段平均在校生人数。⑤技术需求（TEC）。技术需求也是反映市场创新环境的一项重要指标，本书以样本企业的注册地为依据，判断企业所在地是否为开发区来识别企业所在地的技术需求，即根据《中国开发区审核公告目录》公布的开发区名单，提取"高新""开发""工业园""保税"等关键词，如果样本企业详细注册地址字段包含上述关键词则将其识别为开发区企业，反之则为非开发区企业。⑥对外贸易程度（FDI）。对外贸易程度反映了区域同国际市场的联结，反映企业受国际环境的影响而进行创新的关键背景。本书针对各样本企业所处地区的对外开放水平，计算外商投资企业总额与地区生产总值之间的比值，该比值同对外贸易程度成正比关系。

（5）控制变量

考虑到重污染企业特征，本书将企业层面的经济表征作为控制变量的主要内容。①企业规模（*SIZE*），选取资产负债率作为企业规模的衡量指标。②产权性质（*SOE*），选取虚拟变量进行衡量，国有或国有控股企业的 *SOE* 赋值为 1，否则为 0。③股权结构（*SH*），选取第二至第五大股东持股比例之和与第一大股东持股比例的比值作为企业股权结构的衡量指标。

各变量的选取与度量方法见表 2 - 1。

表 2 - 1　变量选取与度量方法

一级指标	变量符号	二级指标	变量符号	变量设定
企业绿色技术创新	GTI	—	—	Ln（企业申请的绿色专利数量 +1）
企业禀赋	EB	环境管理体系	ISO	按照是否通过 ISO14001 认证划分，通过为 1，否则 0
		研发投入	RD	企业当期研发投入/当期营业收入
高管特征	EC	环境意识	MEA	环保类关键词字数/年报总字数
		薪酬激励	MCI	前三名高管薪酬之和的自然对数；Ln（企业高管的兼职数 +1）
		风险偏好	MRP	风险资产额/资产总额
市场力量	MAR	成本压力	PPI	工业品出厂价格指数
		股价波动	WAVE	当年日个股回报率（考虑现金红利再投资）求标准差
		市场竞争	HHI	企业所处行业中各市场竞争主体营业收入所占行业总收入百分比的平方和
		产业结构	IND	各省份第二产业产值占该省份 GDP 的比重
		市场化程度	ML	国有及国有控股企业工业总产值/工业企业主营业务收入
政府干预	GOV	环境管制	REG	废气治理设施运行费用/工业产值；废水治理设施运行费用/工业产值；固体废弃物综合利用率
		资金干预	INT	政府研发投入取对数；[25% -（所得税费用/税前利润）× 100%］/25%

一级指标	变量符号	二级指标	变量符号	变量设定
社会背景	SOC	媒体监督	MED	Ln（媒体对企业环境、环保报道的总篇数+1）
		消费者监督	CONS	各地区人大建议案件数/各地区人口总数
		经济发展水平	RGDP	各地区人均 GDP
		受教育程度	EDU	各地区每十万人平均高中在校生数
		技术需求	TEC	若样本企业注册地为开发区则为1，否则为0
		对外贸易程度	FDI	外商投资企业总额/地区 GDP
控制变量		企业规模	SIZE	资产负债率
		产权性质	SOE	若样本企业为国有或国有控股企业则为1，否则为0
		股权结构	SH	（第二至第五大股东持股比例之和）/第一大股东持股比例

（6）模型构建

由于各个主体变量包含多个指标，为了保持变量的平衡，本书选择综合指标法，将各主体变量对应的指标调整为各自的综合指标，计算方法如下。

首先，对各单一主体指标进行极差标准化处理，公式如下：

$$X_{i,j}^{s} = \frac{X_{i,j} - \min(X_j)}{\max(X_j) - \min(X_j)} \qquad (2-1)$$

其中，$X_{i,j}^{s}$ 表示的是 j 指标的极差标准化值，$X_{i,j}$ 表示 j 指标的初始值，$\min(X_j)$ 表示研究样本的 j 指标的最小值，$\max(X_j)$ 表示研究样本的 j 指标的最大值，此时的 $X_{i,j}$ 为正指标。

$$X_{i,j}^{s} = \frac{\max(X_j) - X_{i,j}}{\max(X_j) - \min(X_j)} \qquad (2-2)$$

式（2-2）中的 $X_{i,j}$ 为负指标，其他参数含义同式（2-1）。

其次，为消除各指标之间的绝对水平差异，本书进行了如下调整：

$$A_{i,t}^m = \frac{1}{n}\sum_1^j \frac{X_{i,j}}{X_j} \times X_{i,j}^s \qquad (2-3)$$

其中，$A_{i,t}^m$ 表示 i 企业在第 t 年时对应的 m 主体的综合指数，X_j 表示样本的 j 指标平均值。

基于以上分析，为了检验企业禀赋对企业绿色技术创新的影响以及高管特征在企业禀赋与企业绿色技术创新之间的中介作用，本书构建了如下模型：

$$GTI_{i,t} = \alpha_0 + \alpha_1 EB_{i,t-1} + \sum_1^3 \alpha_{k+1} X_{k,i,t-1} + \alpha_5 Year_i + \alpha_6 Province_i + \varepsilon_{i,t} \qquad (2-4)$$

$$EC_{i,t-1} = \beta_0 + \beta_1 EB_{i,t-1} + \sum_1^3 \beta_{k+1} X_{k,i,t-1} + \beta_5 Year_i + \beta_6 Province_i + \varepsilon_{i,t} \qquad (2-5)$$

$$GTI_{i,t} = \gamma_0 + \gamma_1 EB_{i,t-1} + \gamma_2 EC_{i,t-1} + \sum_1^3 \gamma_{k+2} X_{k,i,t-1} + \gamma_6 Year_i +$$
$$\gamma_7 Province_i + \varepsilon_{i,t} \qquad (2-6)$$

式（2-4）中，$GTI_{i,t}$ 为模型的被解释变量，表示企业 i 在第 t 年的绿色技术创新。$EB_{i,t-1}$ 为模型的核心解释变量，表示企业 i 在第 $t-1$ 年的企业禀赋水平，由环境管理体系、研发投入两个维度的指标综合衡量。$X_{k,i,t-1}$ 为企业层面的控制变量，主要包括个体层面可能影响企业绿色技术创新的其他因素，具体包括企业规模（$SIZE$）、产权性质（SOE）和股权结构（SH）。下标 k 表示控制变量的个数，$\varepsilon_{i,t}$ 为随机扰动项。式（2-5）中，$EC_{i,t-1}$ 作为中介变量，表示企业 i 在第 $t-1$ 年的高管特征，由企业管理者的环境意识、薪酬激励、风险偏好三个维度的二级指标组成，其他重复参数含义同式（2-4）。考虑到从企业申请专利到获得专利授权存在一定时滞，本书遵循现有文献的做法（虞义华等，2018），将解释变量进行了滞后一期处理，且模型中加入的 $Year$、$Province$ 分别对应样本企业所处年份变量以及所属省份虚拟变量，旨在对年份效应和省份效应进行控制。

本书对高管特征在企业禀赋与企业绿色技术创新之间的中介效应，借鉴温忠麟和叶宝娟（2014）的研究方法，以逐步分析法为指导，按照上述的式（2-4）至式（2-6）三步进行依次检验。具体判断程序如下：首先，利用式（2-4）对主效应进行检验，判断 α_1 是否显著，作为中介效应检验的前提；其次，判断式（2-5）中的 β_1 是否显著，检验高管特征同企业禀赋之间的联系；再次，判断式（2-6）中的 γ_2 是否显著，从而检验高管特征的间接效应；最后，比对 α_1 与 β_1、γ_2 是否同号，若同号则说明存在中介效应，进一步分析如果同号且都为正，说明高管特征起到正向促进的作用，若异号则可能存在遮掩效应。另外，还可以通过计算 $\beta_1 \times \gamma_2 / \alpha_1$ 来反映中介效应占总体效应的比重。

本书对企业绿色技术创新的影响机制进行分析时，还考虑了市场、政府、社会三大主体的调节效应，具体构建如下调节效应模型：

$$GTI_{i,t} = \chi_0 + \chi_1 EB_{i,t-1} + \chi_2 MAR_{i,t-1} + \chi_3 MAR_{i,t-1} \times EB_{i,t-1} +$$
$$\sum_1^3 \chi_{k+3} X_{k,i,t-1} + \chi_7 Year_i + \chi_8 Province_i + \varepsilon_{i,t} \qquad (2-7)$$

$$EC_{i,t-1} = \delta_0 + \delta_1 EB_{i,t-1} + \delta_2 MAR_{i,t-1} + \delta_3 MAR_{i,t-1} \times EB_{i,t-1} +$$
$$\sum_1^3 \delta_{k+3} X_{k,i,t-1} + \delta_7 Year_i + \delta_8 Province_i + \varepsilon_{i,t} \qquad (2-8)$$

$$GTI_{i,t} = \kappa_0 + \kappa_1 EB_{i,t-1} + \kappa_2 EC_{i,t-1} + \kappa_3 MAR_{i,t-1} + \kappa_4 MAR_{i,t-1} \times EC_{i,t-1} +$$
$$\sum_1^3 \kappa_{k+4} X_{k,i,t-1} + \kappa_8 Year_i + \kappa_9 Province_i + \varepsilon_{i,t} \qquad (2-9)$$

$$GTI_{i,t} = a_0 + a_1 EB_{i,t-1} + a_2 MAR_{i,t-1} + a_3 MAR_{i,t-1} \times EB_{i,t-1} + a_4 EC_{i,t-1} +$$
$$a_5 MAR_{i,t-1} \times EC_{i,t-1} + \sum_1^3 a_{k+5} X_{i,t-1} + a_9 Year_i + a_{10} Province_i + \varepsilon_{i,t} \qquad (2-10)$$

$$GTI_{i,t} = \theta_0 + \theta_1 EB_{i,t-1} + \theta_2 GOV_{i,t-1} + \theta_3 GOV_{i,t-1} \times EB_{i,t-1} +$$
$$\sum_1^3 \theta_{k+3} X_{k,i,t-1} + \theta_7 Year_i + \theta_8 Province_i + \varepsilon_{i,t} \qquad (2-11)$$

$$EC_{i,t-1} = \rho_0 + \rho_1 EB_{i,t-1} + \rho_2 GOV_{i,t-1} + \rho_3 GOV_{i,t-1} \times EB_{i,t-1} +$$
$$\sum_1^3 \rho_{k+3} X_{k,i,t-1} + \rho_7 Year_i + \rho_8 Province_i + \varepsilon_{i,t} \qquad (2-12)$$

$$GTI_{i,t} = \zeta_0 + \zeta_1 EB_{i,t-1} + \zeta_2 EC_{i,t-1} + \zeta_3 GOV_{i,t-1} + \zeta_4 GOV_{i,t-1} \times EC_{i,t-1} +$$
$$\sum_1^3 \zeta_{k+4} X_{k,i,t-1} + \zeta_8 Year_i + \zeta_9 Province_i + \varepsilon_{i,t} \qquad (2-13)$$

$$GTI_{i,t} = b_0 + b_1 EB_{i,t-1} + b_2 GOV_{i,t-1} + b_3 GOV_{i,t-1} \times EB_{i,t-1} + b_4 EC_{i,t-1} +$$

$$b_5 GOV_{i,t-1} \times EC_{i,t-1} + \sum_{1}^{3} b_{k+5} X_{i,t-1} + b_9 Year_i + b_{10} Province_i + \varepsilon_{i,t} \quad (2-14)$$

$$GTI_{i,t} = \varphi_0 + \varphi_1 EB_{i,t-1} + \varphi_2 SOC_{i,t-1} + \varphi_3 SOC_{i,t-1} \times EB_{i,t-1} +$$

$$\sum_{1}^{3} \varphi_{k+3} X_{k,i,t-1} + \varphi_7 Year_i + \varphi_8 Province_i + \varepsilon_{i,t} \quad (2-15)$$

$$EC_{i,t-1} = \eta_0 + \eta_1 EB_{i,t-1} + \eta_2 SOC_{i,t-1} + \eta_3 SOC_{i,t-1} \times EB_{i,t-1} +$$

$$\sum_{1}^{3} \eta_{k+3} X_{k,i,t-1} + \eta_7 Year_i + \eta_8 Province_i + \varepsilon_{i,t} \quad (2-16)$$

$$GTI_{i,t} = \mu_0 + \mu_1 EB_{i,t-1} + \mu_2 EC_{i,t-1} + \mu_3 SOC_{i,t-1} + \mu_4 SOC_{i,t-1} \times EC_{i,t-1} +$$

$$\sum_{1}^{3} \mu_{k+4} X_{k,i,t-1} + \mu_8 Year_i + \mu_9 Province_i + \varepsilon_{i,t} \quad (2-17)$$

$$GTI_{i,t} = c_0 + c_1 EB_{i,t-1} + c_2 SOC_{i,t-1} + c_3 SOC_{i,t-1} \times EB_{i,t-1} + c_4 EC_{i,t-1} +$$

$$c_5 SOC_{i,t-1} \times EC_{i,t-1} + \sum_{1}^{3} c_{k+5} X_{i,t-1} + c_9 Year_i + c_{10} Province_i + \varepsilon_{i,t} \quad (2-18)$$

上式中，式（2-7）至式（2-10）、式（2-11）至式（2-14）以及式（2-15）至式（2-18）分别是将市场力量（*MAR*）、政府干预（*GOV*）以及社会背景（*SOC*）作为调节变量，研究这三个调节变量对企业禀赋与企业绿色技术创新、企业禀赋与高管特征、高管特征与企业绿色技术创新三种关联关系的调节作用。本书主要通过判断各交互项前的系数是否显著、比照各交互项与其对应主效应系数的正负号的方式来分析调节效应，若两者符号相反，则属于弱化主效应的调节效应，而符号相同，则属于强化主效应的调节效应。为了更好地从检验结果中反映各项调节效应的作用，本书对各交互项进行了中心化处理，即各模型中交互项的每个参数都减其均值，旨在排除各检验模型的基数差异，进而提升各系数的解释意义。

2.3.3 描述性统计与基准回归

（1）描述性统计

由描述性统计结果可知（见表2-2），企业绿色技术创新的均值为

0.711，中位数为 0，最小值为 0，最大值为 4.443，说明大部分样本企业并未开展绿色技术创新，具有鲜明的个体异质性。在五个核心变量中，高管特征标准差为 7.152，具有较大异质性，均值为 2.494，中位数为0.824，说明所选样本企业中较大比例的企业的高管特征处于低水平状态。标准差较大的变量还有市场力量，平均值为 0.619，最小值为 0.070，最大值为 9.857，中位数为 0.377，说明市场力量相差较大且集中于低水平区间。相比之下，企业禀赋、政府干预以及社会背景相对稳定。控制变量中的企业规模在样本企业之间分布较均匀，平均值与中位数接近，且最大值与最小值跨度较小，标准差较小；产权性质的均值为 0.474，说明样本企业中有 47.4% 的企业为国有企业，且样本企业的股权结构也在合理范围内。

表 2 - 2　主要变量描述性统计

变量	平均值	标准差	最小值	中位数	最大值
GTI	0.711	0.951	0.000	0.000	4.443
EB	0.530	0.535	0.022	0.949	5.630
EC	2.494	7.152	0.026	0.824	134.697
GOV	0.017	0.013	0.003	0.016	0.470
MAR	0.619	1.036	0.070	0.377	9.857
SOC	0.456	0.573	0.004	0.201	3.772
SIZE	0.435	0.186	0.029	0.434	1.352
SOE	0.474	0.499	0.000	0.000	1.000
SH	0.607	0.548	0.004	0.457	3.593

（2）基准回归

在机制检验之前，通过初步基准回归获取各变量影响程度的差异。由表 2 - 3 可知，在控制了年份效应和省份效应的前提下，基准回归结果显示，五个影响因素中市场力量和高管特征对企业绿色技术创新有显著正向影响，而企业禀赋、政府干预和社会背景的影响均未通过显著性检验。另外，从控制变量的检验结果看，企业规模和股权结构均通过了 1%

的显著性检验，产权性质为负向影响但不显著。

表 2 - 3　基准回归结果

变量	回归结果	变量	回归结果
EB	0.0472 (1.14)	$SIZE$	0.967 *** (8.48)
EC	0.0195 *** (6.76)	SOE	- 0.0464 (- 0.96)
GOV	0.253 (0.04)	SH	- 0.111 *** (- 3.10)
MAR	0.154 *** (5.57)	$Year$	Yes
SOC	- 0.0558 (0.93)	$Province$	Yes
		N	1962
常数项	0.394 *** (3.17)	R^2	0.241

注：括号内是 t 统计量，*** 表示在 1% 的显著性水平下显著。

2.3.4　内部影响因素的中介效应检验

在进行内部影响因素的中介效应检验之前，本书先对内部影响因素与企业绿色技术创新之间的相关性进行检验，结果如表 2 - 4 所示。由此可以看出，企业禀赋、高管特征同企业绿色技术创新之间、企业禀赋同高管特征之间都具有显著正相关性，因此，除基准回归外还需展开进一步的机制检验。

表 2 - 4　内部因素相关性分析

变量	企业绿色技术创新	企业禀赋	高管特征
企业绿色技术创新	1		
企业禀赋	0.0979 ***	1	
高管特征	0.193 ***	0.0912 ***	1

表 2 - 5 呈现了企业禀赋对企业绿色技术创新影响的主效应以及高管

特征在两者之间的中介效应。表 2－5 第（1）列展示了中介效应检验的
第一步，即主效应的检验结果，由此可以看出企业禀赋对企业绿色技术
创新存在显著的正向影响，且在 5% 的置信水平下显著，表明当企业研发
投入越多、环境管理能力越强时，企业越倾向于进行绿色技术创新。第
（2）列对应中介效应检验的第二步，显示企业禀赋同企业高管特征呈正
向相关，且在 1% 的置信水平下显著。第（3）列对应中介效应检验的第
三步，由高管特征的系数在 1% 的置信水平下显著为正，得出企业禀赋与
绿色技术创新之间存在间接效应。第四步也就是根据检验结果的系数判
断是否存在中介效应，由表 2－5 可知，本书关注的核心变量系数都为
正，故企业禀赋通过影响企业高管特征来正向推动企业进行绿色技术创
新，且中介效应占比为 25.086%，即企业的研发投入和环境管理能力会
影响企业内部高层管理者的环境意识、风险偏好和薪酬激励等，进而推
动企业开展绿色技术创新。

表 2－5　中介效应检验

变量	第一步 主效应检验	第二步 相关性检验	第三步 间接效应检验
EB	0.0899 ** (2.06)	1.122 *** (2.88)	0.0674 (1.59)
EC			0.0201 *** (6.99)
SIZE	0.988 *** (8.51)	2.332 ** (2.48)	0.941 *** (8.22)
SOE	−0.00920 (−0.18)	−0.818 (−1.53)	0.0072 (0.15)
SH	−0.131 *** (−3.62)	0.179 (0.81)	−0.134 *** (−3.74)
Year	Yes	Yes	Yes
Province	Yes	Yes	Yes
常数项	0.573 *** (4.69)	3.365 ** (2.24)	0.506 *** (4.29)

变量	第一步 主效应检验	第二步 相关性检验	第三步 间接效应检验
N	1962	1962	1962
R^2	0.198	0.079	0.217

注：括号内是 t 统计量，***、**、* 分别表示在 1%、5%、10% 的显著性水平下显著，下表同。

各控制变量在不同环节的影响效果有所不同，在表 2 – 5 第（1）列中，企业规模对企业绿色技术创新的影响系数显著为正，说明企业的规模越大越有利于企业开展绿色技术创新，可能的原因在于：经济实力较强的企业具有较强承担风险的能力，资金的可支配空间较大，企业绿色技术创新的基础较好。产权性质对企业绿色技术创新的影响为负但不显著，股权结构对企业绿色技术创新有显著的负向影响，说明企业对应的股权结构越集中，企业绿色技术创新受到的抑制作用越显著。其原因可能在于股权结构越平衡，从股权制衡的角度考虑企业的创新投入越多。由表 2 – 5 第（2）列可知，企业规模同企业高管特征呈显著正向相关，原因可能在于经济规模较大的企业对管理者的个人素质要求较高，管理者不仅需要提升企业的现实收益能力，还应当能推动企业的长期可持续发展，提高企业的综合竞争优势。股权结构对高管特征的影响为正但不显著。

2.3.5　外部影响因素的调节效应检验

针对调节效应的检验主要有两个步骤：第一步，检验各调节变量同中介变量、解释变量以及被解释变量形成的模型类别；第二步，在单一调节效应的检验结果基础上，进一步探究各调节效应之间的联合效果。

（1）市场力量的调节作用

表 2 – 6 呈现了市场力量对企业禀赋、高管特征和企业绿色技术创新三者关联关系的调节作用。表 2 – 6 第（1）、（2）列的交互项的系数分别

以1%和5%的显著性通过检验，结合第（3）列中高管特征的系数在1%的置信水平下显著的结果可知，市场力量是有中介的调节变量，即市场力量除了调节企业禀赋对绿色技术创新的作用之外，还通过高管特征来间接影响企业绿色技术创新。从另一个角度看，在第（4）~（6）列中介效应检验通过的基础上，第（7）列的市场力量与高管特征的交互项系数在1%的显著性水平下通过了检验，市场力量是高管特征与企业绿色技术创新之间的调节变量，能够影响高管特征的中介效应，故此时四变量构成的是有调节的中介模型。综合上述两个角度的分析结果可知，企业绿色技术创新、企业禀赋、高管特征以及市场力量组成的模型为混合模型。

表 2 - 6　市场力量的调节作用检验及模型类型区分

变量	有中介的调节模型			有调节的中介模型			
	（1）	（2）	（3）	（4）	（5）	（6）	（7）
EB	0.0861 ** (2.18)	1.104 *** (2.79)	0.0633 (1.64)	0.0728 * (1.72)	1.119 *** (2.84)	0.0504 (1.22)	0.527 *** (7.78)
MAR	0.154 *** (7.57)	0.0266 (0.27)	0.154 *** (7.41)	0.154 *** (5.69)	0.0269 (0.28)	0.153 *** (5.58)	0.155 *** (5.67)
MAR × EB	0.340 *** (8.38)	- 0.378 ** (- 2.12)	0.348 *** (8.43)				
EC			0.0207 *** (7.22)			0.0200 *** (7.02)	0.0169 *** (5.22)
MAR × EC			0.0216 *** (2.10)				- 0.0176 *** (- 2.79)
SIZE	1.044 *** (9.13)	2.313 ** (2.48)	0.997 *** (8.85)	1.022 *** (8.86)	2.338 ** (2.50)	0.975 *** (8.57)	0.975 *** (8.55)
SOE	- 0.0554 (- 1.12)	- 0.824 (- 1.58)	- 0.0384 (- 0.80)	- 0.0539 (- 1.09)	- 0.825 (- 1.58)	- 0.0374 (- 0.78)	- 0.0276 (- 0.57)
SH	- 0.114 *** (- 3.19)	0.188 (0.86)	- 0.118 *** (- 3.32)	- 0.109 *** (- 3.04)	0.182 (0.84)	- 0.113 *** (- 3.16)	- 0.114 *** (- 3.19)
Year	Yes	Yes	Yes	Yes	Yes	Yes	Yes
Province	Yes	Yes	Yes	Yes	Yes	Yes	Yes

续表

变量	有中介的调节模型			有调节的中介模型			
	（1）	（2）	（3）	（4）	（5）	（6）	（7）
常数项	0.391 ***	3.328 **	0.322 ***	0.387 ***	3.333 **	0.321 ***	0.298 ***
	(3.38)	(2.13)	(2.94)	(3.25)	(2.13)	(2.83)	(2.63)
N	1962	1962	1962	1962	1962	1962	1962
R^2	0.249	0.080	0.270	0.221	0.079	0.240	0.245

在确定了模型类型之后，进一步分析各变量的具体表现，由表 2-6 的第（1）列可知，调节效应系数为 0.340，且与主效应系数同为正数，说明市场力量对企业禀赋与绿色技术创新之间的关系起到了强化的调节作用。其原因可能在于，承受较高的成本压力的企业通常会倾向于采取创新策略来提高自身的经济效益，换言之，市场成本压力的加大导致企业进行技术创新的动力较强。由表 2-6 的第（2）列可知，调节效应系数为 -0.378，与企业禀赋的系数符号相反，即市场力量对企业禀赋与企业高管特征之间的关系起着弱化的调节作用。其原因可能在于，市场竞争激烈时，企业高管的薪酬激励可能不再基于企业禀赋，而是正面考察企业管理者的经营利润，这会导致企业高管的经营决策重点从企业稳定期的战略创新决策转向风险规避决策，由此可能会导致企业环境战略被置于次要地位。这一结果反映出样本企业普遍没有将投资规模大、周期长、难度高、风险大的绿色技术创新作为企业的第一发展战略，国家提出的创新驱动、绿色发展尚未真正得到有效落实。由表 2-6 的第（4）~（6）列可知，当市场力量的量化值为 0 时，高管特征起到 30.742% 的中介效应作用，再由第（7）列可知，市场力量与高管特征的交互项的系数为 -0.0176，说明当市场力量水平高到某个特定程度时，中介效应会出现降低，即市场力量对于高管特征的中介效应有着弱化的调节作用。其原因可能在于：一方面，市场中的股价波动剧烈会放大各类风险偏好不同的高管的反应，加之创新决策涉及多项因素，最终会降低企业决策对高管风险偏好的敏感度，从而弱化高管特征对绿色技术创新的推动作用；另一方面，由委托代理理

论可知，风险厌恶型经理人的薪酬敏感度同企业风险或企业业绩风险之间存在负向相关，故市场波动会降低高管对薪酬激励的敏感程度，从而弱化高管特征对企业绿色技术创新的推动作用。

（2）政府干预的调节作用

表 2 - 7 呈现了政府干预对企业禀赋、高管特征和企业绿色技术创新三者关联关系的调节作用。表 2 - 7 第（4）列的政府干预与高管特征的交互项系数为正且通过 10% 的显著性检验，说明高管特征的中介效应受到政府干预的调节，即高管特征是有调节的中介变量。而由表 2 - 7 第（6）列可知，政府干预与企业禀赋的交互项系数虽然也为正但不显著，故这里涉及的变量所构成的模型不属于有中介的调节模型。

表 2 - 7　政府干预的调节作用检验及模型类型区分

变量	有调节的中介模型				有中介的调节模型		
	（1）	（2）	（3）	（4）	（5）	（6）	（7）
EB	0.0900 ** (2.06)	1.121 *** (2.88)	0.0675 (1.59)	0.0676 (1.59)	0.0943 ** (2.13)	1.163 *** (2.86)	0.0709 * (1.65)
GOV	0.0834 (0.14)	− 2.462 (− 1.63)	0.133 (0.23)	2.606 * (1.94)	16.08 * (1.95)	155.9 (1.58)	13.41 * (1.70)
GOV × EB					31.05 * (1.95)	307.4 (1.60)	21.46 (1.37)
EC			0.0201 *** (6.99)	0.0143 *** (3.23)			0.0146 *** (3.28)
GOV × EC				1.490 * (1.94)			1.343 * (1.72)
SIZE	0.988 *** (8.51)	2.331 ** (2.48)	0.941 *** (8.22)	0.937 *** (8.20)	1.001 *** (8.57)	2.461 ** (2.48)	0.947 *** (8.25)
SOE	− 0.00924 (− 0.18)	− 0.816 (− 1.53)	0.00714 (0.15)	0.0170 (0.35)	− 0.00126 (− 0.03)	− 0.737 (− 1.48)	0.0213 (0.44)
SH	− 0.131 *** (− 3.59)	0.185 (0.83)	− 0.135 *** (− 3.71)	− 0.137 *** (− 3.79)	− 0.133 *** (− 3.64)	0.163 (0.76)	− 0.138 *** (− 3.81)
Year	Yes	Yes	Yes	Yes	Yes	Yes	Yes
Province	Yes	Yes	Yes	Yes	Yes	Yes	Yes

续表

变量	有调节的中介模型				有中介的调节模型		
	（1）	（2）	（3）	（4）	（5）	（6）	（7）
常数项	0.571 *** （4.67）	3.418 ** （2.26）	0.503 *** （4.26）	0.435 *** （3.51）	0.192 （0.94）	-0.334 （-0.20）	0.181 （0.93）
N	1962	1962	1962	1962	1962	1962	1962
R^2	0.198	0.079	0.217	0.219	0.200	0.083	0.220

辨别模型类型后，进一步分析各变量的具体表现，由表 2 - 7 的第（1）~（3）列结果可知，在考虑政府干预作为核心调节变量的情况下，高管特征仍在企业禀赋与企业绿色技术创新之间起着中介作用，当政府干预的值为 0 时，高管特征所起的中介效应为 25.036%。表 2 - 7 第（4）列的政府干预与高管特征的交互项系数为 1.490，表示当政府干预水平高到一定程度时，中介效应会增大，即政府干预对高管特征的中介效应起到强化作用。其原因可能在于，一方面，政府的各类环境管制会减少高管进行绿色技术创新决策时可能面临的阻碍，提升创新执行效率；环境管制的加强还会影响高管的环境意识，从而有利于高管推动企业进行绿色技术创新。另一方面，政府的税收优惠减轻了管理者和企业的税收负担，使得管理者对于薪酬激励的敏感程度上升，从而放大了高管特征的中介作用。由第（5）列政府干预与企业禀赋的交互项系数可知，调节系数在 10% 的置信水平下显著为正，说明政府干预对企业禀赋与绿色技术创新的关系存在强化的调节效应。其原因可能是，处于政府激励企业进行绿色创新的背景下，企业提升环境管理水平能够从政府那里获取更多的资金支持、发展机会和平台支持。

（3）社会背景的调节作用

表 2 - 8 呈现了社会背景对企业禀赋、高管特征和企业绿色技术创新三者关联关系的调节作用。表 2 - 8 第（4）列的社会背景与高管特征的交互项系数在 1% 的水平下通过显著性检验，高管特征的中介作用受到社会背景的影响，即高管特征是有调节的中介变量。由表 2 - 8 第（5）、

（6）列可知，社会背景不能在企业禀赋与绿色技术创新、高管特征之间产生调节效应，故社会背景不能作为有中介的调节变量。

表2－8　社会背景的调节作用检验及模型类型区分

变量	有调节的中介模型				有中介的调节模型		
	(1)	(2)	(3)	(4)	(5)	(6)	(7)
EB	0.0851*	1.050***	0.0644	0.0617	0.0882**	1.067***	0.0643
	(1.95)	(2.79)	(1.52)	(1.46)	(2.07)	(2.87)	(1.54)
SOC	−0.105*	−1.555***	−0.0744	−0.0828	−0.107**	−1.568***	−0.0842
	(−1.94)	(−2.69)	(−1.42)	(−1.59)	(−2.00)	(−2.75)	(−1.62)
$SOC \times EB$					0.108	0.574	0.0805
					(1.52)	(1.09)	(1.16)
EC			0.0197***	0.0198***			0.0197***
			(6.76)	(7.54)			(7.51)
$SOC \times EC$				0.0107***			0.0102***
				(2.87)			(2.72)
$SIZE$	0.976***	2.150**	0.934***	0.924***	0.976***	2.153**	0.925***
	(8.37)	(2.32)	(8.12)	(8.04)	(8.38)	(2.32)	(8.06)
SOE	−0.0207	−0.988*	−0.00129	0.00123	−0.0197	−0.982*	0.00180
	(−0.41)	(−1.76)	(−0.03)	(0.03)	(−0.39)	(−1.75)	(0.04)
SH	−0.129***	0.207	−0.133***	−0.133***	−0.125***	0.229	−0.130***
	(−3.57)	(0.93)	(−3.70)	(−3.72)	(−3.44)	(1.01)	(−3.62)
$Year$	Yes	Yes	Yes	Yes	Yes	Yes	Yes
$Province$	Yes	Yes	Yes	Yes	Yes	Yes	Yes
常数项	0.671***	4.815***	0.576***	0.578***	0.662***	4.769***	0.572***
	(5.04)	(2.69)	(4.45)	(4.47)	(4.98)	(2.66)	(4.43)
N	1962	1962	1962	1962	1962	1962	1962
R^2	0.200	0.087	0.218	0.220	0.201	0.088	0.221

辨别模型类型后，进一步分析各变量的具体表现，由表2－8的第（1）~（3）列可知，当社会背景的量化值为0时，高管特征所起的中介效应占到了24.307%。由第（4）列的交互项系数0.0107可知，当社会背景的量化值高到一定程度时，高管特征的中介效应会有较小幅度的增加，且社会背景对中介效应的正向调节幅度明显低于政府干预的调节幅度。

其原因可能在于，提升社会的经济发展水平和居民受教育程度，都会促进企业高管决策效率的提升。另外迫于舆论监督的压力，高管会加强企业管理的执行力，最终实现压力推动机制。由表 2－8 的第（6）列可知，社会背景对企业禀赋与高管特征之间的关系起到的调节作用并不显著，即在一定的企业创新基础或创新投入水平下，社会背景对高管特征并没有明显影响。

2.3.6　联合调节效应检验

综合表 2－6 到表 2－8 各调节变量的检验结果得出以下结论。市场力量作为核心调节变量时，市场力量与企业禀赋、高管特征、企业绿色技术创新三者形成混合模型，不仅可以将市场力量作为有中介的调节变量，还可以将高管特征作为有调节的中介变量。当政府干预作为核心调节变量时，由于其在企业禀赋与企业绿色技术创新之间起到正向调节作用，故将政府干预作为有调节的中介变量。而将社会背景作为核心调节变量时，四变量形成了有调节的中介模型。在上述单一调节变量的检验基础上，本书发现有两个环节有调节变量重叠的情况：企业禀赋对企业绿色技术创新的作用以及高管特征对企业绿色技术创新的作用。所以需进一步分析这两个环节是否存在联合调节效应（见表 2－9）。

表 2－9　联合调节效应

变量	（1）	（2）
EB	0.0868 ** (2.17)	
EC		0.0234 *** (3.00)
GOV	11.12 (1.42)	－ 0.329 （－ 0.06）
MAR	0.144 *** (7.33)	0.163 *** (5.78)

变量	（1）	（2）
SOC		−0.0744 （−1.33）
EC × SOC		0.0346* （1.83）
EC × MAR		0.0172 （1.51）
MAR × SOC		0.0667 （1.22）
EB × GOV	18.50 （1.26）	
EB × MAR	0.327*** （8.34）	
MAR × GOV	10.17** （2.06）	1.542 （0.17）
EC × GOV		−1.151 （−0.75）
GOV × SOC		−2.778 （−0.25）
EB × MAR × GOV	9.447 （0.96）	
EC × MAR × SOC		0.0905*** （3.21）
EC × MAR × GOV		−8.966** （−2.05）
EC × GOV × SOC		−5.897** （−2.24）
MAR × GOV × SOC		−4.589 （−0.55）
EC × MAR × GOV × SOC		−32.43*** （−4.50）
SIZE	1.049*** （9.11）	0.925*** （8.00）
SOE	−0.0483 （−0.98）	−0.0252 （−0.52）

续表

变量	(1)	(2)
SH	-0.110 *** (-3.04)	-0.110 *** (-3.06)
Year	Yes	Yes
Province	Yes	Yes
常数项	0.121 (0.58)	0.359 * (1.91)
N	1962	1962
R²	0.252	0.258

表2-9第（1）列显示市场 WAR 和政府 GOV 两个调节变量对企业禀赋对企业绿色技术创新影响的联合调节，由交互项"企业禀赋×市场力量×政府干预"的系数为正但不显著的结果可知，两个调节变量在该环节未起到显著的调节作用，在部分样本中可能存在较弱的强化联合调节效应，即在部分企业样本中政府和市场在企业禀赋对企业绿色技术创新的影响环节相辅相成，最终发挥出政府与市场更大的调节作用。表2-9第（2）列显示了三个调节变量对高管特征对企业绿色技术创新影响的联合调节，由交互项"高管特征×市场力量×政府干预×社会背景"的系数在1%的置信水平下显著为负可知，三个调节变量在该环节起到的是弱化的调节作用。其原因可能在于，市场、社会和政府三者在高管特征对企业绿色技术创新的影响环节中相互作用，只有在特定的社会背景下协调处理好市场力量和政府干预的相互作用关系，才能共同推进企业绿色技术创新稳定发展，但如果处理不当，导致一种力量的正向作用被相反力量所牵制，可能会适得其反。

2.3.7 稳健性检验与异质性分析

（1）稳健性检验

为了保证研究结果的稳健性，本书进行以下一系列检验。首先，排除解释变量滞后期不同的干扰。不同的企业样本、不同类型的专利对应的滞后期可能存在差异，本书通过将解释变量滞后两期的方式进一步检验实证结果的稳健性。由表2－10第（1）～（3）列可知，中介效应的显著性和系数符号保持不变，调节效应的检验也并未发生明显变化，即前文得出的中介效应和调节效应检验结果具有稳健性。其次，出于样本量的考虑，在数据的收集、处理及分析阶段可能存在异常值偏差，故本书对连续变量中小于百分位数1%和大于百分位数99%的数值进行了缩尾处理。由表2－10第（4）～（6）列可知，无论是显著性还是作用方向都未发生明显变化，即前文的检验结果是稳健的。

表2－10　稳健性检验

变量	滞后检验			缩尾检验		
	（1）	（2）	（3）	（4）	（5）	（6）
EB（滞后两年）	0. 104 **	1. 235 ***	0. 0794			
	（2. 08）	（2. 94）	（1. 64）			
EC（滞后两年）			0. 0197 ***			
			（5. 87）			
EB				0. 156 ***	0. 611 ***	0. 133 ***
				（3. 15）	（2. 73）	（2. 68）
EC						0. 0381 ***
						（4. 78）
SIZE	1. 121 ***	2. 444 **	1. 073 ***	1. 007 ***	0. 974 **	0. 970 ***
	（9. 02）	（2. 41）	（8. 75）	（8. 58）	（2. 34）	（8. 37）
SOE	− 0. 0218	− 1. 158 **	0. 000980	− 0. 0139	0. 0868	− 0. 0172
	（− 0. 40）	（− 2. 03）	（0. 02）	（− 0. 28）	（0. 42）	（− 0. 36）
SH	− 0. 150 ***	0. 124	− 0. 153 ***	− 0. 129 ***	0. 00888	− 0. 130 ***
	（− 3. 84）	（0. 57）	（− 3. 93）	（− 3. 44）	（0. 07）	（− 3. 46）
Year	Yes	Yes	Yes	Yes	Yes	Yes
Province	Yes	Yes	Yes	Yes	Yes	Yes
常数项	0. 567 ***	3. 891 **	0. 490 ***	0. 523 ***	0. 774	0. 493 ***
	（4. 27）	（2. 49）	（3. 78）	（4. 37）	（1. 36）	（4. 31）
N	1744	1744	1744	1962	1962	1962
R²	0. 206	0. 059	0. 223	0. 202	0. 182	0. 218

（2）异质性分析

不同成长阶段的企业其绿色技术创新的表现可能会不同，故按照样本企业的成立年份进行划分，将成立于 2000 年以后的企业设定为成长型企业，成立于 2000 年之前的企业设定为成熟型企业，分别在两组样本企业中检验中介效应和调节效应。

表 2 - 11 展现了成熟型企业和成长型企业的中介效应差异。由表 2 - 11 第（1）、（4）列可以看出，企业禀赋对成熟型和成长型企业的绿色技术创新都有显著的正向影响，但在两类企业之间的作用大小存在差异，成长型企业主效应影响系数大于成熟型企业。可能的原因是，成长型企业的绿色技术创新具有较大的提升空间，相较于成熟型企业更需要通过绿色技术创新来提升企业竞争力，而成熟型企业发展至一定阶段后，获取利益或者提升竞争力的途径更多，对进行绿色技术创新的积极性明显低于成长型企业。观察两类企业的中介效应可知，成熟型企业的各项系数都呈显著状态且保持同号，但成长型企业的 α_1、β_1 同 γ_2 异号，故得出成熟型企业的高管特征具有中介作用而成长型企业的高管特征不存在中介效应的结果。其原因可能在于，排除高管换届的因素，成熟型企业的高管平均任职年限明显长于成长型企业，高管治理决策能力更强、效率更高。

表 2 - 11　基于企业成长阶段的中介效应异质性检验结果

变量	成熟型企业			成长型企业		
	（1）	（2）	（3）	（4）	（5）	（6）
EB	0.0868 * (1.82)	1.018 ** (2.04)	0.0599 (1.34)	0.203 ** (2.31)	1.108 ** (2.46)	0.213 ** (2.43)
EC			0.0265 *** (7.94)			- 0.00919 * (- 1.84)
SIZE	0.966 *** (6.88)	5.133 *** (3.42)	0.830 *** (6.22)	1.046 *** (4.69)	- 1.071 (- 1.49)	1.037 *** (4.64)
SOE	- 0.164 *** (- 2.68)	- 1.431 * (- 1.81)	- 0.126 ** (- 2.20)	0.270 *** (2.95)	0.926 *** (2.93)	0.278 *** (3.04)

变量	成熟型企业			成长型企业		
	（1）	（2）	（3）	（4）	（5）	（6）
SH	-0.228 *** (-4.28)	0.591 (1.54)	-0.243 *** (-4.58)	-0.0241 (-0.41)	-0.435 * (-1.72)	-0.0281 (-0.47)
$Year$	Yes	Yes	Yes	Yes	Yes	Yes
$Province$	Yes	Yes	Yes	Yes	Yes	Yes
常数项	0.339 ** (2.33)	6.176 ** (2.27)	0.176 (1.44)	0.724 *** (3.55)	-0.175 (-0.30)	0.722 *** (3.54)
Bootstrap test	$Z=3.94$, $p=0.000$			$Z=0.17$, $p=0.864$		
N	1224	1224	1224	738	738	738
R^2	0.255	0.115	0.306	0.320	0.161	0.321

表 2-12 展现了成熟型企业和成长型企业中市场力量所起的调节效应差异。首先，以企业禀赋对企业绿色技术创新影响的主效应为分析对象，由第（1）、（4）列可知，市场力量在这两类企业中的调节效应都在1%的置信水平下显著为正，只是成长型企业的调节系数更大，其中的原因可能是成长型企业对市场变化的反应更为敏感。其次，在加入中介环节的情况下，上述调节效应出现了明显差异。由第（2）、（3）列及第（5）、（6）列可知，在企业禀赋对高管特征影响环节，市场力量在成熟型企业各项环节产生的调节效应显著，有弱化主效应的作用，而该调节效应在成长型企业中并不显著。原因可能在于，成长型企业本身较成熟型企业而言具有更多的不确定性因素，故成长型企业的高管对企业禀赋变化的反应较小。在高管特征对企业绿色技术创新影响环节，市场力量在成熟型企业中产生的调节效应显著，有弱化主效应的调节作用，而该调节效应在成长型企业中并不显著，且影响方向也不一致，两种企业之间差异的形成原因可能在于企业高管素质要求有所不同，成熟型企业管理者的进入门槛比成长型企业要更苛刻，对市场的敏感度有别于成长型企业高管，故成熟型企业的管理者对企业的垄断势力更加敏感，对绿色技术创新的推进作用有所减弱。

表 2 – 12　基于企业成长阶段的调节效应异质性检验结果

变量	成熟型企业			成长型企业		
	（1）	（2）	（3）	（4）	（5）	（6）
EB	0.121 ** (2.58)	0.913 * (1.87)		0.0409 (0.49)	1.237 ** (2.56)	
EC			0.0236 *** (6.18)			– 0.00161 （– 0.28）
MAR	0.0901 *** (2.91)	0.529 *** (4.44)	0.0328 (1.04)	0.170 *** (5.05)	– 0.161 ** （– 2.22）	0.233 *** (6.06)
MAR × EB	0.239 *** (4.03)	– 0.546 ** （– 2.11）		0.353 *** (5.42)	– 0.244 （– 1.49）	
MAR × EC			– 0.0172 ** （– 2.39）			0.0115 (1.00)
SIZE	0.977 *** (6.97)	5.211 *** (3.46)	0.833 *** (6.23)	1.230 *** (5.68)	– 1.233 * （– 1.65）	1.178 *** (5.35)
SOE	– 0.157 *** （– 2.59）	– 1.527 * （– 1.91）	– 0.108 * （– 1.88）	0.0656 (0.72)	1.102 *** (3.35)	0.101 (1.11)
SH	– 0.210 *** （– 3.93）	0.696 * (1.79)	– 0.240 *** （– 4.57）	– 0.00637 （– 0.10）	– 0.455 * （– 1.79）	0.00914 (0.14)
Year	Yes	Yes	Yes	Yes	Yes	Yes
Province	Yes	Yes	Yes	Yes	Yes	Yes
常数项	0.255 * (1.72)	5.835 ** (2.15)	0.151 (1.20)	0.528 *** (2.70)	0.0344 (0.06)	0.399 ** (2.01)
N	1224	1224	1224	738	738	738
R^2	0.264	0.120	0.310	0.398	0.164	0.367

　　当分别以政府干预和社会背景为核心调节变量时，得出的检验结果也有所不同。政府干预对成长型企业的企业禀赋对企业绿色技术创新影响的正向调节效应更显著，社会背景对企业高管特征与企业绿色技术创新关系的正向调节效应在两类企业中都显著为正，其中成长型企业的调节效应系数更大。由于上述单一调节变量的调节状态有所不同，联合调节效应的表现也会存在差异：市场力量和政府干预对成长型企业的企业禀赋对企业绿色技术创新的影响存在显著正向的联合调节效应，市场力量和社会背景对成熟型企业的高管特征对企业绿色技术创新的影响存在

显著负向的联合调节效应。

2.3.8　研究结论与政策启示

本书从内部影响因素与外部影响因素、客观因素与主观因素出发，构建了企业绿色技术创新影响机制的一般分析框架，并且以我国 2010～2019 年的沪深 A 股上市重污染企业作为研究样本，通过实证分析检验了该影响机制的真实性和有效性。首先，实证检验了研究样本的企业禀赋对企业绿色技术创新的影响以及高管特征在两者之间所产生的中介效应，并辅以 Bootstrap 进行佐证。其次，分别实证检验了市场力量、政府干预及社会背景在企业禀赋对企业绿色技术创新影响的主效应和高管特征的中介效应之中所起到的调节效应，即判断各调节变量与各核心变量形成的关系模型类型。再次，进一步检验各环节中涉及的重叠调节变量是否存在联合调节效应。最后，通过滞后处理和缩尾处理进行稳健性检验，以企业成立时间作为划分依据，对企业不同成长阶段进行异质性分析。通过一系列研究本书得出以下结论。

第一，企业禀赋会正向促进企业绿色技术创新，且此结论在各个阶段的企业中都是成立的。第二，企业高管特征在企业禀赋与企业绿色技术创新之间起到了中介变量的作用，即企业禀赋正向影响企业绿色技术创新的主效应中，有一部分是通过企业高管特征实现的，该项中介效应在成熟型企业中的表现非常显著。第三，市场力量作为核心调节变量时，在企业禀赋与企业绿色技术创新之间起到了强化主效应的调节作用，即市场力量越强，企业禀赋对企业绿色技术创新的正向促进作用越突出，这种正向作用在成长型企业中更强。而在中介效应中，无论是企业禀赋与企业高管特征之间的关联，还是高管特征与企业绿色技术创新之间的关联，市场力量都在其中产生负向的弱化调节效应，两种企业类型中成熟型企业的表现相对更为显著。政府干预作为核心调节变量时，在企业禀赋与企业绿色技术创新之间、高管特征与企业绿色技术创新之间都起到正向调节作用。社会背景作为核心调节变量时，在高管特征与企业绿色技术创新之间起到正向调节作用。第四，综合考虑影响机制中各环节的重叠调节变量，得到市场力量、社会背景和政府干预三个变量在高管特征作用于企业绿色技术创新环节中存在负向联合调节效应。而将样本分为两种企业类型分析时结果出现差异，成熟型企业的中介效应和调节效应的表现都更加显著，且两类企业在各环节的联合调节效应都发生了一定变化。

实证结果汇总见表 2-13。

表 2-13 企业绿色技术创新实证结果汇总

效应	检验环节	全部样本	成熟型企业	成长型企业
中介效应	企业禀赋→企业绿色技术创新↘↗高管特征（中介变量）	显著存在	显著存在	不显著存在
调节效应	企业禀赋→企业绿色技术创新	市场力量的强化调节政府干预的强化调节社会背景调节不显著	市场力量的强化调节政府干预调节不显著社会背景调节不显著	市场力量的强化调节政府干预的强化调节社会背景调节不显著
	企业禀赋→高管特征	市场力量的弱化调节政府干预调节不显著社会背景调节不显著	市场力量的弱化调节政府干预调节不显著社会背景调节不显著	市场力量调节不显著政府干预调节不显著社会背景调节不显著
	高管特征→企业绿色技术创新	市场力量的弱化调节政府干预的强化调节社会背景的强化调节	市场力量的弱化调节政府干预调节不显著社会背景的强化调节	市场力量调节不显著政府干预调节不显著社会背景的强化调节

续表

效应	检验环节	全部样本	成熟型企业	成长型企业
调节效应	联合调节	三个调节变量在"高管特征→企业绿色技术创新"环节存在联合调节效应	市场力量和社会背景两个调节变量在"高管特征→企业绿色技术创新"环节存在联合调节效应	市场力量和政府干预两个调节变量在"企业禀赋→企业绿色技术创新"环节存在联合调节效应

基于以上一系列的研究，本书提出如下政策建议。

第一，企业应多渠道积累要素禀赋，增强高管的绿色创新意识。积累企业禀赋，加大企业的研发投入力度，包括增加研发资金和研发人员投入，提升企业的环境管理能力，从而减少企业因环境管理不足而产生的额外成本。人员投入方面除了调整员工结构之外，还需要在资金允许范围内引进高新技术人才，从而提升企业高管团队的整体素质。企业高层管理者还需要参加学习政府政策的培训活动，必要时还可以将国家创新政策融入企业章程，以培养高管在业务活动中向"绿色、创新"靠拢的主动意识。企业作为市场活动的主要参与者，是市场最重要的主体，在做任何创新决策时都应当把握市场规律，实现在顺应市场规律的前提下推进绿色技术创新。

第二，政府应完善环境法律法规，推动绿色技术创新政策落地实施。政府应当加强环境立法，完善绿色技术创新法律体系，尤其应加强知识产权保护体系建设，健全环境信息披露制度，为企业绿色技术创新提供一个法治化环境。针对创新人才匮乏问题，各级政府应在创新人才的安居乐业方面下大力气，加强对绿色技术创新人才的成长环境和创新创业氛围的营造。在经济手段方面，政府应完善税务征收管理制度，加大税收优惠政策对绿色技术创新相关项目的激励，对绿色创新实施有指向性的绿色补贴措施等。针对市场视角，政府应对不同行业、不同生命周期的企业采取差异化政策，在顺应市场规律的基础上，对成长型企业应有针对性地辅以扶持政策，发挥市场力量与政府干预的联合调节作用。政府应当推进对民营企业扶持政策的实施，提高市场化程度。

第三，规范市场秩序，完善市场体系。在绿色技术创新体系的构建中，市场起着主要的导向作用，因此需要建设一个公平开放透明的市场，规范市场秩序，反对垄断、舞弊或寻租行为。在市场经济体系下，还应充分发挥金融机构的作用，通过银行投贷业务、绿色基金以及保险产品等，健全绿色技术创新企业的退出机制。完善市场的中介服务，中介组织涉及行业协会、孵化器、认证机构等，高校或研究院可以选择同企业创新主体合作，将科研机构的开发优势和企业的市场信息优势结合起来，实现优势互补，从而建立产学研金介的协同机制。

第四，培养社会监督意识，强化社会创新背景。加大绿色发展理念的宣传力度，培养公民的环境意识、创新意识。明确社会监督边界，确保监督义务的顺利履行，提供监督平台，增强舆论监督力量，完善社会信息公布流程，提升舆论反馈效率。提高社会经济发展水平、教育水平以及对外开放程度，为企业绿色技术创新提供更为优越的发展条件。积极推动社会背景同市场、政府的行为决策相适应，最大限度地发挥三者之间的联合作用，最终达到强化企业绿色技术创新的目的。

3
政府环境管制政策对企业绿色技术
创新的影响

　　前文的分析框架表明，政府干预可能通过调节高管特征影响企业绿色技术创新，也可能通过调节企业禀赋进而强化企业绿色技术创新。换言之，政府干预既可以影响企业绿色技术创新的物质基础，也可以影响企业创新决策的管理者行为，进而作用于企业绿色技术创新。鉴于本书的研究重点是通过企业绿色技术创新解决环境污染问题，因此，接下来重点分析政府的环境管制政策。作为一种外部性约束，环境管制政策对企业绿色技术创新的影响机制和作用效果值得社会各界高度关注。在我国，命令型环境管制政策、市场型环境管制政策和自愿型环境管制政策同时存在，不同环境管制政策对企业绿色技术创新的影响是否存在差异？环境管制政策能否激励企业增加研发投入，政府支持能否缓解企业绿色技术创新投入不足的问题？进一步，同一类政府环境管制政策，在不同地区，对不同性质和不同行业企业的绿色技术创新的影响有何差异？对这些问题进行研究有助于转变经济发展方式、实现绿色发展，为政府制定环境管制政策提供参考，为企业开展绿色技术创新活动提供理论指导。

3.1 环境管制的理论演化与政策类型

3.1.1 环境管制的产生与发展

环境资源的稀缺性、价值性、多用途性使其更加珍贵，同时它所具有的非竞争性、非排他性等公共商品的属性也使得个人和企业等经济活动主体，出于最大可能地保障个人利益的考虑，在消费活动或生产经营过程中对环境资源肆意掠夺。过量的废水、废气、废物、有害物质等被有意或无意排放到自然生态中去，造成了严重的环境污染。环境管制的本质就是针对环境资源自身的公共物品特性及其在市场配置下所产生的严重外部性采取约束性手段，最终达到保护环境、促进经济发展的目的。环境管制（Environment Regulation），又称环境规制，属于社会性规制的一个分支，通常是指政府为了保护环境、防治污染，利用所出台的环境保护法律法规，对国内企业生产运营过程中危害环境的行为采取的监督、管理和制裁等管制性措施。

外部性理论和福利经济学的发展为政府干预提供了充足的理由。环境问题属于典型的负外部性问题，解决外部不经济问题的根本办法是将外部性问题内部化，而这一内部化过程是无法通过市场机制自发完成的，因此，必须由政府干预。概括地说，政府在污染治理、环境改善等方面具有以下重要作用：政府通过行政手段实现环境资源产权的清晰界定，纠正失灵的市场，帮助那只"看不见的手"对环境资源进行有效配置；政府通过适当的补贴或奖励政策，激发市场对环境资源的供给活力；政府具有市场所不具备的宏观调控能力，可以对环境资源进行统筹与协调；政府作为国家政策的执行者，可以在环境保护的基础设施、技术研发和机构建设等方面发挥独特作用；政府还可以充当环境保护的监督者和守护神，对环境破坏行为和活动进行有力的监管；等等。20 世纪 60 年代末

70 年代初，世界上许多国家通过立法明确了环境保护是国家的一项基本职能。在这一时期，环境管制政策的典型特征可以概括为政府是环境资源的主要供给者。

市场失灵只是为政府干预提供了一个必要理由，但政府也有失灵的时候。政府失灵主要是因为：政府官员也是有限理性的经济人，政府对市场信息的了解既不充分也不完备；政府干预也是有成本的。因此，政府干预是否一定比市场调节的效果好，主要取决于政府干预的收益是否一定大大高于干预的成本。20 世纪 70 年代以后，人们逐渐开始关注政府干预的科学性和有效性，认为政府同市场一样，也不是万能的，同样会出现干预过度、干预成本过高等问题。政府管制对企业成本、经济发展和国家竞争力的影响促使政府不得不重新思考环境管制政策。因此，新一轮环境管制改革的目标之一就是简化行政管制，提高政府管制效率并减少由此产生的管制成本；第二个目标就是重新设计管制对象，从早期的末端治理向上游的源头治理转变，从单一的污染源控制向综合的区域内（或流域内）污染源控制转变，从命令型方式向基于市场的激励型控制方式转变。20 世纪 80 年代中期，环境管制政策的制定和实施必须进行成本－收益分析，因此环境经济手段的介入是第二代环境管制的典型特征。

随着现代公共经济学和公共管理学的发展，人们越来越意识到公共产品供给不能只依赖于政府，应该朝多元化方向发展。因此，环境管制的主体也由原来的单一主体——政府部门，转变为政府和其他第三方机构或企业。环境保护这种公共物品可以分为两类：一是纯公共物品，这类物品的竞争性和排他性程度都非常低，如环境法律法规的制定、大江大河的保护等，这类公共物品应该主要由政府提供；二是准公共物品，这类物品由于地域限制等，在使用过程中具有一定程度的排他性和竞争性，如污染物的处理、城市绿化等，这类物品经过特殊的机制设置，完全可以由非政府组织提供。正是由于政府在环境问题处理上存在缺陷和不足，各国才不断调整政府在环境保护中的功能和定位，从早期的大包大揽到后期的政企合作，从早期的无所不知、无所不能到后期的放权、协作，从单一主体责任制到多主体的共同分担制，环境管制机制不断深化改革。

随着世界经济的不断发展，环境污染愈加严重，同时，国际贸易往来的持续深入，使得环境资源配置与自由贸易之间的矛盾日益激化，环境问题已经发展为国际化的重大问题。尤其是一些西方发达国家为了维护其在国际贸易中的地位与利益，减少和防止环境污染在贸易流通中的外部不经济性，通过颁布一系列的环保法规和条例、确定严格的环保技术标准、建立烦琐的审批认证流程、设立环境保护税等手段严格限制非环保商品的进口贸易。这些环境管制措施表面上虽然达到了保护环境的目的，但对进口商品也起到了"绿色壁垒"的实质作用，这对于国际贸易中的出口企业的环境竞争力也是一个隐形挑战。

3.1.2 我国环境管制政策的类型

现阶段，我国的环境管制方式主要有三种，分别是传统的命令型环境管制、以市场激励为主的环境管制和以自愿为主的环境管制（见图3-1）。同样，也可以将三种类型简化为两种，即经济类的管制和以社会为

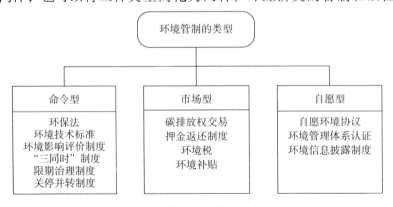

图3-1 环境管制政策的三种类型

主的管制。不同环境管制政策对企业环保行为的着力点不同，因此，它们的作用机理也存在一定差异，下面对目前主要使用的环境管制手段进行分析。

（1）命令型环境管制政策

命令型环境管制政策是建立在传统的行政干预基础上的一种强制性管制措施。在通常情况下，政府为了尽可能保护环境会建立相关的规范、制度来约束企业的生产行为。20 世纪 80 年代之前，命令型环境管制政策在发达国家得到广泛应用（李项峰，2007），美国、日本、德国和其他欧洲国家，在早期都较多地使用了这一政策工具。命令型环境管制政策在我国的起步也很早，如 1973 年的"三同时"制度。命令型环境管制政策在历史上发挥了重要作用，对世界各国的环境改善都起到了非常积极的作用，但是命令型环境管制政策也有其不足之处，下面对其特点做一分析。

概括地说，命令型环境管制政策主要呈现以下特点。首先，命令型环境管制政策具有强制性。国家在充分调查和精准检测污染物排放的基础上，制定了规范企业生产经营的环保法规和制度，对企业生产中的废水、废渣、废气等各类污染物的排放量和排污区域做了明确规定，甚至在一定程度上，为了保护环境可以采取禁止措施，从而达到约束企业排污行为的效果。在这一过程中，政府与企业之间是规则制定者和规则遵守者的关系，企业只能服从命令，否则可能会面临停工停产甚至被取消生产资格的后果。其次，命令型环境管制政策的环保效果相对较好。在国家的监管下，这种环境管制政策有强制性做保证，能够迅速地在区域和省市得到实施。各类企业考虑到不遵守管制法规会造成较大的经济损失，一般情况下，是不会轻易违背法规的。尤其是在特定环境下，命令型环境管制政策往往能收到立竿见影的环境治理效果。譬如一些城市在岁末实施的停工减产措施，对于完成年度蓝天保卫战行动计划具有明显作用。从长期效果来看，为避免被政府部门强制执行环境处罚，企业在命令型环境管制政策的巨大压力之下会积极开展绿色技术创新。譬如当前的碳达峰、碳中和目标，就是国家提出的战略目标，各级政府纷纷围绕如何如期实现这一宏伟目标而努力，其中不乏省市调高了排污标准并出台了一些命令型环境管制措施。最后，命令型环境管制政策具有较高的平等性。作为社会中的一员，每个企业不论规模大小、企业性质、行业类型，都需要遵守，不存在例外的情况。因此，这种环境管制对所有企业都具有普遍的约束力，企业成员之间相对平等。

命令型环境管制政策虽然能对不同的环境问题制定出相应的控制策略，并且在国家强大的管理和监督网络之下得到较好的实施，但命令型环境管制政策并不是万能的，它也有自身的劣势或不足，具体表现为以下几个方面。

首先，命令型环境管制政策是政府已经预先对污染的区域和污染物做出相关的科学调查，并根据调查结果发现了存在的问题，在此基础上给出的管制政策。这也意味着，一方面，国家有关部门必须对相关环境问题有充分的了解，并知晓其解决方案；另一方面，相关环境监管单位也熟悉企业的排污行为，掌握企业的排污活动。为此，需要政府部门投入大量的人力和物力用于信息获取和信息处理，以及规范和管理企业的生产运行。但是，政府部门也会存在有限理性，因此，"事先的""已知的"假设和科学决策在现实生活中很难成立，甚至根本不存在。其次，命令型环境管制政策对技术进步的激励效果不佳。企业在了解和掌握国家制定的相关规范时，这些规范都是已经成型的、不可更改的。这样，企业只能被动接受和遵守，这会大大降低企业使用环保工具的积极性。一项好的环境管制政策不仅应该能够有效控制污染排放，而且应该能不断激发企业的环境技术创新积极性。然而，命令型环境管制政策忽略了对企业使用绿色环保技术的奖励，对企业积极创新激励不充分，企业也无法从技术创新中获得研发投入的经费。而且，国家对所有的企业和行业订立了同样的减污标准，那些污染较轻的企业可能会觉得对自己的发展不公平，不利于经济持续健康发展。最后，命令型环境管制政策存在"寻租"风险。国家在制定环境法律规范时，出于经济增长或促进就业的需要，可能会被一部分利益集团影响，降低环境减排的标准，最大化这些利益集团的经济利益，这不利于廉洁政治和经济的高质量发展，会使经济处于"不经济"的状态。此外，由于环境法律规范尚不完备，加之环境监测手段和监测网络尚未全覆盖，一部分企业可能会故意隐瞒或虚报排污活动，这些都会增加环境监管的难度。

在我国，常用的命令型环境管制政策有环保法、环境技术标准、环境影响评价制度、"三同时"制度、限期治理制度和关停并转制度等。

第一，环保法。我国第一部环境保护法于1979年颁布，即《环境保护法（试行）》，它的出现标志着我国环境保护工作迈入法治化轨道。进一步，我国于1983年将"环境保护"上升为我国的基本国策之一。此后，以环保法为基准，陆续出台了一系列政策措施，内容涉及大气、水域、矿产资源、生态环境等几乎所有的环保领域。随着经济发展和社会进步，尤其是生态文明建设纳入国家总体战略以后，我国对环境保护工作提出了新要求，为此，我国于2015年1月起开始实施新的环境保护法，也称新环保法。新环保法吸收借鉴了过去的有益经验和国际通行做法，同时结合我国环境经济形势，对环保领域中出现的新问题、新情况也提出解决方案和具体措施，特别是环保政策措施的可操作性方面得到很大改进，这部法也被誉为史上最严厉的环保法。

第二，环境技术标准。环境技术标准是指环境管理机构或者环境管理机构与其他机构联合共同发布的针对环境污染的排放、检测等技术性问题的相关规定。根据发布机构的级别不同，可以是生态环境部发布的环境技术标准，也可以是地方环保部门根据当地环境质量状况及经济科技水平而制定的环保标准。同其他标准一样，环境技术标准也可以反复试验、重复使用。从内容上看，环境技术标准涉及产品的环保指数、生产工艺以及检测方法或技术等内容。从时间上看，环境技术标准呈阶段性特征，随着时间的推移，标准会不断提升。譬如现行的《工业企业厂界环境噪声排放标准》（GB 12348—2008）就是在 1990 年标准的基础上修订产生的，它对厂界噪声的限制、测量技术、检测时间、测量仪器等都做出了明确的规定。我国现行的环境技术标准内容丰富、涉及面广，如《清洁生产标准》《城镇污水处理厂污染物排放标准》《恶臭污染物排放标准》《大气污染物综合排放标准》《纺织染整工业水污染物排放标准》《污水综合排放标准》等，这些环境技术标准在保护人类健康、预防污染和减轻环境损害等方面发挥了重要作用。

从理论上讲，国家或地方政府部门可以制定出科学有效的环境技术标准，并以此来约束企业的排污行为。但是，由于监管部门与排污企业之间存在信息不对称，加之排污企业的种类繁多，有的时候同一标准往往很难对不同行业或不同规模的企业加以约束。另外，企业还可以通过减产的方式降低单位时间内的污染物浓度，满足环境技术标准的要求。尤其值得注意的是，环境技术标准只是规定了允许排污的最大数量或最高浓度等，对于那些大大低于环境技术标准的企业往往缺乏奖励。因此，实践过程中也存在排污企业"就高不就低"的现象，大大抑制了企业开展环境技术创新的积极性，从而不利于环境保护工作的深入推进。

第三，环境影响评价制度。环境影响评价制度是指在某区域规划建设工程项目之前，对其工程建设或建成运行以后可能产生的环境影响进行提前分析判断和评估测量，并制定相关的预防措施和改进方案。为了贯彻落实环境影响评价政策，我国在环保法中对其做出了明确的规定，从而使其法律化和制度化。从内容上讲，环境影响评价制度对实施环评工作的对象、环评程序、环评内容及范围都有详细的规定和要求。此外，国家对开展环境影响评价的单位实行资格审查制度。从实施效果来看，我国的环境影响评价制度与国外相比还存在较大差距，譬如，我国的环评对象主要是工程建设项目，而发达国家则将环评对象扩展至任何产生重要环境影响的活动，包括政府制定的重要经济政策或产业发展规划等；

在具体评价过程中我国也普遍缺乏对环境损益量化的科学方法和工具；环境影响评价工作主要由政府部门完成，公众和社区以及第三方机构对工程项目的环境影响评价缺乏话语权，这种主体的单一化给腐败的滋生提供了温床，不利于政府的行政体制改革。

第四，"三同时"制度。为了进一步降低环境损害，我国对已通过环境影响评价拟开工建设的项目提出，建设项目中防治污染的措施必须与主体工程同时设计、同时施工和同时投产使用，即"三同时"制度，并在环保法中多次对这一制度的具体实施环节做出了明确规定。发展至今，"三同时"制度已经成为我国一项重要的环境制度。我国几乎所有的大中型项目建设都履行了"三同时"制度，甚至在一些村镇，"三同时"制度也得到了较好的执行。但是，实践过程中，"三同时"制度也暴露出一些不足，譬如"三同时"制度的政策对象主要是点源污染源，要求企业做好污染预防，但是对于那些区域性环境污染现象，缺乏一套行之有效的监管办法。此外，一些地方政府对于那些政绩比较突出的大型工程项目，在"三同时"制度的工程验收环节，容易出现流于形式的做法，这些都大大降低了"三同时"制度的执行效果。

第五，限期治理制度。该项环境政策始于1979年的《环境保护法（试行）》，是指地方政府或主管机构强制要求污染者在规定的时间内消除污染，减轻对环境的损害。这一措施主要是针对那些环境损害特别巨大、后果十分严重的点污染源或区域污染类问题实施的。我国在环保法中专门对限期治理制度的适用范围、权限和内容做出了明确规定。当然，不同行业、不同污染源和不同区域的限期治理期限并不完全相同，法律也没有对具体的期限做出明确规定，一般由地方人民政府协同环保部门根据污染的严重程度等做出判定。正是由于体制上的缺陷，限期治理制度在实践过程中颇受批评和质疑。譬如，限期治理一般都是针对那些已经造成严重污染的项目，因此那些存在较大污染风险的项目就会成为漏网之鱼，有了可乘之机。另外，被要求限期治理的项目在后期的环境监管方面也存在责任不明、主体不清等问题。

第六，关停并转制度。关停并转制度可以分解为四项具体做法：关即关闭；停即停产；并即兼并、合并；转即转产。该政策主要是针对某些行业中的长期亏损、技术装备十分落后、产品质量差且销路不畅的规模较小的企业（如小造纸企业、小炼焦企业等），以及那些已经被政府部门勒令限期治理却仍不能达标的重污染企业，以行政命令的方式强制企业关闭或停产，或与其他企业合并或转产经营，这是一项比较严厉的污染控制政策，一般与地方的产业结构调整目标密切相关。1996 年，国务院向全国各地政府下发了 15 种强制关停企业类型，此后，为了巩固关停政策取得的巨大成绩，防止个别地区环境污染严重的小企业死而复生，1998 年国家环保部门进一步下发了关于环境污染严重企业取缔、关闭和停产工作的指导意见，提出关停工作的总体目标是：除国务院批准的特困地区按 85% 的目标要求外，其他地区"15 小"关停率一律要求 100%。"15 小"主要是指生产工艺简单、技术落后、设备陈旧、资源浪费多、能源消耗多，对生态环境的破坏和影响比较严重，难以形成规模优势和产业优势的生产企业。涉及的重点行业有造纸、皮革、印染、重金属冶炼业。此后，我国还针对小火电、小煤矿等规模效益差、资源浪费严重的五类小型企业实施了关停并转制度。

（2）市场型环境管制政策

在市场经济发展状况下，管理者采用了一些经济手段，例如征税、调整价格、获取费用等，来使企业注意生产过程中对环境造成的危害，并督促其及时整改，这种方式就是以市场激励为主的环境管制。市场型环境管制并没有说明或者设立一个具体的标准，这就为企业开展技术创新提供了充足的空间，能充分调动企业创新的积极性。

与命令型环境管制政策相比，以市场激励为主的环境管制方式是否可以花费最少的费用，达到最大的减排效果呢？许多文献对两者进行了比较，发现要达到同样的减排标准，命令型环境管制要比以市场激励为主的方式多花费几倍或者几十倍的成本，因为后者主要利用了企业减污能力存在差异性的特点。假如国家能准确统计各个企业排污的数量及种类，并有差别地对待不同的排污企业，那么使用传统的命令型环境管制方式就可以完成这个任务。但是，在现实生活中，这种假设实现的可能性几乎为零。因此，采取命令型环境管制存在诸多局限，而市场型环境管制刚好能发挥作用。

概括地说，市场型环境管制政策的特点如下（马士国，2008）。首先，与命令型环境管制政策相比，市场型环境管制政策不仅为企业提供了更加广阔的发展空间，而且适用范围比较广。市场型环境管制政策在企业生产的各个环节中都可以使用，并能针对不同环节的不同特点，采取不同的经济措施。同时，多种措施还可以同时使用，且更具针对性，也更有利于企业进行绿色技术创新。在发达国家，市场型环境管制政策由来已久，各方面的规范也相对完备，比较具有代表性的是美国。美国使用的是许可证交易制度，这种制度能最优地配置资源，减少不必要的浪费。其次，相比命令型环境管制政策，市场型环境管制政策能提高减排的速度和效益。这是因为，市场型环境管制政策不需要花费较多调查成本，在市场经济的条件下，能为企业的发展节省更多的时间和资金。当然，无论是命令型环境管制政策还是市场型环境管制政策，如果单独使用，其环境保护效果往往都不佳，两者结合起来往往能更好地发挥对企业生产活动的规范作用。因此，可通过市场的力量干预企业的经济行为，对企业征收一定的整治污染的费用，利用命令型环境管制政策对企业生产经营活动的有效约束，督促企业尽力完成减排任务。

目前我国实行的以市场激励为主的环境管制政策主要有环境税、碳排放权交易、押金返还制度、环境补贴等。下面对这些政策进行简要介绍（马士国，2008）。

第一，环境税。自2018年1月起，在我国征收了30余年的排污费正式退出历史舞台，取而代之的是《环境保护税法》。环境税和排污费相比，执行目的基本相同，都是出于可持续发展的需要，旨在减少污染物排放、保护生态环境，并且我国在环境税与排污费的过渡阶段也是采取了基本平移的原则，即参照原来的排污费收费标准和收费项目，保持总体收费额度相等，进行环境税的征收。但二者仍存在很大区别。首先，环境税是依法征收，税费的法律依据更清晰，相比之下，排污费是利用行政手段干预企业污染治理。随着市场经济体制改革的全面推进，行政干预的合法性难免会被诟病，而环境税则有法可依。其次，征税主体不同，前期的排污费是环保部门征收，而环境税是国家税收体系的一部分，由税务部门征收，征收更精准。最后，政策效果不同。排污费的执行标准相对宽松，企业通过创新获得的费用减免等激励效果有限，导致部分地区出现"劣币驱逐良币"，企业减排不积极。而环境税执行以后，控排技术先进、治污成本低的企业则会少缴税，同时那些环保不力、高污染高排放的企业则会多缴税，从而形成正向激励，既有利于规范征税行为，也提高了企业进行绿色技术创新的积极性。

当然，由于我国环境税的征收时间相对较短，征税对象、税率设置和税费标准都有待进一步完善。譬如，随着我国排污权交易等基于市场的环境经济政策的设施、污染监测技术的不断改进，污染物的数据库建设日渐完善，企业在环境税体制下可能面临税费不断上涨的风险。另外，哪些情况不征税，哪些情况多征税，税收制度的理论依据仍需不断探索，且随着经济发展、科技进步，尤其是环境价值被越来越重视，环境税率的设置也需要与时俱进，设置过高或过低都不能发挥好税收的调节效果，国家只有在不断发展中对其做出调整，才能更好地满足环境和企业发展的需求。

第二，碳排放权交易。碳排放权是可交易的资产，它是依据科斯的观点逐渐演化而来的。实施碳排放权交易需要国家准确掌握特定区域（在不破坏生态环境的情况下）能够为企业的发展所容纳的废弃物的最大值，并将这个最大值分化成几部分，分别对每部分授予相应的许可权。

之后，国家可以将这些许可权（分区域或分期）出售、拍卖或者免费分配给需要排放的企业。在市场上，企业可以购买相应的碳排放权，以减轻其负担。假如企业在生产过程中消耗的资源较少，企业就可以将自己购买的碳排放权转让，并可以适当增加自身的减排，提高环境和经济效益。如果情况相反，企业就可以充分利用许可证，增加对碳排放权的购买。

碳排放权交易也有它自身的优势和劣势。首先，这种环境管制的方式适用的领域广泛，可以准确控制减排量，同时，政府不需要花费太多的人力物力去了解企业的减排技术细节。可交易的碳排放权受到市场的影响比较明显，它会随着市场的变化而变动，能优化配置资源。碳排放权是建立在大气环境容量国家所有权的基础之上的，即在国家所有权的基础上，企业依法享有对大气环境资源的占用、使用和收益的权利。因此，企业被许可的权利也是有限的，企业不能无限享有。这样，国家就可以合理控制企业的减排量，实现经济利益和环境利益的和谐统一。

碳排放权使用过程中存在的突出问题是：碳排放权在交易的过程中，可能出现价格昂贵的情况，部分企业为了节约资金，宁愿选择破坏环境，也不愿意购买。在一些市场机制不够完善的地区，碳排放权的出售可能会出现不公平的现象：由于对碳排放权购买没有数量的限制，一些经济实力雄厚的企业会刻意抬高碳排放权的价格，最终导致"垄断"局面的出现。由于国家对碳排放权的使用不能合理监控，在实际执行中，不能保证可以真正实现减排的目标。一般情况下，出售碳排放权时，仅仅会对时间和地点做出要求。如果是没有要求的交易，从时间来看，污染会呈现集中在特定时间段的趋势；而从地点来看，则会集中在某个具体的地区。这样会降低碳排放权的使用效果，在更大程度上污染环境。针对上述情况，国家需要加大对碳排放权交易的监管力度，规范企业的生产活动，减少对环境的破坏。

第三，押金返还制度。押金返还制度也是环境管制的方式之一，如果某人使用的是可能存在环境污染或对环境产生危害的产品，那么在产品出售时会收取其一定量的保证金，只有将这些污染的隐患消除，保证金才会归还本人。这种环境管制政策的执行效果较好，符合可持续发展的要求。押金返还制度的使用不仅可以合理监督企业正确处理污染物，还可以促进企业使用先进的技术和更加节约资源的材料，降低能耗。

第四，环境补贴。环境补贴也称绿色补贴，是指政府环保机构采取措施将环境成本内化，对企业的环境污染治理实施补贴。环境补贴目的在于激励企业主动实施改善环境的行为，类似于环境收费制度，它提升了企业的污染治理边际收益，对于保护本国企业的产品和保持市场竞争力也起到重要作用。例如，在电解铝制造行业，国家为了鼓励高效节能等环保类项目的推广与应用，对电解铝产生的废渣的回收利用技术、铸造工艺过程中产生的余热综合利用项目、电解槽废水处理项目等都制定有相关的环境补贴政策，从而大大减少了电解铝企业污染治理的成本，也极大地提高了企业采用与推广先进技术的积极性。然而，环境补贴政策在实践中也存在一些问题，尤其是当环境补贴使用不当或被违规滥用的时候，环境补贴政策不但不能起到激励效果，可能还会导致企业先多排放污染，然后再享受环境补贴，从而加剧了环境污染。此外，环境补贴在国际上的差异也引发了很多人的关注，尤其是不合理的补贴政策也会成为国际反补贴调查的对象。

（3）自愿型环境管制政策

自愿型环境管制政策，顾名思义，具有自愿性，这点与命令型环境管制政策形成了鲜明对比。使用这种环境管制政策时，管理者不借助于法律的形式去约束和监督企业的行为，而是运用市场机制的特点，将两者紧密联系起来。这种方式主要依靠企业主的觉悟，依靠其主动承担减排的任务。相对于命令型环境管制政策，这种环境管制方式可以节约政府部门的环境监管成本。随着我国市场经济体制的不断完善，这种方式受到许多企业的青睐。国际标准化组织制定的 ISO14000 认证标准、欧洲的生态管理和审核计划（Eco-Management and Audit Scheme，EMAS）等都是比较权威的认证工具。由于这种管制主要依靠的是企业的自觉性，在实际中，可能会出现一些问题。譬如由于制定政策的过程不具有公开性，多数企业和个人不能对规范的制定提出自己的建议，最终导致部分规范脱离现实，不具备可行性。

常见的自愿型环境管制政策有自愿环境协议、环境信息披露制度和环境管理体系认证。下面对这些政策做一简单介绍。

第一，自愿环境协议。自愿环境协议是指，基于自愿原则，企业主动与地方政府及环保部门就自身环境管理的具体事宜达成共识，签署双边协议。在自愿环境协议中，企业公开承诺在一定时间内完成某些污染治理及环保工作，这与传统的企业被动接受环境监管的环境管理模式明显不同，最大的区别在于企业是自愿采取积极的环境管理战略。从企业角度分析，企业自愿进行环境管理不但不会增加自身的环境治理负担，反而还会因此获得更多的利益，譬如良好的声誉、宽松的监管、利益相关者的信任和支持等。从管理部门角度分析，监管者无需对企业环境管理的具体细节实施全程监督，只需对到期的环境绩效进行考核即可，因此，不仅降低了监管的难度，而且大大节省了监管费用。

在国内，自愿环境协议始于 2003 年的"国家环境友好企业"评选活动，这是环保部门为了深入贯彻落实国家的节能减排政策、倡导企业绿色生产，在全国范围内开展的一项重要活动。其基本流程是：首先，企业自愿申请；然后，各级环保部门逐级向上推荐；最后，企业只有完成了国家环保部门规定的 22 项指标才能获得这一荣誉称号。虽然"国家环境友好企业"与国外的自愿环境管理协议相比存在一定差距，但这毕竟是中国企业走向自愿式环境管理的尝试。此外，我国多个地区还与欧盟等自愿环境管理模式比较先进的国家和地区开展国际合作，譬如 2009 年西安、南京等地的企业代表与荷兰等国开展自愿式环境管理模式的合作。总之，随着国内环境管理制度改革的深入推进，越来越多的地区和企业开始尝试这一新兴的环境管理模式。除了"国家环境友好企业"评选活动之外，国家环保部门在工程项目建设等方面开展了"国家环境友好工程"评选活动；国家林业部门在全国地级以上城市开展了"国家森林城市"评选活动；等等。这些评选活动都是自愿开展的，从不同侧面推动我国节能减排和环境管理工作迈上新台阶。

第二，环境信息披露制度。环境信息披露是指企业将自身的环境管理信息定期或不定期地发布给公众的一种行为。企业可以通过提高自身的实力，积极寻求认证，扩展企业信息传播的范围。此外，信息披露的内容、质量、程度也会影响国家对企业的判断。为了加强对排污企业的社会监管，原国家环保总局在 2007 年出台了《环境信息公开办法（试行）》，并从 2008 年 5 月 1 日起实施。该办法对政府环境信息和企业环境信息公开做出了较具体的规定。

政府环境信息公开由县级以上地方政府负责组织实施，公开的内容主要涉及与环境有关的法律法规文件、环境规划、环境质量、与环境有关的统计调查信息等，共计 17 个方面，主要通过政府官网、新闻发布、报刊及电视广播等大众易于获得的途径进行公开。企业环境信息的公开分自愿和非自愿两种形式，政府鼓励企业自愿公开其环境信息，包括企业的环境战略、企业能源资源的消耗、企业的环保投入、企业生产经营活动产生的各类污染物及其处置情况、企业应对突发环境事件的应急预案，以及其他愿意公开的信息等。根据目前的情况看，除非政府部门有相关要求，企业自愿披露的环境信息相对较少。为此，政府为了规范大型企业的环境管理、减少恶性环境违法事件，针对上市公司的环境信息披露做出了进一步的规定，具体规定可以参考原国家环保总局 2008 年公布的《关于加强上市公司环境保护监督管理工作的指导意见》（环发〔2008〕24 号）。此后，原国家环保总局根据《环境信息公开办法（试行）》进一步对上市公司积极履行环境保护的社会责任进行了规范，于 2012 年发布《上市公司环境信息披露指南（征求意见稿）》，适用于沪深证券交易所的 A 股上市公司。

第三，环境管理体系认证。环境认证一般需要经过一个长期的过程，首先在认证前，国家需要做大量的准备工作。1994 年 5 月 17 日，我国成立了中国环境标志产品认证委员会；2003 年设立了环境认证中心。这些认证机构的出现，为环境保护的发展提供了重要保障。同时，督促企业积极地进行技术创新、使用绿色的生产原料，也为企业带来了可观的经济收入。我国是从 2002 年开始实行 ISO 制度的，在实行之后，企业对资源运用的合理程度不断提高，环境认证的方式也得到了企业的认可和欢迎，环境认证实现"双赢"，正在被越来越多的企业践行。

总之，自愿型环境管制政策对于规范企业环保行为起到了十分重要的作用，在市场经济迅速发展的今天，企业可以主动向国家提供自身环境发展的信息。国家依据企业提供的信息适时调整或制定环境法规，提高法规的可行性。另外，自愿型环境管制政策还能最大限度地保证企业减排的效果，节约不必要的费用，平衡区域发展不均的状况。

3.2　环境管制对企业绿色技术创新影响的理论分析

3.2.1　环境管制的衡量

环境管制是指政府通过法律、经济、市场和行政等方式干预企业的生产经营活动，减少企业污染排放。制度经济学、公共管理理论对政府管制的必要性、科学性和可行性进行了详细阐述。目前关于环境管制的衡量方法学术界尚未有统一的观点，主要的做法有以下几种。①当把环境管制作为一个整体进行研究时，其衡量方法主要有两种：单一指标法和综合指标法。Liu 等（2016）用污染治理投资额与工业总产值的比值衡量环境管制强度。而 Song 等（2020）使用综合指标法将工业废水、二氧化硫和烟尘排放数据进行线性标准化，再按照一定的权重综合测算出环境管制强度。此外，随着政府对环境问题日益重视，各种类型的环保政策不断出台，有学者就以某项环保政策作为环境管制的代理变量，检验其政策实施效果。目前较多研究以排污权交易制度（Lin et al.，2018）、新环保法（Fang et al.，2021）、环境税（Klenert et al.，2018）为准自然实验，运用双重差分法分析环保政策的作用效果。②按照作用方式的不同，环境管制被分为命令型（基于行政部门的强制政策）、市场型（基于市场导向的政策）和自愿型（基于社会公众监督的政策）三种类型（Stucki et al.，2018；钟昌标等，2020）。现有文献主要用法律规章数、行政处罚案件数衡量命令型环境管制（Horbach，2008；Stucki et al.，2018）；用排污费收入、工业污染治理投资额、环保验收项目数、环保投资额衡量市场型环境管制（Acemoglu et al.，2012；You et al.，2019）；用环境信访举报数、两会提案数和环保系统实有人数衡量自愿型环境管制（吴磊等，2020；Luo et al.，2021）。③按作用途径的不同，可将环境管制分为正式环境管制和非正式环境管制，前者主要基于官方的污染治理投资或治理成效来衡量，如污染物排放量、污染物去除率、污染治理投入等（高志刚、李明蕊，2020；Tian and Feng，2021）；后者则使用社会层面的指标进行衡量，比如环境意识、人均收入、受教育水平和年龄结构（沈宏亮、金达，2019）。

综上所述，环境管制的分类主要有三种。第一种方法比较直观且操作简单，但鉴于环境管制工具的复杂性和作用对象的多元性，该方法难以反映环境管制政策作用效果在不同主体之间的差异。第二种方法考虑了环境管制政策的作用方式，能够更深入地研究各类环境管制政策的作用效果。第三种方法考虑了环境管制发展的趋势，兼顾来自政府的环境管制和来自社会的监督。本书基于中国环境管制手段的多元化特征，重点研究政府环境管制如何促进企业开展绿色技术创新，因此本书选择第二种方法，从命令型、市场型和自愿型的角度研究各类环境管制工具的作用效果。

3.2.2 绿色技术创新的衡量

绿色技术创新是企业在遵循生态经济规律的前提下，为实现产品成本最小化和生态负效应最小化的目标而进行的技术创新活动。关于绿色技术创新的分类，大部分学者将其分为绿色产品创新和绿色工艺创新两种类型（田红娜、李金波，2020）。绿色产品创新注重开发节约能源、清洁低碳、循环可利用的新产品，绿色工艺创新注重产品制作过程中的工艺改进和生产设备的更新改造。还有学者把绿色工艺创新分为清洁生产技术创新和末端治理技术创新（Xie et al.，2016）。目前关于绿色技术创新的衡量，学者们的方法也是多种多样的，其中运用最广泛的指标是绿色全要素生产率和绿色专利这两个指标。对于绿色全要素生产率的测算，学者们在指标上的选择大同小异，一般用资本、劳动和能源作为投入指标，用地区 GDP 作为期望产出指标，用污染物排放作为非期望产出指标（王鹏、郭淑芬，2021）；在测算方法上，主要有 GML（Global Malmquist-Luenberger）指数及其分解法（许慧、李国英，2018）、SBM-DDF 模型法（廖文龙等，2020）、ML（Malmquist Luenberger）指数法（陈诗一，2010）。在绿色专利的衡量上，有学者认为已经授权的绿色专利是企业绿色技术创新能力更好的体现（熊广勤等，2020），有学者则认为绿色专利授权容易受到人为因素的干扰，与当年企业实际的绿色技术创新产出相比存在一定程度的滞后，故用绿色专利申请数来衡量企业绿色技术创新能力更合理（Suphi，2015）。还有一部分学者用研发投入、科技活动人员数等指标衡量绿色技术创新（邝嫦娥、路江林，2019）。

3.2.3 环境管制与企业绿色技术创新的关系

关于政府的环境管制政策与企业绿色技术创新的关系，国内外学者尚处于争论之中，主要形成了以下三种观点。

第一，传统的新古典经济学认为，环境管制作为一种规制压力，会增加企业的额外成本，从而对生产性投资产生挤出效应，阻碍企业进行绿色技术创新（Ramanathan and Black，2010）。赞成该观点的学者主要从"遵循成本"效应出发，论证得出环境管制作为一种强制性外部约束，会促使企业为满足环境管制要求做出一系列生产决策调整，这一过程会产生交易费用和污染治理成本等（Petroni et al.，2019），进而导致企业成本上升，减少企业在其他方面的研发投入，从而对绿色技术创新产生负向影响（Lanoie et al.，2008）。此外，由于环境管制政策具有滞后性等特点，陈旧的环境政策不仅不能促进绿色技术创新的发展，还会诱发企业为补偿治污成本而加速提高污染型经济产出的行为，导致环境状况不断恶化（王韧，2020）。

第二，与新古典经济学观点相反的波特假说认为，环境管制具有"创新补偿"效应，能够促使高污染、高耗能的企业进行绿色生产技术变革，提高企业生产效率、提高产品质量，从而抵消环境管制带来的成本上升（Berrone et al.，2013），最终提高企业的国际竞争力（余伟等，2017）。自波特假说提出后，国内外学者从不同方面对其进行了大量的验证。Rubashkina等（2015）以17个欧洲国家的制造业部门为研究对象、斯丽娟（2020）以黄河流域101个城市为研究对象、张治栋和陈竞（2020）以我国各省区市为研究对象，均发现环境管制能够增加环保投资，促进绿色技术创新的发展。

第三，还有学者认为环境管制与企业绿色技术创新之间并不是简单的线性关系，而是非线性关系，不同强度的环境管制对企业绿色技术创新的影响存在差异（高苇等，2018）。有学者研究发现，随着环境管制强度的不断提升，环境管制对企业绿色技术创新的影响呈现先抑制后促进的"U"形特征（Guo et al.，2018）。当环境管制强度低于门槛值时，环境管制抑制技术创新，当环境管制强度超过门槛值时，环境管制促进技术创新的发展；在我国，经济较发达的东部地区比经济发展落后的西部地区更容易跨越门槛值（姚小剑等，2018）。还有学者发现，环境管制与企业绿色技术创新之间呈现先上升后下降的倒"U"形关系（李玲、陶锋，2012），即适当的环境管制强度可以提升企业绿色技术创新水平，但进一步提高环境管制强度时会加重企业负担，对企业绿色技术创新产生不利影响。总的来说，环境管制与企业绿色技术创新的关系是线性关系还是非线性关系，主要看"遵循成本"效应和"创新补偿"效应之间博弈的结果。此外，不同类型的环境管制工具对企业绿色技术创新的作用在不同经济发展阶段具有不同的特点。有学者研究发现，经济发展早期以命令型环境管制为主，其对企业绿色技术创新的作用效果要大于其余两种环境管制工具（郑洁等，2020）；经济走向高收入阶段后则以市场型环境管制和自愿型环境管制为主，命令型环境管制是基础。在我国，东部地区的市场型环境管制和自愿型环境管制对绿色技术创新的作用大于命令型环境管制（冯志军等，2017）。

通过文献梳理发现，学者们从不同角度、运用不同的方法研究了环境管制与企业绿色技术创新的关系，并取得了许多成果。但现有结论的不统一也反映出，环境管制的作用效果受多种因素的影响，即使是同一种政策工具在不同地区对不同性质和不同行业企业的作用效果也会大相径庭。另外，环境管制作为企业的外部力量，往往会通过一些中介变量影响企业的创新行为，或者受某些调节变量的干预，这些都需要进一步深入研究。为此，本书从以下几个方面展开研究。①将政府环境管制分为命令型环境管制、市场型环境管制和自愿型环境管制三种类型，通过构建中介效应模型和调节效应模型，从政府和企业两个角度来检验异质性环境管制工具对上市公司绿色技术创新的影响机制，为政府更加有效地实施各种环境管制政策提供一定的参考。②将企业绿色技术创新细分为绿色发明专利和绿色实用新型专利进行衡量，进而研究不同环境管制工具对企业不同创新类型的影响，并进一步采用绿色全要素生产率来检验企业绿色技术创新的转化成果，以弥补单纯用绿色专利衡量企业绿色技术创新的不足。③将企业所在的行业类型分为技术密集型、劳动密集型、资本密集型和资源密集型四种类型，分析环境管制压力对不同行业类型的企业创新意愿的影响，为更有针对性地实施绿色创新战略提供理论依据。

3.3 异质性环境管制政策对企业绿色技术创新影响的实证研究

不同类型的环境管制工具的运行机制存在差异，对企业绿色技术创新的影响也各有不同。概括地说，环境管制政策对企业绿色技术创新的影响主要表现为两个方面。一方面，环境管制政策通过"创新补偿"效应激励企业进行绿色技术创新，降低非期望产出；同时环境管制政策还能够淘汰低效率、高排放、高污染的产品或企业，调整企业生产结构和产业结构，实现绿色转型发展。另一方面，环境管制政策通过"遵循成本"效应对生产性活动和绿色技术创新活动产生"挤出效应"，抑制企业进行绿色技术创新。环境管制政策使企业的污染治理成本增加，影响企业的投资战略，增加企业生产活动的不确定性。基于企业内外部视角，本书构建了命令型、市场型和自愿型环境管制对企业绿色技术创新影响及其作用机制的理论分析框架，如图 3 - 2 所示。

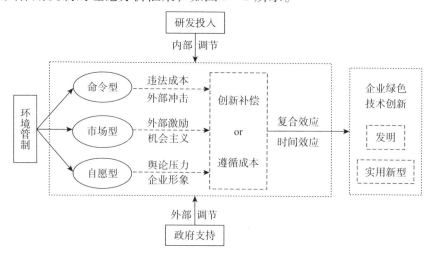

图 3 - 2　环境管制对企业绿色技术创新影响及其作用机制的理论分析框架

命令型环境管制是指政府制定的与环境保护相关的法律、法规、政策和标准，对企业的排污行为具有强制性，如果企业违反相应法规就要面临被处罚甚至被迫停产的风险，从而可以倒逼企业进行绿色技术创新。根据法规的来源不同，命令型环境管制工具可分为国家层面和省市层面的工具。①国家层面主要是以我国 2015 年实施的新《环境保护法》为代表，其不仅加大了对企业违法行为的经济处罚力度，而且新增了行政拘留处罚措施，大大增加了企业的环境违法成本，从而倒逼企业进行绿色技术创新（Liu et al.，2022）。②省市层面主要是在国家环境法规的基础上，各省市结合本省市情况，有针对性地出台一些环境相关的规章制度，如碳配额的定价与交易范围在各省市间有一定差异，体现了经济发展水平和产业结构的差异。总的来说，命令型环境管制工具的劣势是缺乏灵活性、执行成本较大，在短期内给企业带来的环境治理压力过大，又缺少相应的资源支持，不能有效激励企业进行绿色技术创新。命令型环境管制工具的优势在于能够及时对污染排放进行监督和控制，具有强制性和有效性的特点，还能够淘汰一部分高耗能、低效率的企业，从而优化产业结构（Zhu et al.，2021）。

市场型环境管制是指政府运用市场化而不是命令式手段对企业的污染行为进行监管，实现企业环境污染的内部化。常见的市场型环境管制工具主要有环境税和排污权交易制度。①我国于 2018 年 1 月 1 日将征收排污费改为征收环境保护税，相比排污费，环境税的法律层级更高、征收主体的独立性更强，税率的安排也更加合理，能够更好地激励企业进行绿色技术创新（Yu and Cheng，2021）。②排污权交易制度是将企业的排污权作为一种稀缺资源在市场上进行交易的一项环境经济制度，即污染排放量大的企业通过购买排污权获得生产经营资格，而排放量小的企业通过出售剩余的排污权获得经济利益，通过市场交易有效提高企业进行绿色技术创新的积极性（Calel and Dechezlepretre，2016）。总的来说，当市场型环境管制强度较低时，企业会倾向于选择购买排污权或交环境税，把更多的研发资金投向盈利更快的项目，这挤占了绿色研发资金。当市场型环境管制强度提高时，企业为了长期利益，会加大对绿色技术创新的投入。

自愿型环境管制不依赖政府强制执行，是公众和经济主体自发的行为，其执行力度主要取决于公众和经济主体的环保意识。①企业运用最广泛的自愿型环境管制工具是ISO14001环境管理体系认证，通过改善企业内部管理系统来改进企业的生产过程，减少排污量（Lim and Prakash，2014），同时向外界传递一种隐性信息，即该企业是有社会责任的，并且注重环境保护（Bu et al.，2020）。良好的企业形象可以反过来帮助企业吸引更多的外部投资，为企业进行绿色技术创新提供支持。②社会公众主要通过环境信访举报和媒体监督等方式参与环境保护。公众向政府和社交媒体反映企业的环境污染问题，对企业污染行为进行监督（Wang等，2022）。面对来自政府的行政压力和社会舆论压力，企业出于长期可持续发展和维护良好形象的需要，会主动进行绿色技术创新（Zhang and Shi，2017）。总的来说，自愿型环境管制工具可以更好地激励公众和企业主动进行环境保护，不仅能有效减少政府的执行、监督成本，还能够激励企业进行绿色技术创新（Camison，2010）。

企业开展绿色技术创新首先需要克服的问题就是资金短缺，企业研发投入和政府支持从内部和外部两个途径缓解资金不足问题。企业研发投入是企业进行绿色技术创新的必要前提之一，影响着企业的产品研发、工艺改进和技术开发（Zhuge et al.，2020；Lee and Min，2015）。一方面，增加研发投入有助于增强企业的绿色产品供给力和市场竞争力，提升企业在消费市场的影响力、认可度和知名度；另一方面，增加研发投入能够增强研发人员的绿色技术创新意识（张旭、王宇，2017），实现从设备到人员、从思想到行动、从理念到实践等全方位绿色技术创新能力的提升，有利于提高资源配置效率，增强企业竞争力。此外，企业通过增加研发投入开展绿色技术创新，提高污染物处理能力，从源头上减少污染物排放，不仅能够体现企业的社会责任感，提升企业形象；还能够缓解经济发展与环境保护之间的矛盾，实现绿色发展。

政府支持可以通过补贴、税收优惠等政策弥补企业绿色研发投入不足问题。企业的绿色技术创新活动具有高投入、高风险的特征，风险厌恶型的企业在没有外部刺激的情况下，缺乏对绿色技术创新的热情，导致绿色技术创新投入低，甚至是不进行绿色技术创新。此时政府支持在一定程度上弥合了社会收益和私人收益之间的差距，缓解了绿色技术创新市场失灵问题（Montmartin and Herrera，2015），增强了企业进行绿色技术创新的动力。另外，获得政府支持也是向外界投资者释放一种积极信号，得到政府支持的企业一般有较强的创新实力和较高的发展潜力，此类企业被贴上了政府认可的标签，更容易获得外部投资者的信赖，从而可以拓宽融资渠道、降低融资成本，增强绿色创新供应链的议价能力和抗风险能力，提升整体绿色技术创新能力。

3.3.1 变量设计与数据来源

（1）被解释变量

绿色技术创新是本书的被解释变量。在目前研究企业绿色技术创新的相关文献中，专利是运用最广泛的一种衡量指标。我国专利分为发明、实用新型和外观设计三种，发明专利的技术含量和创新性是最高的，实用新型专利的创新难度相对较低，使用这两种绿色专利数据进行度量可以更好地反映在环境管制压力下，企业更倾向于进行难度较高的绿色技术创新还是难度相对较低的绿色技术创新。绿色专利的授权可能会受到行政审批等其他因素的干预，具有滞后性和不确定性，而企业在申请专利的过程中可能已经将专利投入使用，并对企业的生产活动产生影响，从而绿色专利申请数可以更加准确地反映企业的绿色技术创新能力。因此，本书借鉴陶锋等（2021）的研究方法，用绿色发明专利和绿色实用新型专利申请数衡量企业的绿色技术创新。

（2）解释变量

本书的解释变量是环境管制，具体细分为命令型、市场型和自愿型环境管制三种，分别从政府、企业和公众三个角度衡量环境管制。①命令型环境管制是运用最广泛的环境管制工具。本书采用各省区市地方政府颁布的环保法规、规章数和受理的行政处罚案件数来衡量命令型环境管制。地方政府颁布的环保法规、规章数越多，说明该地区政府对环境质量越重视，其环境管制就越强；受理的行政处罚案件数越多，表明该地区政府对企业污染物排放的监管力度越大，相应的环境管制要求也就越高。②市场型环境管制。本书采用各省区市工业污染治理投资额占地区 GDP 比重和环境基础设施建设投资额占地区 GDP 比重来衡量市场型环境管制。前者体现地方政府和工业企业在环保问题上的资金投入力度；后者衡量一个地区的环境管理水平，反映地方政府对环境的重视程度。③自愿型环境管制。本书选取各省区市环境信访数和两会提案数来衡量自愿型环境管制。环境信访数反映了基层群众对环境问题的关注度和参与环保的意愿；两会提案数反映了人民群众和各民主党派对环境问题的重视程度，一定程度上代表了该地区整体的环保意识。

此外，本书采取综合指标法分别计算上述三类环境管制的综合指标（冯宗宪、贾楠亭，2021），具体计算方法如下。

首先，对各单项指标进行标准化处理：

$$UE_{ij}^s = \frac{UE_{ij} - \min(UE_j)}{\max(UE_j) - \min(UE_j)} \qquad (3-1)$$

其中，UE_{ij}^s 表示 i 省区市 j 指标的标准化值，UE_{ij} 表示 i 省区市 j 指标的初始值，$\min(UE_j)$、$\max(UE_j)$ 分别表示所有省区市中 j 指标的最小值和最大值。i 代表的是各个省区市；j 代表的是计算每种环境管制的指标，如命令型环境管制由地方政府颁布的环保法规、规章数和受理的行政处罚案件数衡量，那 j 代表的就是这两个指标。

其次，为消除各地区同类指标之间的差异，按式（3-2）计算调整系数：

$$W_j = \frac{UE_{ij}}{\overline{UE_j}} \tag{3-2}$$

其中，W_j 表示 j 指标的调整系数，$\overline{UE_j}$ 表示样本中 j 指标的平均值。

最后，按公式（3-3）分别计算命令型环境管制、市场型环境管制和自愿型环境管制的综合指数：

$$ER_{it} = \frac{1}{n} \sum_{1}^{j} (W_j \times UE_{ij}^t) \tag{3-3}$$

其中，ER_{it} 表示 i 省区市在 t 时期的环境管制综合指数。

（3）调节变量

资金投入是企业研发创新的第一步，也是能否创新成功的关键，资金投入的多少还可以反映出企业对绿色技术创新的重视程度、创新意愿和创新实力，资金投入也是影响企业创新要素配置、提升创新效率和激发创新活力的重要因素。企业绿色技术创新的资金来源主要有内源性筹资和外源性融资两种。其中，企业研发投入是企业内源性筹资的反映，政府支持是企业外源性融资的主要来源，政府支持还可以对外源性金融机构的资金配置起到引领和示范效果，从而进一步带动外源性融资渠道的多元化发展。为此，本书将企业研发投入和政府支持作为调节变量，研究环境管制影响企业绿色技术创新的作用机制。其中，企业研发投入借鉴宋来胜和苏楠（2017）的衡量方法，用企业研发费用占营业收入的比重来衡量；政府支持借鉴董景荣等（2021）的研究，用企业收到的政府补助金额衡量。

（4）控制变量

本书参考关海玲和武祯妮（2020）的研究，从企业和地区两个层面选取以下可能会影响企业绿色技术创新的控制变量。

企业层面选取以下控制变量。①企业规模（*Size*）。企业规模越大就越有实力雇用更多高素质、高技能人才，从而促进企业绿色技术创新水平的提升。本书用企业年末员工人数来衡量企业规模。②资本密集度（*Den*）。相对于劳动密集型企业而言，资本密集度较高的企业拥有更多的智力支持和技术支持，且由于工资在总成本中的占比较低，企业更愿意提供优厚的薪酬奖励以激发员工的创新积极性，因此资本密集型企业有条件开展更多的研发创新活动。本书用企业总资产与营业收入之比衡量企业资本密集度。③企业盈利能力（*Pro*）。企业盈利能力是企业永续发展的生存保障，盈利能力强的企业有实力在研发中投入更多的人力物力，且为了保持盈利能力企业有更强的创新意识和创新意愿。本书用企业总利润与总资产之比衡量企业盈利能力。④董事会治理（*BG*）。董事会治理是董事会的制度建设、战略决策和职能监管的综合体现，较高的董事会治理水平能够促进企业长期健康发展，使企业有序开展绿色技术创新活动。鉴于独立董事与企业之间的利益关系较弱，能够有效协调相关利益者之间的矛盾、提高决策监督效率，本书用独立董事占董事会人数的比重衡量董事会治理。⑤企业成熟度（*Age*）。不同成长阶段的企业，其发展基础、战略决策和经营重点也会存在较大差异。一般而言，发展时间长的企业具有较完备的软硬件基础设施，积累了较多的创新经验，更有利于创新成功。本书用企业上市时间来衡量企业成熟度。

地区层面选取以下控制变量。①对外开放程度（*FDI*）。对外开放促进了信息、资金、人才和技术等各类创新要素在更大范围和更高层次上的流通和配置，创新要素的加速流通又反过来有助于创新思想的形成与碰撞。本书采用外商投资企业总额占 GDP 比重衡量对外开放程度。②市场化水平（*ML*）。市场化水平高说明市场在资源配置中发挥主导作用，相比之下，企业生产经营受外部行政干预的影响较小，这既有利于充分发挥市场这只"看不见的手"的调节作用，促进创新要素向效率更高、利益更大的方向集聚，也有利于激发创新主体的市场活力，进而对企业绿色技术创新产生重要影响。本书用国有及国有控股企业总资产在工业企业总额中的占比衡量市场化水平。③地区经济发展水平（GDP）。经济发展水平是一个综合性指标，能够反映企业的生存环境，以及消费市场和社会文化等。本书采用地区人均GDP衡量地区经济发展水平。④创新氛围（Atm）。创新氛围好的地区会通过知识溢出效应和技术溢出效应激励企业开展更多的创新活动，进一步提高企业绿色技术创新能力。本书用有研发活动的企业数占总企业数的比例衡量创新氛围。

本书各变量汇总如表3－1所示。

表3－1　绿色技术创新相关变量说明

变量类型	变量名称		变量说明
被解释变量	绿色技术创新	绿色发明专利（GTI_1）	绿色发明专利申请数
		绿色实用新型专利（GTI_2）	绿色实用新型专利申请数
解释变量	环境管制	命令型环境管制（ER_1）	地方政府颁布的环保法规、规章数和受理的行政处罚案件数
		市场型环境管制（ER_2）	环境基础设施建设投资额占地区GDP比重、工业污染治理投资额占地区GDP比重
		自愿型环境管制（ER_3）	环境信访数、两会提案数
调节变量	内部	企业研发投入（RD）	企业研发费用占营业收入比重
	外部	政府支持（Sub）	政府补助金额
控制变量	企业层面	企业规模（Size）	企业员工人数
		资本密集度（Den）	企业总资产与营业收入之比
		企业盈利能力（Pro）	企业总利润与总资产之比
		董事会治理（BG）	独立董事占董事会人数的比重
		企业成熟度（Age）	企业上市时间
	地区层面	对外开放程度（FDI）	外商投资企业总额占GDP比重
		市场化水平（ML）	国有及国有控股企业总资产在工业企业总额中的占比
		地区经济发展水平（GDP）	地区人均GDP
		创新氛围（Atm）	有研发活动的企业数占总企业数的比例

（5）数据来源

本书选择我国沪深 A 股上市企业为研究对象，研究政府环境管制政策对企业绿色技术创新的影响及其作用机制，时间周期为 2010～2019 年，共计 3750 个样本观察值。其中，企业层面的绿色专利数据来源于中国研究数据服务平台（CNRDS）数据库，相关财务数据来源于国泰安（CSMAR）数据库和巨潮资讯网。地区层面的数据来源于 2010～2019 年《中国统计年鉴》、《中国环境统计年鉴》、《中国环境年鉴》、《中国科技统计年鉴》、《中国工业统计年鉴》和《中国能源统计年鉴》，由于港澳台和西藏地区的数据缺失较多，因此在计算时未包括这些地区。在原始数据收集过程中还采取了以下措施：①剔除了研究期内被 ST、* ST 的企业；②删除了数据缺失严重以及在 2010 年后上市的企业；③对绿色专利数据进行加 1 后取对数处理。

3.3.2 模型建立与统计分析

（1）基准回归模型

为检验不同环境管制工具对企业绿色技术创新的影响，本书构建如下基准回归模型：

$$GTI_{it} = \alpha_0 + \alpha_1 ER_{it} + \alpha_2 Control_{it} + \mu_i + \varepsilon_{it} \qquad (3-4)$$

其中，GTI_{it} 表示 i 企业在 t 时期的绿色技术创新，分为绿色发明专利（GTI_1）和绿色实用新型专利（GTI_2）；ER_{it} 表示 i 企业所在省区市 t 时期的环境管制，有命令型环境管制（ER_1）、市场型环境管制（ER_2）和自愿型环境管制（ER_3）三种形式；$Control_{it}$ 表示控制变量集合，μ_i 表示个体固定效应，ε_{it} 表示随机干扰项。

（2）调节效应模型

企业研发投入和政府支持对企业来说分别为内部支持和外部支持，在环境管制影响企业绿色技术创新的过程中主要起调节作用，使企业在短期内获得流动性较强的资产，缓解研发投入不足的问题。本书构建如下模型分别研究企业研发投入和政府支持的调节作用：

$$GTI_{it} = \beta_0 + \beta_1 ER_{it} + \beta_2 RD_{it} + \beta_3 ER_{it} \times RD_{it} + \beta_4 Control_{it} + \mu_i + \varepsilon_{it} \qquad (3-5)$$

$$GTI_{it} = \theta_0 + \theta_1 ER_{it} + \theta_2 Sub_{it} + \theta_3 ER_{it} \times Sub_{it} + \theta_4 Control_{it} + \mu_i + \varepsilon_{it} \qquad (3-6)$$

其中，RD_{it} 表示 i 企业在 t 时期的研发投入水平；Sub_{it} 表示 i 企业在 t 时期接受的政府支持；其他变量解释同式（3-4）。

（3）描述性统计分析

表 3-2 为变量的描述性统计结果，由此可以看出，绿色发明专利和绿色实用新型专利的均值分别为 1.4279、1.2822，它们的最大值与最小值之间的差距明显，反映出很多样本企业的绿色创新成果较少。在三类环境管制工具中，市场型环境管制的均值和标准差都最小，命令型和自愿型环境管制的标准差都比较大，反映出我国各省区市间的环境管制力度差距较大，这为后期研究异质性环境管制对企业绿色技术创新的影响提供了现实背景。此外，样本企业的资本密集度和企业规模的差距也较大，后期有必要开展这方面的异质性分析。大多数变量的标准差都小于均值，说明离散系数相对较小，样本的稳定性较好。

表 3-2　变量描述性统计

变量	样本量	平均值	标准差	最小值	最大值
GTI_1	3750	1.4279	1.2366	0.0000	6.8586
GTI_2	3750	1.2822	1.1596	0.0000	6.4232
ER_1	3750	0.8196	1.0820	0.0000	6.2069
ER_2	3750	0.3474	0.4391	0.0020	3.0405
ER_3	3750	0.9282	1.1347	0.0000	6.2069
RD	3750	0.0400	0.0530	0.0000	1.6943
Sub	3750	1.0960	2.8635	0.0001	47.1811
$\ln Size$	3750	8.5057	1.2099	3.3673	12.7220
Den	3750	2.0458	2.7144	0.1834	80.4665

续表

变量	样本量	平均值	标准差	最小值	最大值
Pro	3750	0.0455	0.0620	− 0.7944	0.4940
BG	3750	0.3703	0.0586	0.2308	0.8000
Age	3750	13.2400	5.7737	1.0000	29.0000
FDI	3750	0.0830	0.0675	0.0045	0.2708
ML	3750	0.2879	0.1671	0.0959	0.8217
GDP	3750	0.0007	0.0003	0.0001	0.0016
Atm	3750	0.2605	0.1375	0.0331	0.5550

3.3.3　基准回归分析与稳健性检验

（1）基准回归分析

本书采用 F 检验和 Hausman 检验对混合效应模型、固定效应模型和随机效应模型进行选择，最终确定选择固定效应模型进行回归分析。表 3 – 3 为三种环境管制对两种绿色专利影响的基准回归结果。第（1）~（4）列是环境管制与绿色发明专利的回归结果，第（5）~（8）列是环境管制与绿色实用新型专利的回归结果。列（1）、列（5）显示，命令型环境管制对绿色发明专利和绿色实用新型专利的影响系数都为正，且都在 5% 的水平下显著，这说明命令型环境管制能促进企业绿色技术创新水平提升。命令型环境管制强度每提高 1 个百分点，绿色发明专利提升 0.0319 个百分点，绿色实用新型专利提升 0.0359 个百分点。由此可以推出，制定有效的环境法规和环境标准，强制约束企业的排污行为，能倒逼企业进行绿色技术创新。

表 3 – 3 的列（2）、列（6）显示，市场型环境管制对绿色发明专利和绿色实用新型专利的影响系数均为正，且分别通过了 5%、10% 的显著性检验，这与赵立祥（2020）的研究结果一致。从系数值可以看出，市场型环境管制强度每提高 1 个百分点，绿色发明专利提升 0.0859 个百分点，绿色实用新型专利提升 0.0798 个百分点。随着城市化的发展和生态

文明建设的深入推进，政府会持续加大环境基础设施和工业污染治理方面的投资力度，在这种大环境下，企业进行绿色技术创新的社会氛围更浓、创新意愿会更强烈（张平等，2016）。

表 3－3 的列（3）、列（7）分别为自愿型环境管制与绿色发明专利、绿色实用新型专利的回归结果，可以看出 ER_3 的系数均显著为负，表明自愿型环境管制会抑制企业绿色技术创新的发展，且自愿型环境管制强度每提高 1 个百分点，绿色发明专利降低 0.0361 个百分点，绿色实用新型专利降低 0.0558 个百分点，这与高翠云和王倩（2020）的研究结论一致。这种情况出现的可能原因是，一方面，当前我国公众的环保意识还处于一个相对较低的水平，且环保意识的提升是一个漫长的过程，这会导致自愿型环境管制对企业绿色技术创新的作用存在一定的滞后性，抑制了企业绿色技术创新水平的提升；另一方面，企业为了避免公众或媒体的环境监督，会采取末端治理等短期治理行为，这既浪费企业资源又可能会挤占绿色研发投入，不利于企业绿色技术创新的发展（游达明、蒋瑞琛，2018）。

表 3－3 的列（4）、列（8）的结果表明，在三种环境管制作用下，市场型环境管制的作用效果强于命令型环境管制和自愿型环境管制，这与三种环境管制分别回归的结果是一致的。

表 3－3　环境管制与绿色技术创新的基准回归结果

变量	绿色发明专利				绿色实用新型专利			
	（1）	（2）	（3）	（4）	（5）	（6）	（7）	（8）
ER_1	0.0319** (2.16)			0.0345** (2.32)	0.0359** (2.24)			0.0398** (2.48)
ER_2		0.0859** (2.04)		0.0921** (2.18)		0.0798* (1.74)		0.0894* (1.95)
ER_3			-0.0361* (-1.75)	-0.0447** (-2.16)			-0.0558** (-2.50)	-0.0650*** (-2.89)
lnSize	0.293*** (10.14)	0.294*** (10.17)	0.295*** (10.18)	0.296*** (10.26)	0.306*** (9.76)	0.307*** (9.78)	0.308*** (9.83)	0.310*** (9.90)

续表

变量	绿色发明专利				绿色实用新型专利			
	(1)	(2)	(3)	(4)	(5)	(6)	(7)	(8)
Den	0.0133 (1.56)	0.0130 (1.52)	0.0130 (1.52)	0.0132 (1.55)	0.0142 (1.54)	0.0139 (1.50)	0.0138 (1.50)	0.0141 (1.53)
Pro	0.144 (0.59)	0.132 (0.54)	0.133 (0.54)	0.148 (0.60)	0.0633 (0.24)	0.0499 (0.19)	0.0516 (0.19)	0.0679 (0.26)
BG	0.529 (1.58)	0.515 (1.54)	0.502 (1.50)	0.519 (1.55)	0.169 (0.47)	0.153 (0.42)	0.134 (0.37)	0.153 (0.42)
Age	0.110*** (10.34)	0.113*** (10.51)	0.110*** (10.30)	0.113*** (10.54)	0.0780*** (6.77)	0.0809*** (6.94)	0.0775*** (6.73)	0.0811*** (6.97)
FDI	0.406 (0.67)	0.411 (0.68)	0.830 (1.32)	0.681 (1.08)	1.517** (2.31)	1.542** (2.35)	2.126*** (3.12)	1.968*** (2.88)
ML	−1.055*** (−2.95)	−1.152*** (−3.20)	−1.118*** (−3.11)	−1.221*** (−3.38)	−1.256*** (−3.24)	−1.347*** (−3.45)	−1.350*** (−3.47)	−1.450*** (−3.70)
GDP	51.67 (0.32)	5.914 (0.04)	37.21 (0.23)	−47.35 (−0.29)	−626.4*** (−3.62)	−666.3*** (−3.79)	−654.4*** (−3.76)	−739.8*** (−4.18)
Atm	−0.417*** (−2.82)	−0.394*** (−2.67)	−0.359** (−2.42)	−0.387*** (−2.60)	−0.608*** (−3.79)	−0.581*** (−3.64)	−0.530*** (−3.29)	−0.561*** (−3.48)
常数项	−2.433*** (−8.43)	−2.428*** (−8.42)	−2.392*** (−8.28)	−2.411*** (−8.35)	−1.663*** (−5.32)	−1.655*** (−5.29)	−1.605*** (−5.13)	−1.626*** (−5.20)
N	3750	3750	3750	3750	3750	3750	3750	3750
R^2	0.246	0.245	0.245	0.247	0.089	0.088	0.089	0.092

注：***、**、*分别表示通过了1%、5%和10%的显著性水平检验，括号内为t统计值，下表同。

关于控制变量，①对外开放程度系数在绿色发明专利中为正但不显著，在绿色实用新型专利中显著为正，这表明扩大对外开放，深化对外开放经济体制和政治体制改革有利于促进企业绿色技术创新的发展，只是目前这种作用效果还比较弱。②市场化水平对两种绿色专利都存在显著负向影响，这可能与该指标的测度方法有关。本书采用的是国有及国有控股企业总资产在工业企业总额中的占比来测度。显然，国有企业占比越高，说明民营经济越不发达。从国内民营企业繁荣发展的长三角和珠三角地区的实际经验来看，民营经济越发达，创新成果越丰富，民营企业是市场上最活跃的技术创新主体。相比之下，国有企业往往承担着关系国计民生的基础性和关键性技术的创新责任，这与国有企业的国民属性和社会责任有关。③地区经济发展水平对绿色发明专利的影响为正但不显著，对绿色实用新型专利的影响显著为负，这表明经济发展水平高的地区更愿意进行技术难度大的研发创新，这与其雄厚的资金实力密不可分。另外，经济发展水平越高的地区，技术和人才集聚效应越明显，也越有利于企业创新，这与我国的现实情况相吻合。④创新氛围系数在两种绿色专利中都显著为负。结合创新氛围指标的统计性特征得出，这可能与我国企业整体创新水平较低有关，国家级自主创新示范区或创新孵化平台数量不足，企业间的创新联盟少，尚未形成大众创新万众创业的创新氛围，科技创新成果的认定与转化机制还需全面理顺，这些都会抑制企业的创新意愿和创新发展。⑤企业规模对两种绿色专利的影响都显著为正，说明企业规模越大，企业绿色技术创新意愿和创新实力越强，这与前文的理论分析完全一致。⑥企业成熟度的系数在两种绿色专利中都显著为正，表明上市时间长的企业，更有可能开展绿色技术创新，这与其较完善的配套设施、积累的大量技术和管理经验等有关。⑦资本密集度、企业盈利能力和董事会治理三个变量的系数在两种绿色专利回归结果中都为正但不显著，说明提升企业的资本密集度、盈利能力和董事会治理水平，有利于企业进行绿色技术创新，但其并不是最重要的影响因素。

（2）稳健性检验

为保证研究结论的稳健性，本书分别用以下三种方法进行稳健性检验。①为了避免样本异常值对研究结果的影响，本书把所有样本数据均进行缩尾处理，回归结果与基准回归结果一致。②替换被解释变量。分别用绿色发明专利和绿色实用新型专利授权数、绿色专利授权总数、绿色专利申请总数代替原来的被解释变量，结果见表3-4。以上检验结果与基准回归结果基本一致，说明本书研究结论具有稳健性。

表 3 - 4　稳健性检验回归结果

变量	绿色发明专利授权数			绿色实用新型专利授权数		
	（1）	（2）	（3）	（4）	（5）	（6）
ER_1	0.0224 * （1.78）			0.00133 （0.09）		
ER_2		0.0933 *** （2.59）			0.0540 （1.30）	
ER_3			- 0.0362 ** （- 2.06）			- 0.0715 *** （- 3.55）
控制变量	控制	控制	控制	控制	控制	控制
N	3750	3750	3750	3750	3750	3750
R^2	0.189	0.190	0.189	0.215	0.215	0.218

变量替换之一

变量	绿色专利授权总数		
	（1）	（2）	（3）
ER_1	0.0111 （0.77）		
ER_2		0.0755 * （1.84）	
ER_3			- 0.0683 *** （- 3.42）
控制变量	控制	控制	控制
N	3750	3750	3750
R^2	0.288	0.289	0.290

变量替换之二

变量	绿色专利申请总数		
	（1）	（2）	（3）
ER_1	2.125 *** （2.80）		
ER_2		9.262 *** （4.28）	
ER_3			- 2.060 * （- 1.95）
控制变量	控制	控制	控制
N	3750	3750	3750
R^2	0.055	0.058	0.054

变量替换之三

3.3.4　机制检验

为了深入分析环境管制对企业绿色技术创新的作用机制，本书从微观企业视角、宏观政府视角、市场化视角以及时间效应等四个方面，分别选取企业研发投入、政府支持、全要素生产率以及时间效应等指标进行进一步分析。

（1）企业研发投入的调节效应

本书根据公式（3－5）分析环境管制对企业绿色技术创新的影响是否会受到企业研发投入的调节，回归结果如表3－5所示，各列的基本含义同前文一致。综合三种不同类型的环境管制的检验结果来看，企业研发投入在市场型环境管制干预企业绿色技术创新方面发挥了逆向调节作用，而在自愿型环境管制干预企业绿色技术创新方面发挥了正向调节作用，在命令型环境管制干预企业绿色技术创新方面发挥的作用不确定。这一结果的可能原因是：企业研发投入是企业自主创新意愿的体现，这与企业主动开展污染治理等自愿型环境管理不谋而合，因此，能强化自愿型环境管制对企业绿色技术创新的推动作用。但在实际生活中，还有一些企业增加研发投入有不得已的原因，它们的创新意愿并不强烈，只是面对政府日趋严格的环保标准或环保处罚压力不得不为之，导致企业研发投入发挥负向调节作用。另外，在命令型环境管制背景之下，企业研发投入对发明型绿色创新具有正向调节作用，而对实用性创新则具有负向调节作用。这可能是因为，面对环境法规或强制性规章制度等命令型环境管制政策，企业往往别无选择，此时通过实用性创新很难实现排污达标等环境治理改变，企业必须做出实质性改变或创新，因此增加研发投入对发明型创新有正向调节作用而对实用性创新具有微弱的负向调节作用。

表 3 – 5　企业研发投入的调节效应回归结果

变量	绿色发明专利				绿色实用新型专利			
	（1）	（2）	（3）	（4）	（5）	（6）	（7）	（8）
ER_1	0.0261 （1.37）			0.0273 （1.40）	0.0448 ** （2.16）			0.0458 ** （2.17）
ER_2		0.141 *** （2.71）		0.151 *** （2.88）		0.100 * （1.78）		0.107 * （1.87）
ER_3			− 0.0621 ** （− 2.50）	− 0.0664 *** （− 2.62）			− 0.0571 ** （− 2.12）	− 0.0663 ** （− 2.41）
RD	0.563 （1.43）	1.255 *** （2.63）	0.438 （1.20）	0.963 * （1.90）	0.310 （0.73）	0.415 （0.80）	0.181 （0.46）	0.456 （0.83）
$ER_1 \times RD$	0.129 （0.44）			0.131 （0.41）	− 0.222 （− 0.69）			− 0.151 （− 0.43）
$ER_2 \times RD$		− 1.597 * （− 1.76）		− 1.568 * （− 1.68）		− 0.604 （− 0.61）		− 0.514 （− 0.51）
$ER_3 \times RD$			0.723 * （1.84）	0.608 （1.45）			0.0347 （0.08）	0.0516 （0.11）
控制变量	控制	控制	控制	控制	控制	控制	控制	控制
常数项	− 2.446 *** （− 8.47）	− 2.466 *** （− 8.54）	− 2.406 *** （− 8.33）	− 2.441 *** （− 8.45）	− 1.675 *** （− 5.35）	− 1.668 *** （− 5.33）	− 1.610 *** （− 5.14）	− 1.643 *** （− 5.24）
N	3750	3750	3750	3750	3750	3750	3750	3750
R^2	0.246	0.247	0.247	0.250	0.089	0.088	0.089	0.092

（2）政府支持的调节效应

本书根据公式（3 – 6）研究政府支持在环境管制影响企业绿色技术创新中的调节作用，回归结果如表 3 – 6 所示，各列的基本含义与前文一致。综合三种不同类型的环境管制的回归结果来看，政府支持在命令型环境管制和自愿型环境管制影响企业绿色实用新型专利方面发挥了负向调节作用，在市场型环境管制影响企业绿色实用新型专利方面发挥了正向调节作用；而在三种环境管制影响企业绿色发明专利中的调节效应均不显著。造成这一结果的原因可能是，命令型环境管制具有强制性的特点，政策实施会在短期对企业造成较大冲击，此时企业为了快速获得政府认可不得不投入一部分资金用于引进环保设备或进行末端治理，挤占了一部分绿色研发投入。为了实现长期可持续发展，企业需调整发展战略，对传统生产方式做出实质性改变，把一部分资金用于绿色技术创新。绿色发明专利相比绿色实用新型专利更容易实现污染减排的目标，企业更愿意进行绿色发明创新，导致政府支持发挥负向调节作用。自愿型环境管制具有灵活主动的特点，企业可以根据自身发展情况进行战略调整，政府的过度干预反而会影响企业的资源配置。绿色发明专利投资较大使其中途放弃的沉没成本高以及周期较长这一特点反映出绿色发明创新具有一定的稳定性，不容易受到外部因素的干扰。而投资风险较小、周期较短的绿色实用新型创新较容易受到外部因素的干扰，导致政府支持在其中发挥了负向调节作用。投资者往往会给予得到政府支持的企业更高的估值，因此得到政府支持的企业可以通过市场化的手段吸引更多外部投资，缓解绿色研发投入不足问题，推动企业绿色技术创新发展。

表 3 - 6　政府支持的调节效应回归结果

变量	绿色发明专利				绿色实用新型专利			
	（1）	（2）	（3）	（4）	（5）	（6）	（7）	（8）
ER_1	0.0308 **			0.0365 **	0.0473 ***			0.0487 ***
	（1.97）			（2.31）	（2.78）			（2.84）
ER_2		0.0775 *		0.0848 *		0.0515		0.0624
		（1.75）		（1.91）		（1.07）		（1.29）
ER_3			− 0.0397 *	− 0.0504 **			− 0.0447 **	− 0.0567 **
			（− 1.90）	（− 2.38）			（− 1.97）	（− 2.48）
Sub	0.0213 **	0.0184 *	0.0165 *	0.0102	0.0179 *	− 0.00114	0.0202 **	0.0124
	（2.48）	（1.95）	（1.92）	（0.94）	（1.92）	（− 0.11）	（2.16）	（1.05）
$ER_1 \times Sub$	0.000301			− 0.00510	− 0.0110 **			− 0.00860
	（0.06）			（− 0.90）	（− 2.06）			（− 1.40）
$ER_2 \times Sub$		0.00701		0.0134		0.0230 *		0.0187
		（0.63）		（1.11）		（1.91）		（1.43）

变量	绿色发明专利				绿色实用新型专利			
	（1）	（2）	（3）	（4）	（5）	（6）	（7）	（8）
$ER_3 \times Sub$			0.00785	0.0130*			−0.0168***	−0.00938
			(1.31)	(1.82)			(−2.59)	(−1.21)
控制变量	控制	控制	控制	控制	控制	控制	控制	控制
常数项	−2.353***	−2.354***	−2.329***	−2.369***	−1.615***	−1.641***	−1.535***	−1.582***
	(−8.12)	(−8.12)	(−8.03)	(−8.16)	(−5.14)	(−5.22)	(−4.88)	(−5.03)
N	3750	3750	3750	3750	3750	3750	3750	3750
R^2	0.247	0.247	0.247	0.250	0.090	0.089	0.091	0.095

（3）创新成果的转化机制

对于企业而言，绿色技术创新的最终效果不仅表现为专利数量的增长，只有创新成果实现产业化后提升企业的劳动生产率，企业的创新积极性才能得到有效保障。为此，本书从成果转化角度，进一步研究环境管制对企业绿色技术创新的作用机制。基于此，本书用省级绿色全要素生产率代替绿色专利进行转化成果检验。借鉴李斌等（2013）对绿色全要素生产率的测算方法，选取以下三个投入指标：①劳动投入，用各省区市每年就业人数衡量；②资本投入，用固定资产净值衡量；③能源投入，用折合成标准煤的地区能源消费总量衡量。产出指标有以下两个：①期望产出指标用地区生产总值衡量；②非期望产出指标用二氧化硫排放量衡量。借鉴匡远凤和彭代彦（2012）的方法，将污染作为投入变量来处理。用 DEAP 2.1 软件测算绿色全要素生产率。表 3-7 为环境管制与绿色全要素生产率的回归结果。从表 3-7 中可知，命令型和市场型环境管制与绿色全要素生产率有显著正相关关系，自愿型环境管制虽与绿色全要素生产率也有正相关关系但未通过显著性检验。这反映出，研究期间，绿色技术创新成果得到了较好的转化，环境管制促进了企业绿色技术创新积极性的提高。

表 3 - 7   环境管制与绿色全要素生产率的回归结果

变量	(1)	(2)	(3)	(4)
ER_1	0.0133 * (1.89)			0.0148 ** (2.04)
ER_2		0.0304 * (1.95)		0.0329 ** (2.09)
ER_3			0.0003 (0.03)	- 0.00582 (-0.48)
FDI	0.0643 (0.31)	0.126 (0.61)	0.0624 (0.30)	0.147 (0.69)
ML	0.0623 (1.28)	0.0280 (0.54)	0.0633 (1.18)	0.0114 (0.19)
GDP	159.5 *** (3.57)	151.1 *** (3.34)	165.3 *** (3.67)	141.0 *** (3.04)
Atm	0.0700 (1.21)	0.0823 (1.42)	0.0715 (1.22)	0.0829 (1.42)
常数项	0.948 *** (33.91)	0.951 *** (33.99)	0.950 *** (30.39)	0.956 *** (29.91)
N	300	300	300	300
R^2	0.0774	0.0852	0.0651	0.0981

（4）环境管制政策的时间效应

不同环境管制工具对企业绿色技术创新的作用可能会存在时间上的差异，本书对不同环境管制工具做滞后处理，以分析环境管制的短期效应和长期效应。考虑到国家的"五年规划"战略，本书选择滞后五期进行研究，结果如表 3 - 8 所示。总体上看，随着时间的推移，环境管制对企业绿色技术创新的影响总体呈减弱趋势，这一点可以从回归系数的大小看出。具体来说，命令型环境管制在滞后一期和滞后二期对企业绿色技术创新均产生显著正向影响，在之后更长时间里基本是不显著的，这可能与命令型环境管制的强制性特征有关，其导致企业在污染治理上进行约束性投资，从而挤占了一部分绿色创新投入。市场型环境管制总体上看滞后期的结果不显著，说明市场型环境管制主要是在当期对企业绿色技术创新产生影响。相比命令型环境管制，企业对市场型环境管制的适应性反映出企业对政府政策的敏感度和反应速度，且起步较早、反应较快的企业，往往是环境治理比较成功的企业。自愿型环境管制在短期对企业绿色技术创新的负向影响较为显著，从长期来看这种负向影响会减弱，但时间过长时负向影响又会变得显著。说明自愿型环境管制影响企业绿色技术创新需要一段时间，但时间过长会加重企业负担，产生不利影响，这与前文的结论大体一致。

表 3 - 8   异质性环境管制滞后期的回归结果

滞后期数	指标	绿色发明专利			绿色实用新型专利		
		ER_1	ER_2	ER_3	ER_1	ER_2	ER_3
滞后一期	系数	0. 0356 ** (2. 31)	0. 0997 ** (2. 28)	- 0. 0409 * (- 1. 92)	0. 0311 * (1. 84)	0. 0368 (0. 77)	- 0. 0388 * (- 1. 66)
	常数项	- 2. 333 *** (- 6. 73)	- 2. 337 *** (- 6. 74)	- 2. 279 *** (- 6. 57)	- 1. 241 *** (- 3. 26)	- 1. 232 *** (- 3. 24)	- 1. 191 *** (- 3. 13)
	控制变量	控制	控制	控制	控制	控制	控制
	N	3375	3375	3375	3375	3375	3375
	R^2	0. 194	0. 194	0. 193	0. 061	0. 060	0. 060
滞后二期	系数	0. 0388 ** (2. 21)	0. 0582 (1. 29)	- 0. 0434 * (- 1. 87)	0. 0576 *** (2. 97)	0. 0240 (0. 48)	- 0. 0240 (- 0. 93)
	常数项	- 2. 278 *** (- 5. 64)	- 2. 294 *** (- 5. 68)	- 2. 236 *** (- 5. 52)	- 0. 875 * (- 1. 95)	- 0. 884 ** (- 1. 97)	- 0. 854 * (- 1. 90)
	控制变量	控制	控制	控制	控制	控制	控制
	N	3000	3000	3000	3000	3000	3000
	R^2	0. 150	0. 148	0. 149	0. 051	0. 047	0. 048
滞后三期	系数	0. 0223 (1. 11)	0. 0790 (1. 60)	- 0. 00641 (- 0. 25)	- 0. 0614 *** (- 2. 72)	0. 153 *** (2. 77)	- 0. 0224 (- 0. 79)
	常数项	- 2. 078 *** (- 4. 50)	- 2. 025 *** (- 4. 39)	- 2. 045 *** (- 4. 43)	- 0. 330 (- 0. 64)	- 0. 352 (- 0. 68)	- 0. 382 (- 0. 73)
	控制变量	控制	控制	控制	控制	控制	控制
	N	2625	2625	2625	2625	2625	2625
	R^2	0. 103	0. 103	0. 102	0. 038	0. 038	0. 035

续表

滞后期数	指标	绿色发明专利			绿色实用新型专利		
		ER_1	ER_2	ER_3	ER_1	ER_2	ER_3
滞后四期	系数	0.0175 (0.84)	0.142 *** (2.76)	-0.0393 (-1.45)	-0.0240 (-1.01)	0.152 *** (2.60)	-0.0661 ** (-2.15)
	常数项	-1.491 *** (-2.80)	-1.459 *** (-2.75)	-1.429 *** (-2.68)	0.812 (1.34)	0.788 (1.31)	0.843 (1.40)
	控制变量	控制	控制	控制	控制	控制	控制
	N	2250	2250	2250	2250	2250	2250
	R^2	0.058	0.061	0.058	0.048	0.051	0.050
滞后五期	系数	-0.00232 (-0.10)	0.0123 (0.21)	-0.0527 * (-1.82)	-0.0616 ** (-2.31)	0.0621 (0.95)	-0.0944 *** (-2.86)
	常数项	-0.369 (-0.56)	-0.374 (-0.57)	-0.266 (-0.40)	3.628 *** (4.84)	3.562 *** (4.75)	3.765 *** (5.01)
	控制变量	控制	控制	控制	控制	控制	控制
	N	1875	1875	1875	1875	1875	1875
	R^2	0.030	0.030	0.033	0.115	0.113	0.117

3.3.5 异质性分析

政府环境管制政策对不同地区、不同性质、不同行业企业绿色技术创新的影响有何差异？对这一问题进行研究不仅有助于转变经济发展方式、实现绿色发展，为政府制定环境管制政策提供参考，而且可以为企业开展绿色技术创新活动提供理论指导。

为了更好地展示环境管制对企业绿色技术创新的影响在各个层面的异质性特征，本书给出如图3-3所示的异质性分析示意图。

（1）地区异质性分析

中国各省区市的经济发展水平和资源禀赋都存在较大差异，导致不同地区的环境管制政策也存在较大差异。据此本书把中国30个省区市（不包含数据缺失严重的港澳台及西藏地区）分为东部、中部和西部三个区域，研究不同地区环境管制对企业绿色技术创新的影响，表3-9为回

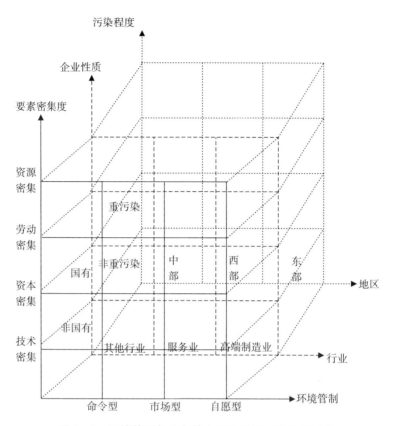

图 3 - 3　环境管制与绿色技术创新的异质性分析示意

归结果。由此可知，东部地区的检验结果与基准回归结果基本一致，中西部地区的检验结果呈现较强的异质性。具体而言，命令型和市场型环境管制在中部地区对绿色发明专利均为负向影响，自愿型环境管制在中部地区的创新效应均为正；命令型和自愿型环境管制在西部地区的创新效应均为负，市场型环境管制在西部地区的创新效应均为正。各类环境管制在西部地区的创新效应均不显著，在中部地区的创新效应仅在市场型环境管制对绿色实用新型专利的影响上表现比较显著，其他均不显著。对比东部地区各类环境管制政策的创新效应得出，中西部地区的环境管制政策难以有效驱动企业进行绿色技术创新，相比之下，环境管制政策在东部地区发挥了更强的创新驱动作用。无论是绿色发明专利还是绿色实用新型专利,在政府的高压强制和市场激励氛围下,东部地区企业都能较好地开展绿色技术创新。这可能与东部地区较高的经济科技发展水平、完善的市场环境以及浓厚的创新氛围等有关,相比之下,中西部地区在创新驱动、绿色发展方面还存在较大的差距(杨仁发、李娜娜,2019)。

表 3-9 地区异质性的回归结果

地区	指标	绿色发明专利			绿色实用新型专利		
		ER_1	ER_2	ER_3	ER_1	ER_2	ER_3
东部地区	系数	0.0467 *** (2.59)	0.121 ** (2.27)	-0.0839 *** (-3.21)	0.0552 *** (2.84)	0.153 *** (2.66)	-0.0791 *** (-2.80)
	常数项	-2.481 *** (-6.90)	-2.383 *** (-6.62)	-2.318 *** (-6.42)	-1.634 *** (-4.22)	-1.513 *** (-3.90)	-1.469 *** (-3.77)
	控制变量	控制	控制	控制	控制	控制	控制
	N	2500	2500	2500	2500	2500	2500
	R^2	0.250	0.250	0.252	0.094	0.093	0.094
中部地区	系数	-0.0326 (-0.66)	-0.156 (-1.19)	0.0430 (0.64)	0.00315 (0.06)	-0.283 ** (-1.97)	0.0173 (0.23)
	常数项	-1.891 ** (-2.40)	-1.806 ** (-2.28)	-1.934 ** (-2.46)	0.291 (0.34)	0.527 (0.61)	0.295 (0.34)
	控制变量	控制	控制	控制	控制	控制	控制
	N	660	660	660	660	660	660
	R^2	0.330	0.331	0.330	0.133	0.139	0.133
西部地区	系数	-0.0310 (-0.79)	0.0607 (0.62)	-0.00326 (-0.07)	-0.0298 (-0.71)	0.0699 (0.66)	-0.0402 (-0.85)
	常数项	-2.515 *** (-3.17)	-2.587 *** (-3.27)	-2.570 *** (-3.25)	-1.840 ** (-2.15)	-1.912 ** (-2.24)	-1.898 ** (-2.22)
	控制变量	控制	控制	控制	控制	控制	控制
	N	590	590	590	590	590	590
	R^2	0.179	0.179	0.178	0.118	0.118	0.118

(2)企业性质异质性分析

在中国,国有企业是指由中央政府或地方政府控股的企业,非国有企业是指民营企业或私人企业，二者责任主体不同，经营目的和社会责任也存在较大差异。国有企业体现了政府的意志，是公有经济利益的代表，其经营不仅是为了经济利益，还要体现国家对经济社会发展各方面的调控。相比之下，非国有企业更多追求的是经济利益最大化。为了分析不同性质企业对政府环境管制的反应，本书将样本企业分为国有企业和非国有企业，表 3 - 10 为基于企业性质的回归结果。由此可知，①命令型环境管制对非国有企业绿色技术创新具有显著促进作用，对国有企业绿色技术创新的促进作用不显著。这表明，面对具有强制性特点的命令型环境管制，非国有企业为了弥补污染治理的损失，会有更强的绿色技术创新意愿，并且相对于国有企业，非国有企业在进行内部发展战略调整时有更大的灵活性，更有利于企业绿色技术创新活动的开展。②市场型环境管制对国有企业绿色技术创新的影响为正，但只对绿色发明专利的影响显著；对非国有企业绿色技术创新的影响则均不显著。说明市场型环境管制可以激励国有企业开展绿色技术创新活动。③自愿型环境管制的系数在国有企业和非国有企业中均为负，但只对国有企业绿色实用新型专利和非国有企业绿色发明专利的影响显著。

表 3 - 10   基于企业性质的回归结果

企业性质	指标	绿色发明专利			绿色实用新型专利		
		ER_1	ER_2	ER_3	ER_1	ER_2	ER_3
国有企业	系数	0.0265 (1.42)	0.107 ** (2.00)	-0.0256 (-0.91)	0.0226 (1.10)	0.0550 (0.94)	-0.0681 ** (-2.21)
	常数项	-2.717 *** (-7.76)	-2.709 *** (-7.75)	-2.693 *** (-7.69)	-1.703 *** (-4.43)	-1.696 *** (-4.41)	-1.659 *** (-4.32)
	控制变量	控制	控制	控制	控制	控制	控制
	N	2289	2289	2289	2289	2289	2289
	R^2	0.283	0.284	0.283	0.092	0.092	0.093

企业性质	指标	绿色发明专利			绿色实用新型专利		
		ER_1	ER_2	ER_3	ER_1	ER_2	ER_3
非国有企业	系数	0.0426 * (1.76)	−0.0118 (−0.17)	−0.0514 * (−1.68)	0.0574 ** (2.21)	0.0887 (1.18)	−0.0478 (−1.46)
	常数项	−2.010 *** (−3.76)	−1.970 *** (−3.68)	−1.913 *** (−3.57)	−1.481 *** (−2.58)	−1.446 ** (−2.52)	−1.376 ** (−2.40)
	控制变量	控制	控制	控制	控制	控制	控制
	N	1461	1461	1461	1461	1461	1461
	R^2	0.213	0.212	0.213	0.102	0.100	0.100

（3）要素密集度异质性分析

企业绿色技术创新是企业智力、物力、财力的集中体现，由此可以看出，绿色技术创新不仅与企业的要素禀赋有关，还与企业所在行业的要素密集度有关。资本密集型行业的技术创新对资本的需求量相对劳动密集型行业要明显偏高，为研究不同要素密集度企业在环境管制压力下的绿色技术创新差异，本书根据资源集约度产业分类法把样本企业划分为技术密集型、资本密集型、劳动密集型和资源密集型等四类企业。表3-11为四类不同要素密集度企业的回归结果，从表3-11中可知，①命令型环境管制对技术密集型企业绿色技术创新具有显著正向作用，对劳动密集型企业的绿色发明专利具有显著负向作用，对其他类型企业的绿色技术创新则没有显著影响。这是因为，技术密集型企业相比其他企业更具有技术优势，面对具有强制性特点的命令型环境管制带来的成本上升问题，可以通过技术创新更快地实现绿色发展，降低治污成本。劳动密集型行业本身的技术创新水平较低，面对环境管制压力不能及时进行绿色技术创新，反而会使生产成本上升，抑制绿色技术创新的发展。②市场型环境管制对资本密集型企业的绿色发明专利具有显著正向作用，对其他类型企业的影响均不显著。这可能是因为，资本密集型企业本身拥有大量的资金和设备，在面对市场型环境管制的激励时可以快速调整资源配置，促进绿色技术创新的发展。

③自愿型环境管制对劳动密集型企业和资源密集型企业的绿色技术创新具有显著负向作用，对其他两种类型企业的影响均不显著。自愿型环境管制对劳动密集型企业产生抑制作用的原因与命令型环境管制相同。资源密集型企业的生产活动主要依赖自然资源，对环境的破坏较大，受到的公众监督较多，但其技术创新能力较差，为应对公众监督企业会投入大量资金到末端治理上，从而减少研发投入，抑制企业绿色技术创新。综上所述，命令型环境管制对技术密集型企业更为有效，市场型环境管制对资本密集型企业更为有效，而自愿型环境管制主要是起抑制作用，说明我国公众的环保意识还需进一步提升。

表 3-11　基于要素密集度的回归结果

要素密集度	指标	绿色发明专利			绿色实用新型专利		
		ER_1	ER_2	ER_3	ER_1	ER_2	ER_3
技术密集型	系数	0.0460 ** (2.01)	0.0594 (0.91)	-0.0186 (-0.53)	0.0612 ** (2.42)	0.0657 (0.91)	-0.0200 (-0.52)
	常数项	-1.601 *** (-3.53)	-1.562 *** (-3.44)	-1.529 *** (-3.36)	-1.590 *** (-3.18)	-1.536 *** (-3.07)	-1.501 *** (-2.99)
	控制变量	控制	控制	控制	控制	控制	控制
	N	1570	1570	1570	1570	1570	1570
	R^2	0.295	0.293	0.293	0.097	0.094	0.094
资本密集型	系数	0.0360 (1.43)	0.180 ** (2.20)	0.0504 (1.38)	0.0190 (0.71)	0.0767 (0.88)	0.00200 (0.05)
	常数项	-2.469 *** (-5.23)	-2.414 *** (-5.13)	-2.463 *** (-5.22)	-1.818 *** (-3.60)	-1.789 *** (-3.56)	-1.795 *** (-3.56)
	控制变量	控制	控制	控制	控制	控制	控制
	N	1250	1250	1250	1250	1250	1250
	R^2	0.203	0.205	0.203	0.084	0.084	0.084
劳动密集型	系数	-0.0656 * (-1.68)	0.126 (1.19)	-0.106 ** (-2.46)	-0.0387 (-0.93)	0.0847 (0.75)	-0.134 *** (-2.94)
	常数项	-3.412 *** (-4.12)	-3.142 *** (-3.71)	-3.417 *** (-4.14)	-1.845 ** (-2.10)	-1.668 * (-1.86)	-1.892 ** (-2.17)

要素密集度	指标	绿色发明专利			绿色实用新型专利		
		ER_1	ER_2	ER_3	ER_1	ER_2	ER_3
劳动密集型	控制变量	控制	控制	控制	控制	控制	控制
	N	620	620	620	620	620	620
	R^2	0.295	0.293	0.299	0.134	0.133	0.146
资源密集型	系数	-0.00361 (-0.06)	-0.0806 (-0.62)	-0.297 *** (-3.98)	0.0951 (1.43)	-0.00151 (-0.01)	-0.269 *** (-3.06)
	常数项	-4.170 *** (-3.39)	-3.897 *** (-3.04)	-4.140 *** (-3.42)	-1.272 (-0.89)	-1.609 (-1.08)	-1.849 (-1.34)
	控制变量	控制	控制	控制	控制	控制	控制
	N	260	260	260	260	260	260
	R^2	0.243	0.244	0.293	0.117	0.108	0.144

（4）污染程度异质性分析

不同污染类型企业的污染排放、治污能力、达标要求等存在差异，对环境管制政策的反应自然也会不同，故本书根据环境保护部在2010年发布的《上市公司环境信息披露指南（征求意见稿）》，将钢铁、煤炭、冶金等16个行业的企业划分为重污染企业，其余为非重污染企业进行研究。表3-12为基于不同污染程度的回归结果。从表3-12中可知，命令型环境管制和市场型环境管制对重污染企业的绿色发明专利和绿色实用新型专利的影响均不显著，自愿型环境管制则对其有显著负向影响。原因可能是，重污染企业排污量大，进行污染治理的投资规模大，技术创新难度大，企业进行绿色技术创新面临的风险较高，环境管制激励其进行绿色技术创新的作用有限。对于非重污染企业，命令型环境管制和市场型环境管制对其绿色发明专利和绿色实用新型专利的影响均显著为正，自愿型环境管制的影响则不显著。这一结果说明，命令型环境管制和市场型环境管制能够倒逼非重污染企业进行绿色技术创新，且市场型环境管制的作用要强于命令型环境管制。

表 3 – 12   基于污染程度的回归结果

污染程度	指标	绿色发明专利			绿色实用新型专利		
		ER_1	ER_2	ER_3	ER_1	ER_2	ER_3
重污染	系数	0.0136 (0.56)	0.0111 (0.17)	-0.105*** (-3.20)	0.0160 (0.62)	-0.0734 (-1.04)	-0.117*** (-3.38)
	常数项	-3.271*** (-5.70)	-3.280*** (-5.70)	-3.304*** (-5.78)	-2.485*** (-4.09)	-2.438*** (-4.00)	-2.522*** (-4.17)
	控制变量	控制	控制	控制	控制	控制	控制
	N	1270	1270	1270	1270	1270	1270
	R^2	0.188	0.188	0.195	0.094	0.095	0.103
非重污染	系数	0.0381** (2.04)	0.144*** (2.66)	0.00394 (0.15)	0.0489** (2.39)	0.166*** (2.79)	-0.0184 (-0.63)
	常数项	-1.911*** (-5.57)	-1.863*** (-5.43)	-1.885*** (-5.47)	-1.281*** (-3.40)	-1.221*** (-3.24)	-1.221*** (-3.22)
	控制变量	控制	控制	控制	控制	控制	控制
	N	2480	2480	2480	2480	2480	2480
	R^2	0.277	0.278	0.276	0.091	0.092	0.089

（5）行业异质性分析

由于产业关联效应的不同，各行业在国民经济发展中的作用和地位存在一定差异，这是否会影响企业绿色技术创新？高端制造业是国家经济的战略性支柱产业，是国内制造业转型升级的主要方向；随着中国逐步进入服务经济时代，服务业对于提升人民生活水平，实现现代化发展具有重要作用；其他行业不再一一列举。基于此，本书根据国家统计局发布的《高技术产业（制造业）分类（2017）》，将医药制造，航空、航天器及设备制造，电子及通信设备制造，计算机及办公设备制造，医疗仪器设备及仪器仪表制造，信息化学品制造划分为高端制造业；将《生产性服务业统计分类（2019）》中公布的产业作为服务业，其余产业作为其他行业。表 3 – 13 为高端制造业、服务业和其他行业的回归结果。从表 3 – 13 可知，命令型环境管制对高端制造业的绿色发明专利和绿色实用新型专利的影响都是显著为正的，市场型环境管制和自愿型环境管制的系数均不显著。这表明命令型环境管制对高端制造业企业产生的冲击较大，能够倒逼其进行绿色技术创新；市场型和自愿型环境管制对于高端制造业企业影响较小，企业更愿意投资一些盈利周期较短的项目。对于服务业企业，三种环境管制的系数均为正值，且均不显著。可能的原因是服务业的污染物排放相对较少，环境管制对其影响较小。对于其他行业，只有市场型环境管制能够正向提升企业绿色发明专利水平，自愿型环境管制呈现显著负向影响，其他情况则不显著。

表 3 – 13　行业异质性回归结果

行业	指标	绿色发明专利			绿色实用新型专利		
		ER_1	ER_2	ER_3	ER_1	ER_2	ER_3
高端制造业	系数	0.0392 * (1.82)	0.0852 (1.44)	− 0.0158 (− 0.49)	0.0606 ** (2.50)	0.0904 (1.35)	− 0.0265 (− 0.72)
	常数项	− 2.105 *** (− 5.20)	− 2.079 *** (− 5.13)	− 2.054 *** (− 5.06)	− 1.425 *** (− 3.12)	− 1.379 *** (− 3.02)	− 1.344 *** (− 2.93)
	控制变量	控制	控制	控制	控制	控制	控制
	N	1680	1680	1680	1680	1680	1680
	R^2	0.278	0.277	0.277	0.098	0.095	0.094
服务业	系数	0.0686 (1.34)	0.0294 (0.22)	0.0638 (0.89)	0.0528 (1.06)	0.0479 (0.36)	0.0924 (1.32)
	常数项	− 2.610 *** (− 2.92)	− 2.588 *** (− 2.89)	− 2.637 *** (− 2.94)	− 0.639 (− 0.73)	− 0.616 (− 0.70)	− 0.688 (− 0.79)
	控制变量	控制	控制	控制	控制	控制	控制
	N	491	491	491	491	491	491
	R^2	0.256	0.253	0.255	0.106	0.104	0.107
其他行业	系数	0.0136 (0.62)	0.132 ** (1.98)	− 0.0761 *** (− 2.69)	0.0151 (0.63)	0.101 (1.40)	− 0.104 *** (− 3.41)
	常数项	− 2.659 *** (− 5.42)	− 2.675 *** (− 5.45)	− 2.619 *** (− 5.35)	− 2.218 *** (− 4.17)	− 2.228 *** (− 4.19)	− 2.164 *** (− 4.08)
	控制变量	控制	控制	控制	控制	控制	控制
	N	1579	1579	1579	1579	1579	1579
	R^2	0.226	0.227	0.229	0.092	0.093	0.099

3.3.6 研究结论与政策启示

（1）研究结论

本书以 2010～2019 年沪深 A 股上市企业为样本，把环境管制分为命令型、市场型和自愿型环境管制，分别研究其对企业绿色技术创新的影响及其作用机制。总体得出，我国环境管制对企业绿色技术创新具有促进作用，且这一作用过程还受到微观层面的企业研发投入、宏观层面的政府支持、市场方面的成果转化机制以及环境管制自身的时间效应的影响。同时，环境管制对企业绿色技术创新的影响也表现出一定的异质性特征，会因企业所在地区、性质、要素密集度和行业类型的不同而呈现一定差异。具体结论如下，①命令型环境管制和市场型环境管制对企业绿色技术创新具有显著正向作用，其中市场型环境管制的系数在绿色发明专利和绿色实用新型专利中均大于命令型环境管制，表明我国市场型环境管制对企业绿色技术创新的影响最突出，我国市场化水平有了进一步的提升。自愿型环境管制对两种绿色创新的影响都显著为负。②企业研发投入负向调节市场型环境管制和企业绿色发明专利的关系，正向调节自愿型环境管制和企业绿色发明专利的关系，在命令型环境管制影响企业绿色技术创新的过程中未有显著调节作用。政府支持对环境管制与企业绿色发明专利之间关系的调节作用不显著，对环境管制与企业绿色实用新型专利之间的关系具有显著的调节作用。其中，在命令型环境管制和自愿型环境管制下，政府支持起负向调节作用，而在市场型环境管制下起正向调节作用。用绿色全要素生产率进行转化成果检验，发现在研究期间，绿色技术创新成果得到了较好的转化，环境管制有利于提高企业进行绿色技术创新的积极性。从环境管制的时间效应来看，市场型环境管制在当期即可具有创新驱动效应，命令型和自愿型环境管制的创新驱动效应呈现一定滞后性，且随着时间的推移，环境管制对企业绿色技术创新的影响总体呈减弱趋势。③地区异质性分析表明，我国环境管制政策在东部地区具有良好的绿色技术创新激励效应，但在中西部地区，环境管制的创新驱动作用不明显。④企业性质异质性分析显示，命令型环境管制对非国有企业绿色技术创新具有显著促进作用，对国有企业绿色技术创新的促进作用不显著；市场型环境管制只对国有企业绿色发明专利具有显著促进作用；自愿型环境管制对国有企业绿色实用新型专利和非国有企业绿色发明专利具有显著负向影响，对其他企业的影响则不显著。⑤要素密集度异质性分析表明，命令型环境管制对技术密集型企业绿色技术创新具有显著正向作用，对劳动密集型企业的绿色发明专利具有显著负向作用，对其他类型企业的绿色技术创新则没有显著影响；市场型环境管制对资本密集型企业的绿色发明专利具有显著正向作用，对其他类型企业的影响均不显著；自愿型环境管制对劳动密集型企业和资源密集型企业的绿色技术创新具有显著负向作用，对其他两种类型企业的影响均不显著。⑥基于行业类型的检验结果显示，命令型环境管制能促进高端制造业企业进行绿色技术创新，市场型环境管制和自愿型环境管制的影响则不显著。三种环境管制工具对服务业的影响均不显著。市场型环境管制对其他行业企业的绿色发明专利具有显著正向影响，自愿型环境管制则不利于其绿色技术创新的发展。

（2）政策启示

根据以上研究结论，本书提出以下政策启示。

第一，构建基于市场导向的环境管制政策体系，同时因地制宜采取差异化环境管制政策。研究结论表明，市场型环境管制对企业绿色技术创新的促进作用最强，因此，应充分发挥市场机制在环境保护、绿色技术创新发展方面的积极作用。但面对不同地区、不同性质、不同要素密集度和不同行业的企业，政府应制定有差异的环境管制政策。同时，要理顺环境治理方面的法律法规，加强企业环境信息披露制度；充分发挥社会公众、媒体等在环保监督方面的积极作用，完善监督举报机制；加大环保宣传力度，提升全社会的环保认知水平，鼓励公众积极参与环保事业，实现绿色发展。

第二，政府需加大对企业绿色技术创新的支持力度。各级政府应加大对绿色技术创新的研发投入，包括制订企业绿色技术创新专项补助计划、重视研发人才的培养、优化研发人员的薪酬激励机制。尤其是在发明创新方面，要充分发挥政府支持对企业绿色技术创新的强化推动作用。同时，各级政府还应建立合理的事前创新项目评审和事后创新成果评价机制，建立政府专项补助资金的分配和监控体系，加强政府补助资金监管，防止企业弄虚作假，把政府补助资金投向其他非绿色项目。

第三，企业应以国家创新驱动战略为导向，持续增加研发投入，不断提升绿色技术创新能力。企业应牢固树立绿色发展理念，将企业经济利益与生态环境效益有机结合，在战略管理中切实将科技作为第一生产力，通过研发创新提升企业的核心竞争力和可持续发展能力，多渠道建立研发机构和积极开展公益性研发平台建设，充分利用各级政府提供的税收减免和财政支持措施，积极开展创新研发活动。

3.4 命令型环境管制政策对企业绩效影响的准自然实验研究
——以新环保法为例

以往关于环境管制与企业绩效之间关系的研究文献，由于指标设置、工具变量、研究周期、样本选择等不同，呈现多元化的研究结果，二者之间的关系更加扑朔迷离。作为环境管制政策的典型代表，新环保法与企业之间并非简单的"压力–响应"关系，尤其是在复杂的市场环境下，环境管制的作用发挥会受到市场化程度、行业竞争、信息流通等的影响，使得环境管制的净效应难以精确估计。基于此，本书从微观角度，分析新环保法对上市工业企业绩效的影响，以评估新环保法的实施效果。①在研究视角上，本书将 2011～2018 年中国沪深 A 股上市重污染企业作为处理组、非重污染企业作为控制组，采用 DID（Difference-in-Difference）模型构建新环保法对上市工业企业绩效影响的准自然实验框架，为环境管制对重污染企业绩效的影响研究提供了独特的研究视角。②在研究方法上，本书基于微观企业层面，以新环保法为准自然实验，为考察新环保法的经济效应提供经验证据，同时还能缓解遗漏变量以及反向因果等问题。③在研究内容方面，本书不仅关注新环保法对企业绩效的影响，而且识别出内部因素（产权性质、企业规模）和外部因素（市场化程度、所在地区）在影响环境管制的经济效应中的异质性表现，为增强新环保法的实施效果提供强有力的决策依据。

3.4.1 新环保法与企业绩效的研究现状

过去的很长一段时间，受落后的发展方式所限，在政府监督职能和环保意识较为缺失的背景下，企业为了自身利益，在环保问题上设法打"擦边球"或实行"上有政策、下有对策"的方法，使得我国的环境问题与经济发展之间的矛盾愈演愈烈。根据《全球环境绩效指数报告》历年的数据，在参评的 150 多个国家或地区中，"十一五"期间，中国环境绩效指数排名在第 90～130 位，这一结果反映出我国环境问题的严重性以及企业绿色转型发展的紧迫性。为此，我国政府下大力气加强环境治理，2015 年 1 月 1 日，被誉为史上最严厉的环保法（《环境保护法》）正式实施。面对严厉的环保法规，企业的生产经营究竟会受到怎样的影响，企业绩效会发生什么变化，这是迫切需要总结和深入研究的内容之一（王丽萍等，2021b）。

已有文献从环境管制与企业行为选择、环境管制与企业绩效、新环保法的实施效果等方面研究了环境管制的效用。首先，学者们认为，政府是环境治理的倡导者、监管者和政策法规的制定者，其干预会影响资源在全球范围内的流通与配置，进而对企业出口产生负面影响（Huang and Liu，2019），合理有效的规制也会引导企业进行投资（Lopez et al.，

2016），并促进企业增加研发投入等（Milani，2017）。但也有学者提出，对于效率低的企业，当环境管制的强度提高时，就会阻碍企业的研发投入，使环境管制的利润削弱效应占主导地位（金晓雨等，2020）。其次，环境管制对企业行为的影响最终会反映到企业绩效上，"波特假说"强调，政府的环境管制会刺激企业进行创新，进而弥补因合规而产生的环境保护成本，并且还能提高企业的绩效和竞争力。如Severo等（2017）、谌仁俊等（2019）的实证结果都正面支持了"波特假说"。但也有学者质疑"波特假说"，如Ambec等（2013）认为，让企业减少诸如污染之类的外部性，必然会限制它们的选择权，因此必然会降低其利润；Rubashkina等（2015）、Fu等（2020）分别以欧洲17个国家的制造业和中国私营企业为研究样本得出，环境管制并不能促进企业的可持续发展。最后，对于新环保法的实施效果研究主要集中于环境信息披露、技术创新、环境治理行为等方面。一些学者的研究结论证实了新环保法可以给企业带来更多的优势，如陈璇和钱维（2018）从实际控制人行政级别、政企关系角度研究发现，在管制强度和市场化程度高的地区，新环保法显著提高了企业的环境信息披露质量。张兆国等（2020a）考察了新环保法的"波特效应"，结果发现，在新环保法实施后，高管既有任期显著调节了企业技术创新与环境绩效的正相关关系。但是，也有学者认为新环保法的实施效果有限，不能显著提高企业技术创新水平（李百兴、王博，2019）、改善企业的环保投资状况（崔广慧、姜英兵，2019），也未能给企业带来显著的营业收入与利润（陈屹立、曾琳琳，2018），并分析了可能的原因。

3.4.2 制度背景与理论基础

（1）制度背景

2015年1月1日起开始实施的新环保法克服了原环保法在监督管理、环境保护、污染防治、信息公开、公众参与等方面的不足，明确了政府、企业、公民甚至是新闻媒体的法律责任，且主要体现在以下几个方面。①一切单位和个人都有保护环境的义务，并且突出新闻媒体的作用，要求新闻媒体不仅宣传环境保护的法律知识，而且对环境违法行为进行舆论监督。②在监督管理方面，主要体现在对企业环境行为的激励以及政府环境保护目标责任制和考核评价制度上。新环保法提出，政府应当依法采取财政、税收、价格等相关措施对符合污染物排放标准的企事业单位进行鼓励和支持；应当将环境保护目标完成情况纳入政绩考核内容，作为考核评价的重要依据，并接受社会的监督。③在污染防治方面，排污企业应当建立环保责任制度，取得排污许可证，制定突发环境事件应急预案。④在信息公开方面，政府要依法公开环境质量、环境监测等重大环境信息，并定期发布环境状况公报；企业也应向社会公布相关的排污信息，如污染物的排放总量、排放方式、浓度以及防治污染设施的建设和运行情况，并接受公众的监督。⑤在法律责任方面，加大了惩治力度。对拒不改正的违法企业自责令改正之日的次日起，原处罚数额按日连续处罚，且对直接负责人实行处分、拘留等，这直接增加了企业的违法成本和守法成本。因此，新环保法被称为史上最严厉的环保法。

（2）理论基础

第一，基于管制压力。与其他环境管制工具相比，新环保法属于命令型环境管制，其主要特点表现在强制性方面，企业必须遵守法律规定的环保标准，使用清洁生产的设备及技术，否则就会面临严重的处罚。因此，在环境管制的压力下，企业为避免受到处罚，会加大对环境的保护力度，从而提高企业绩效。本书利用合法性理论、制度理论以及利益相关者理论对其进行解释。①合法性理论认为，企业应该遵守社会的规范，其行为是合适、恰当并被期待的，在经营的过程中考虑利益相关者等对环境和社会的需求。②制度理论规定了环境政策的合法性和强制性，并将企业环境合法性嵌入制度，充分强调了企业合法性。合法性作为企业的战略资源，有助于企业在战略、规范、文化、治理、技术等方面做出改变，满足利益相关者对企业的环境诉求。③利益相关者理论认为，企业在环境管制下实施积极的环境行为，能够让利益相关者充分了解企业对环保工作的态度和决心，以此获得支持。政府作为重要的利益相关者，也会根据企业的清洁生产情况、排污治理情况进行相关的奖惩，若符合规定，企业可从政府方面获得税收优惠与减免、补贴等。企业为了满足合法性，会积极推进清洁生产，从而获得企业绩效。此外，相比一般企业，重污染企业更容易暴露在供应商、债权人、投资者、社会公众等利益相关者面前，这给重污染企业带来了巨大的环保压力。为了缓解企业与利益相关者之间的矛盾，企业必须有所作为，如引进先进的技术或者进行技术研发，增加环保投资，这会倒逼企业进行新产品的生产，使用清洁能源，提高生产效率，进而提升企业绩效。

第二，基于成本压力。首先，环境属于公共物品，新环保法的实质是将环境成本内部化，即将由社会负担的环境成本转嫁到企业身上，使得企业面临更大的成本压力。资源基础理论认为，企业的资源是有限的，基于长期的可持续发展，企业会重新有效配置资源，对效率高的部门增加环保投入，推进清洁生产，因此提高了企业绩效。如邹国伟和周振江（2018）针对 SO_2 排放交易试点和"两控区"政策的准自然实验研究发现，市场型环境管制在所有类型的工业企业中都发挥了显著的生产力提升作用，即环境管制对企业绩效具有显著的正向影响。其次，新环保法可以促进生产要素的流动。重污染企业的污染治理成本高，新环保法实施会促使该类企业的生产要素流向污染治理成本较低的企业；同时，生产效率较低的企业资源也会流向生产效率更高的企业。因此，污染治理成本低、生产效率高的企业有更小的成本压力和获得了更多的生产资源，从而提高了整体的企业绩效。最后，"遵循成本"效应。成本遵循效应在一定程度上对企业的研发投入存在挤出效应，不利于企业的技术创新，对企业绩效存在负面影响，严格的环境管制还会放大这种负面影响。但是，这也会倒逼企业进行技术创新，使企业加快技术研发的步伐，提高生产效率，通过生产率提高来提升企业绩效，用以补偿负面影响。

第三，基于技术创新。新环保法可以通过促进技术创新提高企业绩效。环境管制的"促进观"认为，严格而又合理的环境管制可以抵消因合规而产生的环境保护成本，从而实现环境与经济双赢的结果，在美国、西班牙、中国等国家均得到了验证。如 Lee 等（2011）基于美国汽车排放法规，发现严格的监管使美国本土企业比在美国本土市场运营的外国企业更具创新性，更有利于发挥其优势，从而迅速占领市场。Marchi（2012）利用西班牙制造业企业社区创新调查数据证实，受到监管的环境创新型企业的创新合作程度高于其他创新型企业，使得这些企业能够抢占市场先机。在中国，Zhuge 等（2020）研究认为，在竞争性行业实施合理的环境管制，确实可以提高企业的创新能力，而且有利于提高企业的经营绩效。新环保法通过促进技术创新提高企业绩效主要基于"创新补偿"效应。许东彦等（2020）基于重点排污单位的准自然实验研究得出，环境信息规制可以倒逼企业增加创新投入、提高信息透明度，进而提升企业绩效。综上分析可知，环境管制可以倒逼企业对生产、管理进行绿色化调整，提高研发效率，为企业创新提供持续的经济激励。

第四，基于环境信息披露。在新环保法施行以前，我国关于环境信息披露的内容、方式、渠道、质量等方面的规定较为笼统，缺乏强制性，使得一些企业出现装饰环境等行为。新环保法在第 56 条对环境信息披露的内容、方式、时间等做出了强制性要求，该做法会增加企业信息的透明度，降低企业与外界的信息不对称，进而提升企业绩效。根据信号传递理论，本书将环境信息披露提升企业绩效的途径归结为以下两个。①科学全面披露环境信息，表明企业具有很高的环境管理水平和应对环境风险的能力。具体而言，企业披露的环境信息不仅包含污染物的排放和利用情况，还涉及企业的发展战略、环境治理、环保培训、应对突发环境事件的紧急预案等，这充分体现了企业的环境管理水平和应对环境风险的能力（Latridis，2013）。王丽萍等（2020）强调，正是这些具体的措施促进了企业进行技术革新，使其更加重视清洁生产，减少了污染物的排放和治理成本，进而提高了生产效率，改进了企业绩效。②及时准确披露环境信息，表明企业具有较强的社会责任感，可发挥其社会效应。企业环境信息披露是企业社会责任感的高度体现，相比环境信息披露程度较低的企业，环境信息披露程度较高的企业会更加重视利益相关者的诉求，做到知行合一，展现出真实可靠的一面。较高环境信息披露程度的企业可将环保信息传递给公众，增强社会公众对企业的包容性，使得企业获得"绿色竞争优势"。此外，社会责任感高的企业能增强投资者的自信，提高其社会信用评级（常莹莹、曾泉，2019），进而缓解融资约束，增强企业竞争力。

综上可知，在新环保法的实施下，管制压力、成本压力、技术创新和信息披露等都存在改善企业绩效的激励作用（见图 3 - 4）。因此，本书提出如下假设：新环保法能够显著促进企业绩效的提升。

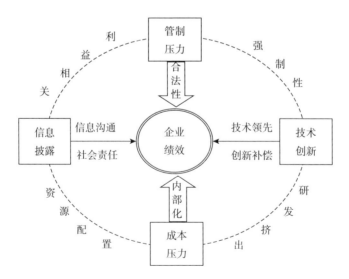

图 3 - 4　新环保法对企业绩效的影响机制分析框架

3.4.3 样本选择与模型构建

（1）政策冲击的选择

选择新环保法作为政策冲击，基于以下两点考虑。①企业环境治理动机的变化。新环保法实施以前，企业存在扬尘污染、固态废弃物污染、水污染等环境违法行为，受到相关的环保行政处罚，对企业经营产生了重大影响，但是企业存在隐瞒、谎报等行为，信息的透明度较低。新环保法实施后，强调数据公开，要求相关部门统一发布国家环境质量、重点污染源监测情况等信息。此外，还要求重点排污单位如实向社会公开主要污染物的名称、排放方式、总量、浓度等，这使得企业的环保信息得以公布，企业对环保信息的操控受到了限制。因此，在新环保法下企业的环境治理动机发生了显著变化。②新环保法的实施直接对污染企业的排污行为产生了重大的影响。新环保法实施以前，企业的超标排放只会受到行政处罚，而新环保法实施以后，企业的超标污染属于违法行为，企业可能会面临责令整改、限制生产、停产整顿、按日处罚甚至拘留等，加之新环保法的执行力度和监管力度较大，导致重污染企业与非重污染企业对新环保法的实施做出不同的决策反应。因此，新环保法上述特点契合本书的研究目标，可将新环保法作为外生冲击，以采用双重差分模型更好地分析环境管制与企业绩效之间的关系。

（2）样本选择与数据来源

本书选取 2011~2018 年中国沪深 A 股上市的工业企业作为研究对象。样本选择的具体步骤如下。首先，确定重污染行业。《上市公司环境信息披露指南》《上市公司环保核查行业分类管理名录》《上市公司行业分类指引》将火电、钢铁、水泥、电解铝、煤炭、冶金、化工、石化、建材、造纸、酿造、制药、发酵、纺织、制革、采矿等 16 个行业作为重污染行业。考虑到本书的研究对象全部是上市公司，本书以此为标准，按照《国民经济行业分类》（GB/T 4754—2017）将行业代码为 B06、B07、

B08、B09、C17、C19、C22、C25、C26、C27、C28、C29、C30、C31、C32、C33、D44 的 17 个行业作为重污染行业；将 C20、C21、C23、C24、C34、C35、C36、C37、C38、C39、C40、C41 等 12 个行业作为非重污染行业，具体涉及木材、家具、电子、机械、设备、仪表以及其他制造业等。其次，筛选企业样本。为了保持样本数据的合理性和有效性，本书剔除如下几种企业：①剔除研究期内 ST、*ST 的连续亏损企业；②剔除数据缺失严重的企业；③剔除研究期内公司名称发生变更的企业；④剔除 2011 年以后上市的工业企业。基于以上原则，最终筛选得到 643 家企业，其中重污染企业 355 家、非重污染企业 288 家，共计 5144 个观测值。公司的财务数据来源于国泰安数据库（CSMAR）；其他数据通过查询公司年报、企业社会责任报告获得；2011～2016 年的市场化程度数据来源于王小鲁等（2019）的《中国分省份市场化指数报告（2018）》，2017～2018 年的市场化程度数据通过插值法计算得出。

（3）变量定义

首先，本书的被解释变量是企业绩效。企业绩效是企业财务状况的综合反映，通常使用资产收益率（Roa）来刻画，即净利润与总资产余额的比值，用以反映企业的资产盈利能力。此外，本书还从企业的偿债能力视角选取经营活动现金净流量（Flo）作为企业绩效的指标，用经营活动现金净流量占资产总额的比重表示，作为 Roa 的替代变量，以期从不同侧面来刻画企业的绩效状况。

其次，本书的解释变量是新环保法。$Post$ 为新环保法是否实施，根据新环保法具体实施的时间，将 2015 年以前的样本数据定义为 $Post = 0$；2015 年及其以后年份的样本数据记为 $Post = 1$。$Treat$ 为企业是否为重污染企业，根据前文的样本筛选标准，如果是重污染企业，记为 $Treat = 1$，否则记为 $Treat = 0$。

最后，控制变量的选择。借鉴相关文献，本书控制了企业所在地区（记为 Loc，企业注册所在地在三大经济区时，Loc 记为 1，否则为 0）、产权性质（记为 Sta，国有企业为 1，否则为 0）、企业规模（记为 Size，用资产总额取对数衡量）、资本密集度（记为 Cap，用固定资产占期末总资产的比重衡量）、管理者代理成本（记为 Agen，用管理费用占主营业务收入的比重衡量）、董事会规模（记为 Boa，用董事会人数取对数衡量）、市场化程度（记为 Mar，用市场化指数衡量）等特征变量。

（4）模型设计

新环保法是 2015 年 1 月 1 日正式实施的，本书选取的时间为 2011～2018 年。为了检验新环保法对企业绩效的影响，根据前文提出的假设，构建如下多期 DID 模型：

$$Roa_{it} = \alpha_0 + \alpha_1 Post_{it} + \alpha_2 Treat_{it} + \alpha_3 Post_{it} \times Treat_{it} +$$

$$\sum_{i=4}^{10} \alpha_i Control_{it} + \varepsilon_{it} \qquad\qquad (3-7)$$

其中，Roa 为资产收益率，是企业绩效的衡量标准之一；Post 表示新环保法是否实施；Treat 代表企业是否为重污染企业；Control 表示控制变量，包括 Loc、Sta、Size、Cap、Agen、Boa、Mar；ε 为随机扰动项。此外，本书还采用经营活动现金净流量（Flo）替换资产收益率（Roa），从企业短期经营活动偿债能力视角衡量企业的经济绩效，其他保持不变，为避免累赘，文中不再重复列举。

3.4.4　基准回归与稳健性检验

（1）描述性统计

主要变量的描述性统计结果显示，企业的资产收益率、经营活动现金净流量的均值与中位数相等，符合正态分布，但是 Roa 的最小值和最大值分别是 -2.010 和 0.860，Flo 的最小值和最大值分别是 -0.770 与 0.560，说明企业间具有明显的个体差异。样本期内企业是否为重污染企业（Treat）的均值为 0.550，说明有一半以上的样本企业是在重污染行业。此外，资本密集度、管理者代理成本、董事会规模的方差以及均值与中位数之差较小，说明这三个指标较为稳定；所在地区、产权性质、企业规模以及市场化程度的方差较大，表明企业在这四个方面有明显的差异，为后面异质性的深入分析提供了可能。最后，大多数变量的方差都小于均值，说明离散系数相对较小，样本的稳定性较好。

（2）基准回归结果分析

首先，平行趋势检验。满足平行趋势假设是使用双重差分模型的重要前提条件之一（Bertrand et al.，2004）。对于本书而言，满足平行趋势假设意味着，在新环保法实施之前，重污染企业（处理组）和非重污染企业（控制组）的企业绩效变化的时间趋势要尽可能相同，但是在新环保法实施后，这种趋势就会被打破，即只有在满足政策冲击前处理组和控制组没有显著差异的情况下，运用双重差分法得到的政策冲击估计结果才是有效的。为此，本书首先整理了新环保法实施前后两组样本的企业绩效变化趋势，如图3-5所示。由图3-5可以看出，在2015年以前，重污染企业和非重污染企业的资产收益率（Roa）、经营活动现金净流量（Flo）均具有平行变动趋势；但是在新环保法实施后，两组样本的企业绩效出现了明显的差异，与非重污染企业相比，重污染企业的资产收益率、经营活动现金净流量均显著提高。因此，样本满足平行趋势假设的条件，同时也为本书预测"新环保法能够显著提高企业绩效"提供了初步的证据。

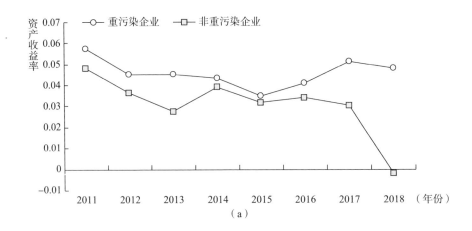

（a）

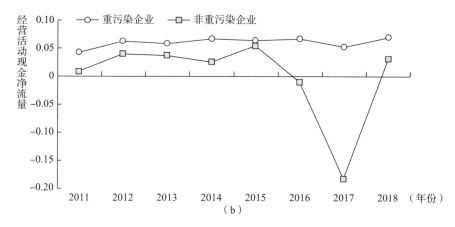

图 3 - 5　新环保法实施前后企业绩效的平行趋势

其次，回归分析。表 3 - 14 为新环保法对企业绩效的回归结果。整体而言，新环保法实施对企业的资产收益率（*Roa*）和经营活动现金净流量（*Flo*）均有正向影响，即新环保法的实施有利于提升企业绩效。具体而言，列（1）和列（2）代表了新环保法对资产收益率的影响，列（2）在列（1）的基础上加入了控制变量，回归结果的显著水平进一步提升至 1% ；列（3）和列（4）报告了新环保法与经营活动现金净流量的关系，列（4）在列（3）的基础上加入了相关控制变量，回归结果仍然通过 1% 的显著性检验。两个模型结果基本一致，说明回归结果具有相对稳健性。

表 3 - 14　新环保法对企业绩效的影响（DID 模型）

变量	*Roa*		*Flo*	
	（1）	（2）	（3）	（4）
Post × Treat	0.010 ** (2.58)	0.013 *** (3.20)	0.010 *** (2.69)	0.010 *** (2.80)
Post	− 0.014 *** (− 4.78)	− 0.019 *** (− 6.16)	− 0.004 (− 1.49)	− 0.010 *** (− 3.26)
Treat	0.010 *** (3.49)	0.014 *** (4.34)	0.030 *** (10.97)	0.020 *** (6.65)

续表

变量	Roa		Flo	
	（1）	（2）	（3）	（4）
Loc		− 0.003 （− 1.07）		− 0.005 * （− 1.81）
Sta		− 0.009 *** （− 4.08）		− 0.004 ** （− 2.14）
Size		0.003 *** （2.89）		0.004 *** （4.91）
Cap		− 0.079 *** （− 11.91）		0.082 *** （13.07）
Agen		− 0.040 *** （− 5.76）		− 0.026 *** （− 4.02）
Boa		0.010 *** （2.88）		− 0.001 （− 0.42）
Mar		0.002 *** （2.89）		0.004 *** （5.47）
常数项	0.038 *** （17.89）	− 0.030 （− 1.55）	0.028 *** （13.67）	− 0.101 *** （− 5.51）
N	5144	5144	5144	5144
调整 R^2	0.015	0.056	0.061	0.111

注：括号中为 t 值，＊、＊＊、＊＊＊分别表示在10%、5%和1%的水平下显著性。下表同。

上述结果显示，新环保法确实能够提高企业绩效，这也说明前文提出的环境管制影响企业绩效的作用机制具有一定的科学性。在巨大的管制压力下，一方面企业会改进治理污染的技术以及生产节能产品，以满足合法性的需要；另一方面，新环保法的实施，降低了企业与外界的信息不对称程度，企业能与外界进行更好的沟通，从而增加了投资者的信心，有利于提升企业绩效。此外，从控制变量对企业绩效的影响结果看，Size、Mar 的影响系数都为正数，且在1%水平下显著，即企业规模和市场化程度均对企业绩效产生了显著的正向影响，但是 Sta、Agen 对企业绩效均产生了显著的负面影响。可能的原因如下：第一，根据委托代理理论，企业内部存在逆向选择、道德风险等不确定因素，这时就需要股东对管理者进行监督，当企业内部的代理成本过高时，就会导致委托代理问题日益严峻，加剧信息不对称，影响企业绩效的提升；第二，相比其他企业，国有企业在政治利益和社会责任方面的诉求相对较多，加上国有企业内部的代理成本较高，企业承受风险的能力却有限（陈红等，2018），使得国有企业在新环保法实施后，没有强烈的意愿进行突破式创新，导致管理者代理成本与企业绩效呈负相关。

（3）稳健性检验

首先，虚假政策时间点的安慰剂检验。新环保法作为一个外生事件，对企业绩效的提升可能是一个"假事实"，即企业绩效的提升可能是其他因素所导致，如企业的合规程度较高以及存在"波特假说"等，并不存在一个特殊的节点对企业绩效产生正向的影响。为此，本书借鉴 Chen 等（2015）的做法，采用安慰剂检验以辨识新环保法对企业绩效的上述影响是否真实存在。具体做法是：将样本数据的区间设置为 2011 ~ 2014 年，新环保法的实施年份设置为 2013 年，重新对样本数据进行赋值，把 2013 ~ 2014 年的样本的 *Post* 赋值为 1，2011 ~ 2012 年的样本的 *Post* 赋值为 0，重新对模型进行回归分析，检验结果如表 3 – 15 的列（1）和列（2）所示。结果发现，无论是资产收益率还是经营活动现金净流量，$Post \times Treat$ 的回归系数均不显著。此外，本书还将新环保法的实施年份设置为 2014 年，结果 $Post \times Treat$ 的回归系数仍不显著。这表明，新环保法对企业绩效的影响是真实存在的，说明本书中的外生政策冲击是有效的，研究结论具有稳健性。

表 3 – 15　稳健性检验

变量	政策冲击在 2013 年		剔除产能过剩行业企业		剔除政策出台当年样本数据	
	（1）*Roa*	（2）*Flo*	（3）*Roa*	（4）*Flo*	（5）*Roa*	（6）*Flo*
$Post \times Treat$	0.005 (0.88)	0.004 (0.67)	0.012 *** (2.79)	0.008 ** (1.97)	0.018 *** (4.24)	0.021 *** (5.43)
Post	− 0.012 *** (− 2.93)	0.001 (0.15)	− 0.019 *** (− 5.99)	− 0.009 *** (− 3.13)	− 0.022 *** (− 6.50)	− 0.022 *** (− 7.16)

变量	政策冲击在 2013 年		剔除产能过剩行业企业		剔除政策出台当年样本数据	
	（1）Roa	（2）Flo	（3）Roa	（4）Flo	（5）Roa	（6）Flo
Treat	0.016 ***	0.020 ***	0.017 ***	0.023 ***	0.014 ***	0.021 ***
	（3.53）	（4.48）	（4.89）	（7.18）	（4.23）	（6.86）
控制变量	控制	控制	控制	控制	控制	控制
常数项	0.007	− 0.126 ***	− 0.022	− 0.094 ***	− 0.030	− 0.132 ***
	（0.24）	（− 4.55）	（− 1.04）	（− 4.83）	（− 1.42）	（− 6.95）
N	2566	2566	4608	4608	4501	4501
调整 R^2	0.060	0.103	0.063	0.107	0.057	0.138

其次，剔除产能过剩行业企业。受我国经济结构调整的深层次影响，部分行业产能过剩，供需矛盾凸出，在高排放、高能耗的重污染行业里这种现象尤为明显。产能过剩会导致企业经营困难、风险增加，甚至会加剧能源资源紧张、生态环境恶化等问题。因此，重污染企业在面临新环保法施加的压力时，也会受到去产能压力的影响。为了排除"去产能政策"对企业绩效的影响，本书根据国务院制定的《关于化解产能严重过剩矛盾的指导意见》，将钢铁、水泥、电解铝、平板玻璃、船舶等行业作为产能过剩行业，并借鉴崔广慧和姜英兵（2019）的做法，将样本企业中属于上述产能过剩行业的企业剔除（剔除样本企业 67 家，共计 536 个观测值），重新对模型进行回归分析。结果如表 3 – 15 中的列（3）和列（4）所示，Post × Treat 的回归系数均显著，回归结果与基准回归结果保持一致，即排除"去产能政策"的影响后，研究结论仍然成立。

最后，剔除政策出台当年样本数据。本书借鉴曹春方和张超（2020）的做法，剔除政策出台当年的样本数据。由于新环保法出台的时间为2015 年，为避免出现测量误差问题，将 2015 年的样本数据剔除（剔除643 个观测值）。具体做法为，年份在 2011 ~ 2014 年的样本数据其 Post 赋值为 0，年份在 2016 ~ 2018 年的样本数据其 Post 赋值为 1，其他设定保持不变，重新对模型进行回归分析，结果如表 3 - 15 中的列（5）和列（6）所示。由此可以看出，*Post × Treat* 的回归系数在 1% 的水平下显著且为正，研究结果与基准回归结果一致。

总之，综合上述虚假政策时间点的安慰剂检验、剔除产能过剩行业企业以及剔除政策出台当年样本数据的检验结果可知，本书研究结论具有一定稳健性。

3.4.5 动态效应与异质性分析

（1）动态效应分析

前文研究表明，新环保法能促进企业绩效提升。那么，2005 年 1 月 1 日开始实施新环保法之后，企业绩效又是如何变化的，即新环保法实施后的动态边际效用。为此，本书在基准回归的基础上，引入新变量 *Post × Treat* 2015、*Post × Treat* 2016、*Post × Treat* 2017 以及 *Post × Treat* 2018，其他变量设置同前文，得到的回归结果如表 3 - 16 所示。

表 3 - 16 新环保法的动态边际效应检验结果

变量	*Roa*				*Flo*			
	（1）	（2）	（3）	（4）	（5）	（6）	（7）	（8）
Post × Treat 2015	- 0. 024 *** （ - 3. 64）				- 0. 042 *** （ - 7. 23）			
Post × Treat 2016		- 0. 016 ** （ - 2. 47）				0. 049 *** （8. 53）		
Post × Treat 2017			0. 001 （0. 15）				- 0. 007 （ - 1. 14）	
Post × Treat 2018				0. 039 *** （6. 01）				- 0. 001 （ - 0. 21）
Post	0. 016 *** （3. 15）	0. 014 *** （2. 80）	0. 008 （1. 56）	- 0. 037 *** （ - 7. 63）	0. 044 *** （10. 02）	- 0. 045 *** （ - 10. 39）	- 0. 007 （ - 1. 61）	0. 010 ** （2. 15）
Treat	0. 029 *** （7. 17）	0. 027 *** （6. 69）	0. 023 *** （5. 57）	0. 014 *** （3. 46）	0. 040 *** （11. 16）	0. 016 *** （4. 39）	0. 030 *** （8. 35）	0. 028 *** （7. 76）
控制变量	控制	控制	控制	控制	控制	控制	控制	控制

变量	Roa				Flo			
	（1）	（2）	（3）	（4）	（5）	（6）	（7）	（8）
常数项	-0. 109 ***	-0. 101 ***	-0. 094 ***	-0. 108 ***	-0. 126 ***	-0. 060 **	-0. 078 ***	-0. 067 ***
	（ -3. 78）	（ -3. 55）	（ -3. 31）	（ -3. 83）	（ -4. 91）	（ -2. 42）	（ -3. 07）	（ -2. 60）
N	2572	2572	2572	2572	2572	2572	2572	2572
调整 R^2	0. 057	0. 055	0. 054	0. 073	0. 158	0. 161	0. 130	0. 128

由表 3-16 可以看出，在新环保法与资产收益率关系方面，$Post \times Treat$2015、$Post \times Treat$2016 的回归系数为负数，且较为显著；$Post \times Treat$2017 以及 $Post \times Treat$2018 的回归系数为正数，但只有 $Post \times Treat$2018 对 Roa 的回归系数显著。上述结果表明，新环保法实施对资产收益率的正向影响滞后两年，并且影响逐渐加大。为了满足新环保法的要求，企业需进行技术创新或者购入大量节能减排设备，而技术创新或设备购置具有投资规模大、周期长的特点，导致企业的资本密集度相对过高，因此短期内挤占了资产收益率的增加，反映在对资产收益率的政策效果方面是存在一定的滞后性，这点还可以从资本密集度（Cap）的回归系数上得到验证。

在新环保法与经营活动现金净流量关系方面，$Post \times Treat$2015 的回归系数为负数，且在 1% 的水平下显著；$Post \times Treat$2016 的回归系数为0. 049，且在 1% 的水平下显著；$Post \times Treat$2017 以及 $Post \times Treat$2018 的回归系数不显著。说明新环保法实施对经营活动现金净流量有一定的提升作用，但是这种提升作用并不持久。可能的原因是，经营活动现金净流量是企业的经营活动、投资活动以及筹资活动的综合体现，在新环保法实施后，企业为了规避政府的环境处罚，会暂时关闭部分生产活动，导致企业收入出现较大的波动。

（2）异质性分析

考虑到样本企业存在地区、资源禀赋的差异，那么不同企业对新环保法的政策响应是否存在差异？为此，本书从企业内部特征和外部特征两方面对新环保法与企业绩效之间的关系进行详细的异质性分析。其中，企业内部特征主要包括产权性质和企业规模；企业外部特征主要包括所在地区和市场化程度。

第一，基于企业产权性质的异质性分析。本书按照产权性质将样本企业分为国有企业和非国有企业，研究新环保法对不同产权性质企业绩效的影响，回归结果如表 3 – 17 所示。从中可以看出，在国有企业样本中，$Post \times Treat$ 对资产收益率的回归系数为正但不显著；在非国有企业样本中，$Post \times Treat$ 对资产收益率的回归系数为正且在 1% 的水平下显著。这说明，相比国有企业，新环保法对非国有企业绩效的作用更为明显，经营活动现金净流量的回归结果也印证了上述结论。这与中央政府提倡的毫不动摇鼓励、支持、引导非公有经济发展完全吻合，非国有企业在支撑经济增长、实现绿色发展等方面发挥了不可替代的作用。

表 3 – 17　基于企业产权性质的异质性分析

变量	Roa		Flo	
	（1）（国有）	（2）（非国有）	（3）（国有）	（4）（非国有）
$Post \times Treat$	0.003 （0.55）	0.016 *** （2.84）	0.010 * （1.84）	0.011 ** （2.22）
$Post$	− 0.009 ** （− 2.01）	− 0.023 *** （− 5.63）	− 0.012 ** （− 2.56）	− 0.008 ** （− 2.15）
$Treat$	0.007 （1.45）	0.018 *** （4.14）	0.009 * （1.83）	0.025 *** （6.28）
控制变量	控制	控制	控制	控制
常数项	− 0.032 （− 1.41）	− 0.046 （− 1.44）	− 0.103 *** （− 4.39）	− 0.094 *** （− 3.24）
N	2048	3096	2048	3096
调整 R^2	0.047	0.061	0.155	0.088

上述结果产生的原因有两个。其一，在资源分配方面，国有企业的实际控制人为政府，在财政支撑、融资能力等方面显示出巨大的优势，在面对新环保法带来的合规成本压力时，国有企业对此并不敏感。而非

国有企业的目标是追求利润和价值最大化，它们更希望通过提高企业绩效来弥补满足合法性要求所带来的损失，实现环境与经济的双赢。其二，就信息敏感程度而言，国有企业较强的资源禀赋以及资源分配优势，导致国有企业往往对外部市场提供的信息反应较为迟钝（任胜钢等，2019）。而非国有企业对市场信息比较敏感，加之灵活的体制机制，其能够根据国家的法律法规及时对内部管理和生产经营活动进行调整，即新环保法带来的市场信息能够刺激活跃的非国有企业重视清洁生产、披露环境信息、进行技术创新，最终提高企业绩效。

第二，基于企业规模的异质性分析。为了分析不同企业规模下新环保法与企业绩效之间的关系，本书根据企业规模的平均值将全部样本分为规模较大的企业组和规模较小的企业组进行回归，回归结果如表 3 – 18 所示。由此可知，在规模较大的样本中，$Post \times Treat$ 对企业资产收益率的回归系数为负且不显著；在规模较小的样本中，$Post \times Treat$ 对企业资产收益率的回归系数为正且在 1% 的水平下显著。这说明新环保法对不同规模企业的绩效影响存在差异，与规模较大的企业相比，新环保法对规模较小的企业的资产收益率影响更为显著。列（3）和列（4）报告了新环保法对不同规模企业经营活动现金净流量的影响，这两类样本的回归系数均在 5% 的水平下显著，且系数相差不大。

表 3 – 18　基于企业规模的异质性分析

变量	Roa		Flo	
	（1）（大）	（2）（小）	（3）（大）	（4）（小）
$Post \times Treat$	- 0.002 (- 0.30)	0.021 *** (3.98)	0.013 ** (2.33)	0.012 ** (2.27)
$Post$	- 0.003 (- 0.63)	- 0.027 *** (- 6.99)	- 0.016 *** (- 3.53)	- 0.005 (- 1.19)
$Treat$	0.023 *** (4.12)	0.010 ** (2.57)	0.018 *** (3.92)	0.017 *** (4.23)
Loc	- 0.004 (- 0.93)	- 0.002 (- 0.60)	- 0.003 (- 0.75)	- 0.007 (- 1.64)

变量	Roa		Flo	
	（1）（大）	（2）（小）	（3）（大）	（4）（小）
Cap	− 0.071 ***	− 0.090 ***	0.091 ***	0.075 ***
	（− 7.82）	（− 9.44）	（12.00）	（7.65）
Agen	− 0.022 **	− 0.067 ***	− 0.001	− 0.066 ***
	（− 2.40）	（− 6.53）	（− 0.09）	（− 6.21）
Boa	0.009 *	0.010 **	− 0.004	0.004
	（1.67）	（2.00）	（− 0.96）	（0.77）
Mar	0.005 ***	0.000	0.005 ***	0.003 ***
	（4.54）	（0.22）	（5.29）	（3.00）
常数项	− 0.008	0.049 ***	− 0.013	− 0.011
	（− 0.59）	（4.23）	（− 1.10）	（− 0.88）
N	2256	2888	2256	2888
调整 R²	0.044	0.076	0.141	0.085

可能的原因是，规模较大的企业已经形成"规模效应"，企业自身资金雄厚，从而对新环保法的成本黏性反应较为迟钝。此外，表 3 – 18 的列（1）中 Mar 的回归系数为正，在 1% 的水平下显著，说明大规模企业有较强的生产能力，能够扩大市场份额，确保企业的生存与发展，形成产品的市场竞争力，在一定程度上不太重视环境管制对企业绩效的影响。但是，小规模企业具有"后天发育不良"的劣势，没有大规模企业的资源优势，在新环保法实施的压力下，会对发展战略及时做出调整，使得企业在正确的道路上发展，表 3 – 18 的列（2）中 Boa 的回归系数验证了该观点的正确性。另外，新环保法实施后，小规模企业在有关部门和政府的支持与财政补贴下，采用资源利用率高、污染物排放少的工艺设备以及清洁生产技术进行产品的生产，大幅度降低了环境管制的成本黏性，显著提高了企业绩效。

第三，基于市场化程度的异质性分析。根据王小鲁等（2019）的研究，市场化程度与政府干预程度呈显著负相关，当市场化程度较高时，市场在资源配置中占主导地位；反之，则是政府占主导地位。此外，在市场化程度较高的地区，企业对于政策的响应会更加积极，这提高了其资源配置的效率（郭金花等，2021）。理论上，市场化程度越高，新环保法的实施就越公平透明，企业越能根据新环保法的要求优化配置资源以满足利益相关者的合法性诉求，从而获得企业绩效。

为了检验不同市场化程度下新环保法对企业绩效的影响，本书根据王小鲁等（2019）编制的市场化指数，按照市场化程度的均值将样本分为市场化程度高和市场化程度低两组。回归结果如表 3 – 19 所示，新环保法实施对低市场化程度企业的资产收益率和经营活动现金净流量均产生了显著的正向影响。该结果说明，新环保法的实施能够得到低市场化程度企业的支持，低市场化程度的企业积极响应政策，承担起经济高质量发展的重任。但这一结论与 Meng 等（2013）的观点并不符合。本书认为市场化程度较高的地区有着完善的市场交易制度以及法律保障体系，多数企业出于长久发展的需要，愿意改进技术、披露环境信息，所以新环保法实施的倒逼作用有限，所带来的绩效较少。市场化程度较低的地区，基础设施不完善、政府监管力度大，在环境违法成本高的压力下，某些企业会根据新环保法的要求公开信息、引进先进的环保技术进行绿色生产，从而满足环境合法性要求，得到利益相关者的青睐，大幅度提升企业的社会形象，进而将其转化为企业绩效。

表 3 – 19　基于市场化程度的异质性分析

变量	Roa		Flo	
	（1）（高）	（2）（低）	（3）（高）	（4）（低）
Post × Treat	0.011 * （1.80）	0.013 *** （2.58）	0.003 （0.66）	0.015 *** （2.60）
Post	− 0.016 *** （− 3.77）	− 0.019 *** （− 4.48）	− 0.009 ** （− 2.54）	− 0.006 （− 1.19）
Treat	0.019 *** （3.75）	0.009 ** （2.26）	0.025 *** （5.92）	0.017 *** （3.83）
控制变量	控制	控制	控制	控制

变量	Roa		Flo	
	（1）（高）	（2）（低）	（3）（高）	（4）（低）
常数项	− 0. 028 （− 1. 03）	0. 075 *** （3. 22）	− 0. 071 *** （− 3. 16）	− 0. 013 （− 0. 49）
N	2808	2336	2808	2336
调整 R^2	0. 057	0. 056	0. 104	0. 124

第四，基于所在地区的异质性分析。中国幅员辽阔，不同地区的经济发展水平、环境治理能力、环境规制水平、资源禀赋等存在差异，可能会导致不同地区的企业对新环保法实施产生不同的反应。本书借鉴崔也光等（2019）的思路，将样本企业所在地区分为三大经济区（京津冀地区、长江三角洲地区、珠江三角洲地区）和其他地区，研究新环保法对不同地区企业绩效的影响。具体而言，企业注册所在地位于三大经济区的，Loc 记为 1，否则为 0，重新对模型进行回归分析，结果见表 3 – 20。

表 3 – 20　基于所在地区的异质性分析

变量	Roa		Flo	
	（1）（三大经济区）	（2）（其他地区）	（3）（三大经济区）	（4）（其他地区）
Post × Treat	0. 011 * （1. 90）	0. 016 *** （2. 88）	0. 008 * （1. 72）	0. 011 * （1. 73）
Post	− 0. 017 *** （− 4. 24）	− 0. 021 *** （− 4. 47）	− 0. 013 *** （− 3. 67）	− 0. 004 （− 0. 72）
Treat	0. 019 *** （4. 37）	0. 005 （1. 15）	0. 023 *** （5. 96）	0. 018 *** （3. 50）
控制变量	控制	控制	控制	控制
常数项	− 0. 054 * （− 1. 93）	0. 027 （1. 00）	− 0. 140 *** （− 5. 86）	− 0. 038 （− 1. 24）
N	3016	2128	3016	2128
调整 R^2	0. 058	0. 062	0. 107	0. 122

从表 3 – 20 可以看出，无论是在三大经济区样本企业中还是在其他

地区样本企业中，新环保法对资产收益率都有显著的正向影响。然而，对于三大经济区的样本企业来说，估计系数要小于其他地区的样本企业。这表明其他地区企业的资产收益率在新环保法下相比三大经济区的企业更有可能提高。同时，经营活动现金净流量的回归系数也支持该结论。可能的原因是，三大经济区与其他地区的环境治理进程存在显著的差异，三大经济区的经济发达，近些年进行了一系列的产业结构调整，如非首都功能疏解、建立自贸区、共享经济、建立生态文明建设示范区等，环境治理标准更为严格。所以，当新环保法实施后，三大经济区的企业对其反应不太敏感。相比之下，其他地区的经济发展相对落后，政府环境管制强度较弱，环境治理力度相比三大经济区可能会较小。但是新环保法实施后，为了增强企业的合法性，这些地区的企业要承担更多的法规遵循成本，从而企业会积极开展绿色转型，进而将其转变为企业绩效。

3.4.6　研究结论与政策启示

本书以 2011～2018 年中国沪深 A 股上市的工业企业为研究样本，运用双重差分法构建新环保法与企业绩效的准自然实验分析模型，研究得出如下结论。

第一，进行平行趋势检验，发现新环保法实施后，重污染企业的经济绩效提升效果显著高于非重污染企业。在此基础上，运用双重差分法、动态效应分析法进行分析，利用虚拟政策时间点的安慰剂检验、剔除产能过剩行业企业和剔除政策出台当年样本数据的方法进行稳健性检验，结果显示，新环保法对企业绩效产生了正向影响，这种影响存在两年的滞后效应。第二，异质性研究结果表明，企业的产权性质、企业规模、市场化程度以及所在地区差异也会对新环保法实施的经济效应产生重要影响。具体而言，新环保法在非发达地区、市场化程度低的地区，能更加有效地促进规模较小的非国有企业绩效的提升。

基于上述的研究结论以及我国环境治理和经济发展的现状，本书提出以下政策建议。

首先，加强环境执法力度，保障新环保法的有效实施。本书研究发现，环境管制与企业发展二者不是一对矛盾体，新环保法的实施能显著提升企业绩效，尤其是在中国绿色转型的大背景下，为顺应环境、经济、社会的可持续发展，满足人民对美好生活的向往，应提高环境执法水平，加大环境监管力度，提高环境信息的透明度，支持媒体的环境舆论监督，坚持将环境治理情况与官员的政绩考核紧密结合在一起，使得新环保法能够有效实施，进而实现中国经济的高质量发展。其次，优化营商环境，激发国有企业的创新活力，为非国有企业提供更加健全的服务机制。新环保法的实施在不同产权性质的企业间存在差异，因此，在未来的发展过程中，一方面要毫不动摇地巩固和发展国有企业；另一方面要对其施加适当的合规压力，在条件允许的情况下，通过市场机制激发其内部创新活力。与此同时，要通过完善市场机制，大力推动非国有企业的发展，并为其营造公平的竞争环境，保障其合法权益。再次，针对不同规模的企业制定差异化的规制体系。企业规模对环境管制与企业绩效之间的关系产生了重要影响，因此政府要对大规模企业制定具体的奖罚措施，形成示范效应，增强企业环境治理的内生动力；同时，政府应对小规模企业有适度的政策倾斜，帮助其开展技术创新，降低环境管制带来的脆弱性影响。最后，多向市场要办法，多想市场化解决方案。在中国经济转型、发展方式转变的进程中，要坚持发挥市场在资源配置中的决定性作用，凡是市场能解决好的问题就交由市场来解决。尤其要加大市场化程度较低、欠发达地区的市场化改革的推进力度，将负面清单制度引入环境管理体制中，以更好地实现效益最大化和效率最大化，同时要更好地发挥政府在环境治理中的统筹作用和前瞻性优势，做好产权保护和利益分配工作，解决市场失灵问题。

3.5　企业自愿实施绿色技术创新的驱动性因素
与障碍性因素研究
——以 ISO14001 为例

在各国政府纷纷加强环境立法、制定日趋严格的环境标准的同时，企业出于生存需要，也在积极探索如何改进和完善企业的环境管理体系，以更好地适应新法则和新标准。在此背景下，国际标准化组织为响应联合国实施可持续发展的号召，同时也为了担当自己的使命，在 1993 年 6 月组建了环境管理技术委员会，正式开始制定环境管理体系，在借鉴荷兰、英国、美国等发达国家环境管理经验的基础上，起草了环境管理体系系列标准，并于 1996 年首次颁布 ISO14000 系列标准。国际环境管理体系目前有 ISO14001、ISO14004、ISO14005 和 ISO14006 四项。ISO14001 是国际环境管理体系最重要的组成部分，毫不夸张地说，其他标准大多是在该标准的基础上派生出来的，故下文将国际环境管理体系简化为 ISO14001。ISO14001 自 1996 年投入使用以来，在 2004 年和 2015 年分别修改了一次，国际上目前使用的是 2015 年发布的版本 ISO14001∶2015。环境管理系列标准正是为了应对全球环境问题而推出的管理标准，一方面，基于"环境方针"的 ISO14001 认证要求企业对产品设计、生产、使用、报废和回收全过程中影响环境的因素加以控制，对于企业在生产过程中产生的污染起到了很好的遏制作用，达到了支持环保工作、改善全球环境、造福人类的目的；另一方面，实施环境管理系列标准认证可以更好地帮助企业从零散的、被动的适应环境管制形势向系统的、主动的适应转变，这是因为获得 ISO 环境管理体系认证已经成为企业打破国际环境壁垒、进入高端消费市场、获得政府采购青睐、满足可持续发展生存需求的关键。尽管 ISO14001 环境管理体系认证遵循的是自愿原则，但越来越多的企业开始主动实施积极的环境管理，2007 年，中国超越日本成为世界上通过环境管理体系认证企业数量最多的国家。这意味着企业从过去消极抵制或被动遵守国家强制执行的环境标准向加强环境管理、采用清洁技术、积极开展绿色技术创新转变（王丽萍、刘明浩，2016），有助于企业进一步增强自身环境管理能力、提升绿色技术创新水平，实现企业全面绿色转型。

3.5.1 环境管理体系的研究现状

国际环境管理体系认证有助于促进环境与经济的协调发展，为此，许多学者讨论了企业进行环境管理体系认证的原因，概括起来主要有企业社会责任感（Lončar et al.，2019）、政府环境管制（Bu et al.，2020）、利益相关者压力（D'Souza et al.，2019）、企业环境绩效（Turki et al.，2017）和企业财务绩效（Feng and Wang，2016）等，研究结论不尽相同，甚至针对同一个因素存在相反的观点。

（1）企业社会责任感与环境管理体系认证

企业的社会责任强调企业不仅是一个"经济人"，更是一个"社会人"，要对自己行为造成的社会影响承担相应的责任。随着可持续发展思想的广泛传播，环境责任已逐渐成为企业社会责任的重要内容，企业对环境责任的履行意愿也在不断增强（吴昊旻、张可欣，2021）。相关研究表明，企业社会责任感越高进行环境管理体系认证的意愿就越强烈。进一步的研究发现，企业积极承担环保责任需要企业增加环境治理的研发投入（宋岩、孙晓君，2020），所以社会责任感高的企业更有可能在前期投入大量资金开展污染治理、积极参与绿色技术创新以更好地履行其环保职责，进而有助于进行 ISO14000 系列认证。任胜刚等（2018）实证研究了国际环境管理体系标准 ISO14001 与中国制造业企业创新的关系，分析得出 ISO14001 对中国企业创新有积极的促进作用。

然而，也有学者提出相反的观点，他们认为企业社会责任的履行和技术创新都需要资金支持，过度承担社会责任会增加企业在社会责任履行方面的投入，导致创新活动资金被挤占。如 Halkos 和 Skouloudis（2018）在宏观层面采用国家社会责任倡议等数据作为衡量各国企业社会责任感的指标，研究发现，企业创新能力与企业社会责任感之间存在负向关系。还有一些学者研究得出，社会责任感与企业技术创新绩效之间呈非线性关系，如陈钰芬等（2020）认为，企业履行社会责任就是对利益相关者承担责任，并基于股东、员工、供应商、消费者、环境、社会等维度综合衡量了社会责任感，进而得出企业社会责任感与企业技术创新绩效之间呈倒"U"形关系，且我国企业的社会责任感水平尚未达到"拐点"，很难通过提高企业社会责任感来促进企业技术创新水平提升。

整体来看，多数学者集中于研究企业社会责任感与绿色技术创新之间的线性关系，对于两者的非线性关系涉足较少，已有关于非线性关系的研究重点放在社会责任感对技术创新绩效的影响上，并未探究社会责任感对绿色技术创新意愿的影响，因此有必要进一步探究社会责任感与绿色技术创新意愿的非线性关系。

（2）政府环境管制与环境管理体系认证

政府的环境管制是企业制定环境战略的重要外部影响因素，不同的环境管制政策对企业环境行为的影响会产生差异化的效果。一方面，学者们基于"创新补偿"效应认为，环境管制是改善企业环境管理的有效工具，即合理的环境管制可以促使企业自愿提高绿色技术创新水平，政府的环境监管和规制压力会对企业绿色创新倾向产生正向影响，从而促进企业进行环境管理体系认证。如曲薪池等（2019）构建了一个包含三方参与主体的绿色创新生态系统行为策略演化博弈模型，研究发现，政府适当加大监管力度可以促进绿色创新生态系统健康发展，在企业进行绿色技术创新初期，政府主动加大管制力度可以为企业绿色技术创新的可持续发展提供保障，促进企业进行环境管理体系认证。Tovilla 和 Webb（2017）认为，环境管理体系既是国家环境法规的有效补充，又能在企业和政府之间的沟通中发挥桥梁的作用。Lee 等（2018）认为，适当的环境政策可能有助于促进环境管理体系的采用，如环境税减免等。

另一方面，也有学者基于"遵循成本"效应提出，政府的环境管制会抑制企业进行环境管理体系认证。如涂正革等（2019）认为，排污收费标准的提高会使企业运营成本增加，挤占研发支出，最终会降低企业的环境治理投入，企业进行环境管理体系认证的意愿也会随之下降。Boeing（2016）指出，环境管制会激励企业通过购买新的治污设备或生产设备来达到环境标准，而不是积极提升技术创新水平，政府对企业进行绿色技术创新的补贴可能会挤占企业原有的研发投入，这在某种程度上也削弱了企业进行环境管理体系认证的积极性。还有一些学者研究发现，环境管制和环境管理体系认证之间并非简单的线性关系。如王珍愚等（2021）选取包括废水、废气和固体污染物在内的综合性行业指标衡量环境管制强度，研究得出，环境管制对于企业环境管理体系认证的影响呈"U"形特征。陈羽桃和冯建（2020）选取执行层面反映政府监管及环境管制政策落实情况的城市污染源信息公开指数来衡量环境管制执行力度，研究得出，政府的环境管制执行力度与企业绿色投资效率呈倒"U"形关系，并指出我国政府环境管制执行水平尚处于倒"U"形的左侧，所以政府环境管制执行力度增强会激励企业进行环境管理体系认证。

总之，环境管制对企业进行环境管理体系认证的影响尚未有统一的结论，研究结论不一致的主要原因是衡量指标不同，无论是环境管制还是企业环境管理体系认证，都涉及诸多方面。另外，在具体问题分析过程中，多数学者是从特定的环境管制政策工具或绿色创新投入、创新产出、创新效率等角度进行研究，没有研究环境管制的具体化方案或考察具体的绿色创新技术，难以掌握环境管制与绿色技术创新之间的真实关系。

（3）利益相关者压力与环境管理体系认证

利益相关者能通过供应链、市场价格、投资关系、社区利益等途径影响企业的生产经营活动，因此利益相关者对企业进行环境管理体系认证的意愿会产生至关重要的作用，会影响企业环境管理体系的认证内容和过程。由于信息不对称的存在，外部利益相关者无法完全知晓企业的真实信息，企业可以通过环境管理体系认证向利益相关者传递其积极承担社会责任的正面信号。李姝和肖秋萍（2012）研究发现，企业履行社会责任可以让利益相关者的需求得到满足，企业社会责任履行程度越高，就越容易得到投资者的支持，而企业进行环境管理体系认证可以体现其社会责任感，从而更易获得投资者的认可。Fliaster 和 Kolloch（2017）的研究表明，除了环保主义者外，当地社区和有影响力的领袖、居民及其团体的舆论都强烈地影响着企业的环境管理体系认证，所以利益相关者的支持会激励企业进行环境管理体系认证。

从供应链角度来看，将经济利益与环境标准相结合已成为现代企业评估供应商的重要方面，其中环境管理体系的认证是确认企业是否为绿色供应商的主要因素之一，这一现象在零售行业尤为突出，因此上下游企业联手开展环境管理体系认证成为一种新潮流。为建立可持续性伙伴关系，供应商会积极开展绿色技术创新以提升竞争力，通过环境管理体系认证保持与下游企业的长久合作；而下游企业进行环境管理体系认证可以向供应商发出企业在原材料采购、生产及销售等方面均遵循绿色环保理念的信号，更易获得绿色供应商的关注与投资。企业进行环境管理体系认证的最终目的是获得顾客的青睐并增加其购买意愿，企业可以通过环境管理体系认证向客户传递产品质量信息，能对环境负责的企业应该也会对产品和服务负责，缺乏环境保护责任的企业其产品和服务质量也会大打折扣，所以来自消费者的需求压力也会促使企业积极开展环境管理体系认证。Yin 和 Ma（2009）研究表明，来自国际客户的绿色压力是推动中国企业追求 ISO14001 认证的最重要力量，拥有认证可以展示企业良好的形象和声誉，从而提高企业在国际市场上的竞争力，因此各利益相关者会促使企业积极参与环境管理体系认证。Salim 等（2018）认为，公司进行 ISO14001 认证是为了提升公司的形象和声誉，提高环境绩效，尤其对于大公司而言，公司形象的提升和环境绩效的提高是其进行环境管理体系认证的主要动力。

综上分析可知，关于利益相关者的压力对于企业开展环境管理体系认证的影响，学者均持相同观点，即利益相关者的激励或压力会促进企业进行环境管理体系认证。对于企业而言，采取满足利益相关者需求的行动才有助于企业目标的实现，所以为获得利益相关者的信任及满足其绿色需求，企业会积极进行环境管理体系认证。

（4）企业环境绩效与环境管理体系认证

环境管理体系认证贯穿于生产经营的全过程，能为企业提供有效的管理模式，鼓励企业积极改善环境，采用更清洁的生产方式，提高资源利用效率，追求绿色节能环保的效果，故体系的建立和推行会显著影响企业的环境绩效。一些学者认为，环境管理体系认证对环境绩效有正向影响。Comoglio 和 Botta（2011）基于意大利汽车制造业的问卷调查实证得出，开展环境管理体系认证增加了企业对于环境改善的投资，能够有效改善环境绩效，因此企业会倾向于进行环境管理体系认证。Nguyen 和 Hens（2015）对通过环境管理体系认证的越南水泥厂的研究发现，在管理绩效方面，获得认证的工厂的环境意识和对环境的关注程度都要高于非认证工厂；在操作性能方面，通过认证的工厂与未通过认证的工厂在环境指标（如粉尘、SO_2 和 NO_2）上存在显著差异，而且工厂生态性能在采用 ISO14001 后有显著改善。Singh 等（2015）在控制其他的可能影响因素后发现，ISO14001 认证能帮助印度中小企业减少 25% 的废物排放。Wong 等（2017）通过研究发现，国际环境管理体系认证不仅使燃煤电厂的环境性能得到改善，而且使电厂更加遵守环境法律法规。值得注意的是，Graafland（2018）认为，大部分的研究忽略了可能的介体，其实 ISO14001 也能通过介体对生态产生积极影响。Ross 等（2019）以 RCPAQAP 医疗机构为例，将环境管理体系整合至业务后，该医疗机构在环境、文化、财务绩效方面获得了实实在在的好处，在电力、纸张使用等方面达到了显著的节约效果。张兆国等（2020b）以单位营业收入排污费衡量企业的环境绩效，提出环境管理体系认证起到"环保工具"的作用，并进一步分析得出，环保技术创新、环保投资和公司环境治理起到了中介作用，这会增强企业进行环境管理体系认证的意愿，进而提高企业的环境绩效。Zorpas（2010）从环境管理体系可以减少排放、控制污染事件的风险、增加市场中的商业机会、促进企业资源合理利用等方面间接表明，开展ISO14001 认证能提高企业环境绩效。

然而，也有学者认为开展环境管理体系认证并未显著提高企业的环境绩效，ISO 系列认证是否是企业履行环境责任的标准取决于企业环境管理的质量。从整体来看，通过环境管理体系认证的企业并未明显表现出比未认证企业有更高的环境绩效，所以企业不会自愿进行环境管理体系认证。Babakri 和 Bennett（2003）认为，企业参与国际环境管理体系认证最大的障碍是成本太高，不仅包括认证费用，还需要准备大量的文件，同时企业需要对员工进行培训，甚至还需要雇用第三方审计人员。Salim 等（2018）认为，过高的实施成本以及 ISO14001 标准知识的缺乏不利于企业进行环境管理体系认证，而且政府支持和激励政策的不足也是企业进行环境管理体系认证的障碍。Voinea 等（2020）指出，环境绩效和财务绩效之间呈现相反的变化关系，环境管理体系认证带来的生产效率或声誉提高导致的成本降低不足以抵消环境绩效改善所投入的成本，这将阻碍企业进行环境管理体系认证。中小企业、大企业以及不同产品市场群体的认知存在差异，大型企业往往对环境管理体系有较好的理解，而小型企业对环境管理体系的认知就比较浅显，ISO14001 往往会对利润微薄的中小企业的组织绩效产生不利影响。

总之，关于企业进行环境管理体系认证对环境绩效的影响尚未有统一的研究结论，究其原因主要有以下两个。一是实证研究背景不同，既有基于发达国家背景也有基于发展中国家背景的；制度背景不同，着重解决的问题和应对策略会有差异。二是企业发展阶段、企业所处行业的竞争关系以及企业自身的组织管理能力等不同都会导致环境绩效存在差异。因此应充分考虑企业外部因素和内部因素对于企业进行环境管理体系认证的综合影响。

（5）企业财务绩效与环境管理体系认证

以追求利益最大化为目标的企业，在进行环境管理体系认证时必然会考虑其对财务绩效的影响，目前学者们对此的研究结果并不明晰。一些学者从投入成本和创新收益两个角度研究企业进行环境管理体系认证与财务绩效的关系，研究认为，企业进行环境管理体系认证较为复杂，从咨询到通过认证需要半年到一年的时间，耗费的时间较长，并且进行环境管理体系认证还需投入大量成本，如监督审计的成本以及持续改进的成本，尤其对于中小型企业而言负担沉重（Hasan and Chan，2014）。换言之，从短期来看，环境管理体系认证具有周期长、成本高的特点，对其进行认证会降低企业的生产效率，因此理性的企业家在短期利益驱动下不会选择进行环境管理体系认证。进行环境管理体系认证也存在创新收益低的问题，故企业主动认证的可能性较低。这是因为，环境管理具有"外部性"特点，其产生的社会利益往往远大于私人利益，但企业却承担了全部管理成本，使得企业的投入不能得到完全补偿，这导致企业开展环境管理体系认证的积极性不高。Riaz 和 Saeed（2020）基于严格的事件研究法发现，在中国这样的新兴市场中，投资者更关注物质安全，并将环境管理体系认证视为额外成本，所以环境管理体系认证与财务绩效存在负相关关系。

企业进行 ISO14001 认证能够提高企业的社会效益和经济效益，这一观点得到了一些学者的实证支持。Teng（2011）根据1996～2008 年上市公司的调查结果发现，获得 ISO14001 认证的公司价值和无形资产的市场价值/账面价值的指数高于未获得认证的公司。Lo 等（2011）指出，通过 ISO14001 认证不仅会提高企业价值，而且能通过环境合规来提升企业形象，进而增加企业财务绩效。Habidin 和 Yusof（2012）研究发现，通过 ISO14001 认证的公司的组织绩效高于未认证的公司。Guerrero-Baena 等（2015）以西班牙橄榄油企业为研究对象，发现通过环境管理体系认证可以提高员工的技能和知识水平，从而提高企业声誉。Frondel 等（2018）通过统计匹配技术评估环境管理体系的采用和认证对企业绩效的影响，研究发现，实施环境管理体系认证会提升企业生产效率、节约企业成本，进而对企业绩效产生积极影响，并且企业能在环境管理体系标准的激励下优化生产程序，进而增加销售额和提高企业的财务绩效。

还有学者提出，环境管理体系的引入短期内不会对企业产生影响，直到中长期才能发挥重要作用。Daddi 等（2015）对意大利的研究证实了这一假设，他们指出，只有在"成熟"的背景下（指环境库兹涅茨曲线的转折点，它表示的是经济足够成熟，能够不依赖传统的惩罚性政策，并开始采用自愿和市场化的环境政策工具），ISO14001 才能充分发挥其潜在的有效性，环境管理体系不仅仅是环境的政策工具，而且是一种支持认证公司竞争力提升的管理工具。此外，还有一些学者注意到环境管理体系认证执行层面的问题对其绩效的影响。路江涌等（2014）认为，企业管理层人员的环保认知能力、政府的管制压力和同一个城市内企业通过 ISO14001 认证的整体情况对企业认证 ISO14001 有正向驱动作用，同时指出政府的管制压力对企业认证环境管理体系正向驱动力的大小取决于管理层人员对企业环保的认知程度，管理层人员环保意识越强，文化程度越高，政府的管制压力对企业认证环境管理体系的正向影响越大，反之越小。

综合已有文献可以看出，关于环境管理体系认证对于财务绩效影响的研究结果大不相同，可以显著证明实施环境管理体系认证对发达国家有积极影响，但是针对中国目前的环境而言，这种影响还未完全体现，这可能是制度环境不同造成的，有待进一步检验。

（6）研究文献评析

通过对相关文献进行梳理，不难发现有以下几个方面需要进一步改进。其一，已有文献的研究对象大多是重污染企业，忽略了其余工业企业，有必要扩大研究对象。事实上，在实现全面绿色转型的进程中，工业行业进行绿色技术创新是关键，同时除重污染企业外，越来越多注重节能环保的企业也主动进行 ISO14001 环境管理体系认证，所以对整个工业行业进行研究对我国加快实现全面绿色转型具有重要意义。其二，已有文献研究主要集中于企业进行管理体系认证的驱动性因素，对于障碍性因素的研究相对不足，为此有必要将二者整合，这样更有利于帮助企业发现环境治理存在的问题，以更好地改善企业环境管理模式。此外，还需进一步探究企业进行环境管理体系认证的驱动性因素和障碍性因素之间的转化关系，以更加全面地理解企业绿色技术创新行为的变化，为促进企业全面绿色转型提供建议与思路。其三，从梳理的文献看，关于企业开展环境管理体系认证的实证研究主要集中于国外样本企业，只有少量文献是以中国企业为研究对象，因此本书将国内上市企业作为实证分析的研究对象，拓展和丰富了研究样本。

3.5.2　中国企业环境管理体系认证现状

ISO 官网显示，中国自 2007 年就成为世界上获得 ISO14001 认证的企业最多的国家，之后也一直领先于世界上其他国家。截至 2017 年底，通过 ISO14001 认证的企业数量较多的 15 个国家的情况如图 3 - 6 所示。从单个国别的认证情况看，中国获得 ISO14001 认证的企业数量遥遥领先世界其他各国，此后依次是韩国、日本、英国、意大利、西班牙。中国认证 ISO14001 的企业数量不仅远高于其他发达国家，而且超过了其他 14 个国家的认证企业数总和。截至 2017 年底，中国获得 ISO14001 认证的累计企业数量为 165665 个，约是美国认证企业总数的 31.5 倍，是日本的 6.9 倍，是英国的 9.5 倍，是法国的 26.2 倍。从国别类型来看，获得认证的企业所在国以发达国家为主，认证数量一般在 5000 个以上。相比之下，发展中国家通过认证的企业数量明显较少。

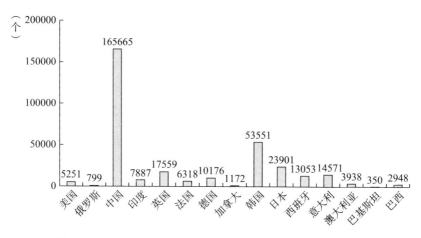

图 3 - 6　2017 年底各国获得 ISO14001 认证的累计企业数量

中国认证企业数量庞大的原因主要有以下几个。首先，中国是世界上第一大出口国，获得 ISO14001 认证是中国企业进入国际市场的准入证。中国也是遭受全球贸易壁垒限制最为严重的国家之一，受国际环境壁垒、绿色壁垒、技术壁垒的影响，中国企业积极开展环境管理体系认证，以较好地向国际市场传递其产品与服务是环境友好型、资源节约型的。因此，获得认证是中国企业积极努力奋斗的结果。其次，中国是世界第二大经济体，经济实力越来越强，企业数量也越来越庞大，尤其是随着党中央对生态文明建设的高度重视，社会各界的环境责任意识得到很大提高，在此背景下，自愿进行环境管理体系认证是中国承担大国责任、展现大国担当的重要表现。当然，经济实力的增强、企业收益的提高是促进我国企业积极认证国际环境管理体系的重要经济基础。最后，国内市场的竞争压力较大也是激发企业开展环境管理体系认证的重要诱因。根据波特的竞争优势理论，越来越多的企业意识到，通过环境管理体系认证不仅可以为企业带来差异化竞争战略优势、环境管理的技术领先优势，而且可以通过自身积极的环境管理赢得上下游供应商的青睐，以及社区和消费者的环境信赖，这些无形的企业声誉可以为企业的长久发展创造难以复制的竞争优势。虽然与国外认证企业总量相比，中国企

业总数遥遥领先，但也应注意到其中存在的不足，如除建筑行业外其他
行业通过认证的企业数量相对较少；多数企业的环境认证年限在十年以
内，且中断、撤证等现象时有发生，暴露出中国企业认证的规范性和连
续性尚未完全形成；还有一些企业仅仅是满足于认证达标，并未将环境
认证作为企业可持续发展的内生动力，导致认证绩效不够理性；等等。
这一现状说明，在资源环境约束的现实条件下，中国企业在环境治理方
面还有很大的进步空间。

　　图3－7是我国每年新增的通过 ISO14001 认证的企业数量。从增长的
大致趋势来看，我国获得 ISO14001 认证的企业数量除 2007 年、2009 年、
2011 年、2014 年有所下滑外其他年份都在增加，尤其是 2011 年以来认证
增速非常快。2017 年认证 ISO14001 的企业增加量约是 2000 年的 100 倍，
表明我国企业进行 ISO14001 认证的积极性得到激发，反映出我国企业的
环保意识正在快速增强。另外，从图3－7 中可以看出，2009～2011 年增
加量较少，这与特殊的国际社会环境和中国宏观经济背景有关。2008 年
美国次贷危机引发的经济危机随即波及欧洲诸国，发达国家相继爆发了
金融危机，并进一步波及中国市场，严重影响了中国企业的经营发展。
受国际金融危机的影响，2009 年、2010 年中国宏观经济增长乏力，经济
增速迟缓，直到 2011 年才逐步企稳回升。

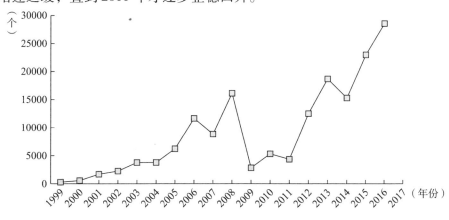

图3－7　1999～2017 年我国通过 ISO14001 认证的企业增加量

认证企业数量最多的前十大行业如图 3-8 所示。可以看出，建筑施工、电气和光学设备、批发和零售贸易、基本金属、工程服务是当前国内工业行业中获得 ISO14001 认证企业数量最多的前五大行业。本书查阅整理了十个代表性国家的相关认证数据后发现，在所选取的代表性国家中，认证 ISO14001 企业数量最多的行业是金属制品行业或建筑施工行业，其中日本、澳大利亚、法国、意大利、西班牙和英国申请 ISO14001 认证企业数量最多的行业是建筑施工行业；美国、韩国、巴西、加拿大、德国、印度和俄罗斯则是金属制品行业。从认证涉及的行业种类看，几乎所有的工业行业都有企业获得环境管理体系认证，即使是被认为污染非常低的其他服务业，也有企业开展环境管理体系认证。这一现实情况反映出，认证企业的涵盖面非常广泛，这为前文提出的应扩大样本行业选择范围的观点提供了事实依据。

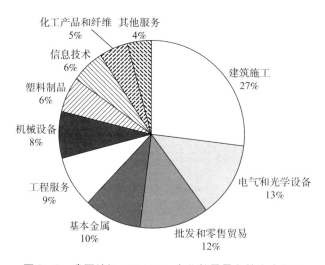

图 3-8　我国认证 ISO14001 企业数量最多的十大行业

3.5.3　理论分析与研究假设

（1）企业社会责任感与环境管理体系认证

"经济人"理论认为，企业管理的重点在于完成各项任务的同时节约成本和提高效率，管理者的目标是追求企业利润最大化，这会使其忽略相关道义与环境保护责任，因此企业不会自愿进行环境管理体系认证。ISO14001 认证通过约束企业的日常经营活动实现减少污染和保护环境的目的，在此过程中企业需要投入一定的资金用于设备更新和人员培训等，这会影响企业正常的资金流动，给企业带来一定的风险。鉴于此，社会责任感较弱的企业会担心私人收益受到较大损害，故不愿主动进行环境管理体系认证。此外，环境管理体系认证具有时滞性（Voukkali et al.，2017），社会责任感较弱的企业更加注重当前利益而忽视社会长久利益，所以社会责任感较弱的企业管理者会从"经济人"的角度进行决策，导致其进行环境管理体系认证的意愿降低。

"社会人"理论认为，人们以社会利益为行为动机，企业管理者在工作中不仅关注工作目标，也尽最大努力满足人们的社会需求，社会性需求的满足往往比经济意义上的报酬更能激励企业，只有顾全社会利益企业利益才能得到保障。首先，社会责任感强的企业会更倾向于紧跟生态文明建设的步伐，根据国家环保政策要求主动进行环境管理体系认证，将社会责任与企业全面发展相结合，加快企业各生产环节的绿色化变革，自愿加强企业内部环境治理，深入贯彻执行国际环境管理体系标准。其次，社会责任感强的企业会更注重企业社会价值的提升，党的十九届五中全会明确提出，"十四五"期间我国经济社会发展的目标之一就是生产生活方式绿色化转型成效显著，而进行环境管理体系认证有助于企业的能源配置和资源利用更加高效，这对经济社会绿色转型有重大作用。基于此，社会责任感强的企业会把握好发展方向，通过自愿进行环境管理体系认证为中国经济社会的发展做出贡献（祝丽敏等，2021）。基于上述分析，处于不同水平的社会责任感对企业开展环境管理体系认证意愿的影响可能会不同。据此，本书提出以下假设 H1。

H1：企业社会责任感与企业开展环境管理体系认证意愿之间存在非线性关系。

（2）政府环境管制与环境管理体系认证

党的十八大以来，生态文明建设被提升到国家战略的高度，2030 年碳达峰和 2060 年碳中和目标的提出，显示出中国政府加强环境保护、走可持续发展之路的伟大决心，这也意味着中国政府对企业的环境监管强度和广度都会持续提升。环境管制是政府加强环境监管的重要手段，即通过提高环境管制标准或加大执行力度来激励企业进行绿色技术创新。从国际经验和中国环境管制政策的演变历程来看，政府环境管制经历了命令型环境管制、市场型环境管制和自愿型环境管制等三个阶段，不同管制政策的作用方式、作用强度和作用效果也存在一定差异。但整体来看，在初期阶段政府制定的环境保护标准相对较低，企业积极改善生产流程，开展环境治理，此时环境管制强度的提升可以促进企业进行技术创新，使得节能减排效率提升。同时，企业进行绿色技术创新不仅可以避免环境相关的惩罚，还可以提高绿色经济绩效，进而会更愿意进行环境管理体系认证。但当环境管制强度到达一定水平后，进行环境管理体系认证已经不能带来更大的环境技术领先优势，企业会选择其他领域的绿色技术创新，以获得更多的创新收益，这时进行环境管理体系认证的可能性会随环境管制强度的提升而降低。基于以上分析，环境管制强度处于不同阶段，其对企业开展环境管理体系认证的影响是不同的，企业是在违规成本和创新投入之间进行权衡。据此，本书提出以下假设 H2a。

H2a：政府环境管制与企业开展环境管理体系认证意愿之间存在非线性关系。

在环境监管方面，来自社会公众、媒体、社团组织等的非正式管制是政府层面的环境管制的必要补充，也发挥着越来越重要的作用（王建秀等，2020）。尤其是随着公众环境意识的觉醒，社会公众通过环保信访、电话投诉、平台曝光、环境诉讼等方式监督着企业的环境治理，同时也向政府有关部门提出环保监管的意见，在环境信息方面的诉求也比以往更加强烈，甚至会对政府的环境监管提出更多要求。总之，社会公众环境意识能够在政府环境管制对企业开展环境管理体系认证的影响中发挥调节作用。调节途径主要有：社会公众会加强对企业环境治理的监督，督促政府创造更加优美的环境；通过企业的环境信息披露和社会责任报告监督企业积极履行环境责任；通过绿色消费支持和鼓励企业进行清洁生产和绿色创新。在非正式环境管制的压力下政府的环境治理措施将产生更加显著的积极效果。据此，本书提出以下假设 H2b。

H2b：社会公众环境意识会强化政府环境管制与企业环境管理体系认证之间的关系。

（3）社会因素与环境管理体系认证

企业开展环境管理体系认证的主动性除了受企业和政府的影响之外，还与众多社会性因素相关联。一方面，社会公众倾向于绿色产品，向企业施加绿色生产标准的改进压力。因此，为了取得消费者的信任，企业可以通过开展环境管理体系认证向消费者展示其环保态度及企业的"绿色正规化"（Amores-Salvadó et al.，2015），自愿接受监督，从而赢得社会公众的认可。另一方面，社会公众通过环保信访表达自身的环境诉求，环保信访数量增加会对地方环保部门产生压力（初钊鹏等，2019），促使政府加大环境监管力度，激励企业积极进行绿色技术创新，企业开展环境管理体系认证的意愿也会随之增强。此外，地区经济发展水平也是影响企业行为的重要社会性因素，地区经济发展水平越高，企业周围的研发基础设施就越完备，从而越有助于企业科研能力的提升。地区经济发展水平高会吸引更多的人才进行创业与创新，有利于科技人才聚集，高素质人才的引入能为企业创新提供动力，企业会更加倾向于环保措施的实施，从而进行环境管理体系认证的意愿也会增强。结合我国现状来看，随着国家对环境保护的愈加重视以及经济发展水平和社会公众受教育程度的不断提升，社会公众对美好生活的需求在增强，从而对环境也有了更高的要求，与此同时，社会公众的环境意识也在逐渐增强，进一步加强了对企业污染治理的监督。据此，本书提出以下假设 H3。

H3：社会公众环境意识的提升会促进企业开展环境管理体系认证。

（4）企业财务绩效与环境管理体系认证

从短期来看，开展环境管理体系认证会对企业正常的生产经营活动产生挤出效应，使得企业资源配置效率降低，尤其是环境管理体系的认证与维护成本过高，中小企业很难承受高成本带来的经营风险，故"理性的"企业管理者从成本收益角度考虑，不会自愿进行环境管理体系认证。在所有权和经营权分离的背景下，作为代理人的经营者为了追求自己的绩效收入，多关注眼前利益，侧重于企业经济绩效指标，而进行环境管理体系认证会产生大量的成本，在短期内得不到期望的经济收益，所以管理者选择进行环境管理体系认证的意愿比较低。基于以上讨论得出，从短期来看，环保投资产生的成本高于收益，所以短期财务绩效降低会阻碍企业进行绿色技术创新。从长期来看，企业开展环境管理体系认证可以提高资源利用效率，降低能源消耗，减少企业污染物排放，提高环境管理质量，增强产品的绿色竞争力，更利于企业在市场上占据有利地位，从而为企业带来经济利益，提高企业财务绩效。环境管理体系认证作为一种典型的污染预防措施，不仅可以降低企业生产经营对环境的负面影响，而且可以通过激发创新活力并最终降低成本来提高其收入，因此长期财务绩效提升是企业开展环境管理体系认证的动因。基于以上分析，企业开展环境管理体系认证后，对企业经济效益层面的影响需要经过一段时间才能显示出来，可能存在一定的滞后性，也就是短期和长期影响不尽相同。据此，本书提出以下假设 H4a 和 H4b。

H4a：与未通过环境管理体系认证的企业相比，通过认证的企业的短期财务绩效更低。

H4b：与未通过环境管理体系认证的企业相比，通过认证的企业的长期财务绩效更高。

企业开展环境管理体系认证的影响机制如图 3 - 9 所示。

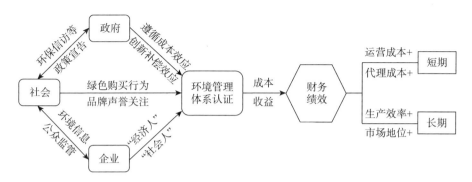

图 3－9　企业开展环境管理体系认证的影响机制

3.5.4　样本选择与变量定义

（1）样本选择

本书将工业行业上市公司作为绿色技术创新的研究对象，具体选取
2010～2019 年沪深 A 股工业行业上市公司作为初始样本。这是因为，工
业行业企业是实体经济的主体，既是环境污染的始作俑者，也是绿色技
术创新的主体力量，将工业行业上市公司作为研究对象不仅具有代表性，
而且符合全面加强生态文明建设的现实需要。在初始样本的基础上进一
步做以下筛选：①剔除研究周期内被特别处理或退市的公司；②剔除
2010 年以后上市的公司；③剔除数据缺失严重的公司。经过上述处理，
最终得到 3610 个样本观测值。为克服极端值对实证结果的影响，本书对
连续变量进行了 1% 和 99% 分位的缩尾处理。

（2）变量定义

首先，被解释变量环境管理体系认证（*ISO*）。本书将企业是否通过
ISO14001 认证作为虚拟变量，赋值为 1 或 0。根据所收集的数据可知，上
市企业通过 ISO14001 认证的时间点主要有以下四种情况：①通过认证
后，每三年准时续证，从未间断，则以首次获证的时间为准；②通过认
证后，证书存在撤销、暂停、过期撤销或注销等状况，经过一年以上的
时间又重新获取证书，则按照最新获取证书时间为准；③2019 年认证状

态异常且未重新获取证书，应视为 2019 年未持有证书，若是 2019 年开始
申请 ISO14001 认证，应视为 2019 年持有证书；④只有分公司或分厂拥有
证书，则选取拥有证书时间最长的分公司或分厂代表母公司，获取其证
书情况。上市公司的环境管理体系认证数据通过手工方式收集自国家认
证认可监督管理委员会"全国认证认可信息公共服务平台"。

其次，本书重点选取了以下四个解释变量，每个变量的定义及其测
度方法的具体内容如下。

第一，企业社会责任感（CSR）。考虑到数据的可获得性以及为保证
数据的全面性和客观性，本书参照以往学者的做法，选取和讯网公布的
企业社会责任总评分来衡量企业社会责任感，该数据手工收集自和讯网。

第二，环境管制（ER）。各地区工业污染治理投资完成额代表了各
地区对于污染治理的投入程度，反映了各地区对于环境治理的管制情况，
为了避免各地区总体工业规模和营业水平对工业污染治理投资完成额的
影响，本书采用单位工业营业收入污染治理投资完成额衡量环境管制强
度。该指标值越大，则环境管制强度越高。各地区工业污染治理投资完
成额和工业营业收入来自《中国环境统计年鉴》和《中国统计年鉴》。

第三，社会公众环境意识（PEA）。目前有学者采用环境信访数量或
者通过搜索引擎中与环境有关的搜索次数来衡量社会公众环境意识；也
有学者采用受教育程度、各地区收入水平及人口密度等综合指标来衡量。
综合文献，本书认为经济发展水平和受教育程度越高，人们的环境意识
往往越高，故采用人均地区生产总值（AGDP）和受教育程度（EDU）的
综合指标衡量社会公众环境意识。具体来说，本书所指的受教育程度是
选取各地区每十万人口高等教育（含网络本专科、成人本专科、普通本
专科、研究生）在校生数来衡量，这个指标具有广泛性且与高等教育相
关，因此选取该指标衡量较为合适。受教育程度及人均 GDP 数据来自
《中国统计年鉴》。社会公众环境意识指标的计算公式如下：

$$PEA = \sqrt{EDU} \times \sqrt{AGDP} \tag{3-8}$$

第四，财务绩效（*FP*）。本书采用总资产净利率（*ROA*）和托宾 Q 值（*TobinQ*）两个指标来衡量财务绩效。其中，总资产净利率反映企业运用全部资产所获利润的水平，展示了企业的近期盈利能力，故适用于衡量企业短期财务绩效；托宾 Q 值反映了企业的产业投资回报率，可以展示企业的成长性，故适用于衡量企业长期财务绩效。样本企业的基本信息及财务数据均来自国泰安数据库。

最后，控制变量。本书参照杨东宁和周长辉（2005）的研究，控制以下变量：①企业规模（*SIZE*），用总资产的自然对数表示，企业规模越大越容易形成规模经济，资金也越雄厚，从而企业的抗风险能力越强，越有实力开展环境管理体系认证工作；②产权性质（*ENID*），国有企业取值为 1，非国有企业取值为 0，一般而言国有企业更易通过政府的帮助获得银行贷款以及政策优惠等，而非国有企业往往受到融资约束的限制，这使得不同产权性质的企业的经营目标和策略有很大差异，所以对于环境战略的选择也会有所不同；③企业年龄（*AGE*），用观察年份减去企业成立年份来表示，企业生长周期不同，其开展环境管理体系认证的影响因素也会有显著差异，年轻成长型企业在创新精神的引导及市场需求变化的影响下开展环境管理体系认证的可能性更大，而成熟型企业的创新意识较低，但其多元化的经营模式及管理经验有助于优化企业的环境管理流程；④所在地区（*REG*），将企业所在地划分为东北、华北、华中、华东、华南、西南和西北七个地区，据此将样本公司所属的地区依次编码为 1~7，相对于经济落后的地区，经济发达的地区更易吸引高科技人才，从而企业能充分发挥人力资本的优势，提升其创新能力与活力；⑤资产负债率（*ALR*），资本结构会对企业的生产经营决策产生显著影响，资产负债率高，说明企业面临的债务风险较大，则企业会减少创新投入，对于开展环境管理体系认证的决策也会更谨慎；⑥财务杠杆（*FL*），高财务杠杆的企业往往财务风险较大，其面临的债务压力可能会削弱其进行创新的动力，进而促使其选择较为稳健的经营战略，而不进行绿色创新；⑦年度、行业虚拟变量，用以控制行业的不同特征以及随时间而变动的外部政策与环境等不可观测变量对于企业开展环境管理体系认证意愿的影响。

变量定义及测度方法见表3-21。

表3-21 变量定义及测度方法

变量类型	变量名称	变量符号	变量说明
被解释变量	环境管理体系认证	ISO	通过认证取1，未通过取0
解释变量	企业社会责任感	CSR	和讯网企业社会责任总评分的自然对数
	环境管制	ER	工业污染治理投资完成额/工业营业收入
	社会公众环境意识	PEA	人均地区生产总值和受教育程度的综合指标
	财务绩效	FP	总资产净利率（ROA）和托宾Q值（$TobinQ$）
控制变量	企业规模	$SIZE$	年末资产总额，取对数处理
	产权性质	$ENID$	国有企业取1，非国有企业取0
	企业年龄	AGE	样本观察年份减企业成立年份
	所在地区	REG	根据所在地区取值1~7
	资产负债率	ALR	负债总额/资产总额
	财务杠杆	FL	（净利润＋所得税费用＋财务费用）/（净利润＋所得税费用）
	行业类别	IND	行业虚拟变量
	年度	$YEAR$	年度虚拟变量

3.5.5 模型构建与统计分析

（1）模型构建

由于被解释变量为二分变量，本书采用Logit模型进行分析，模型如公式（3-9）所示：

$$ISO_{it} = \beta_0 + \beta_1 CSR_{it} + \beta_2 CSR_{it}^2 + \beta_3 ER_{it} + \beta_4 ER_{it}^2 + \beta_5 PEA_{it} + \gamma Control_{it} + \varepsilon_{it} \quad (3-9)$$

式（3-12）中，采用Logit模型处理之后，公式左侧将转换为通过与未通过环境管理体系认证的概率比，此值越大，表示企业开展环境管理体系认证的意愿越强。β_i用以反映企业社会责任感、环境管制和社会公众环境意识对企业环境管理体系认证的影响。

为检验社会公众环境意识在政府环境管制影响企业环境管理体系认证中的调节效应，本书在上述模型的基础上构建如下模型：

$$ISO_{it} = \beta_0 + \beta_1 ER_{it} + \beta_2 ER_{it}^2 + \beta_3 PEA_{it} + \beta_4 PEA_{it} \times ER_{it} +$$

$$\beta_5 PEA_{it} \times ER_{it}^2 + \gamma Control_{it} + \varepsilon_{it} \qquad (3-10)$$

式（3-10）中，交互项系数 β_4 和 β_5 反映了社会公众环境意识的调节效应。为避免交互项变量和主变量之间的多重共线性问题，本书对交互项均进行了去中心化处理。

（2）统计分析

首先对各变量进行描述性统计分析，结果如表 3-22 所示。从中可以看出，ISO 的平均值为 0.580，即有 58% 的企业在相应年份处于通过认证状态；如果从各年份的认证企业数量来看，处于认证状态的企业呈逐年增长态势，由此反映出越来越多的企业开始自愿进行环境管理。从企业社会责任感和环境管制的统计分析可以看出，样本间的差异较大，这为本书的研究提供了现实基础。另外，社会公众环境意识指标的平均值为 9.453，最小值为 8.996，最大值为 9.756，说明各个地区的社会公众环境意识差别不大。

表 3-22　各变量的描述性统计

变量	平均值	标准差	最小值	最大值
ISO	0.580	0.49	0.000	1.000
CSR	3.333	0.52	2.276	4.374
ER	0.687	0.59	0.031	3.206
PEA	9.453	0.17	8.996	9.756
ROA	0.065	0.05	0.001	0.246
$TobinQ$	2.060	1.21	0.864	7.149
AGE	17.357	5.10	5.000	30.000
REG	2.649	1.87	1.000	7.000

续表

变量	平均值	标准差	最小值	最大值
ENID	0.577	0.49	0.000	1.000
ALR	0.433	0.18	0.072	0.806
SIZE	22.728	1.32	20.302	26.709
FL	1.310	0.73	0.570	5.951

图 3-10 显示了近十年企业获得环境管理体系认证的情况，由此可知，中国企业自愿进行环境管理的积极性显著提升，通过认证的企业占比从 2010 年的 47% 提升至 2019 年的 64%，反映出获得环境管理体系认证越来越成为企业的一种潮流。

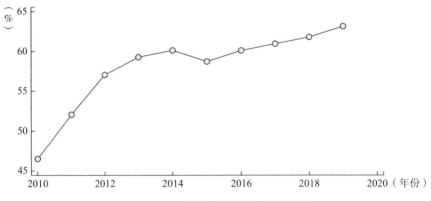

图 3-10 环境管理体系认证的通过率

此外，本书还对各变量进行了相关性分析，以初步判断变量间的关系。从相关性分析结果来看，各变量间的相关系数均低于 0.5，说明不存在严重的多重共线性问题。从相关系数大小来看，环境管理体系认证与企业社会责任感的相关系数极小且不显著，初步说明环境管理体系认证和企业社会责任感之间可能不存在简单的线性关系，这为前面的非线性假设提供了支撑；环境管理体系认证与环境管制之间负相关，但不显著，可以进一步通过实证分析验证二者的关系；环境管理体系认证与社会公众环境意识正相关，且在 1% 的水平下显著，初步验证了 H3；环境管理体系认证与短期财务绩效 *ROA* 之间负相关，但不显著，H4a 未得到验证；环境管理体系认证与长期财务绩效 *TobinQ* 之间负相关，且在 1% 的水平下显著，这与预期假设相反。相关性分析只是变量间关系的初步检验，还需通过倾向得分匹配法和多元回归进一步检验。

3.5.6 基准回归与检验分析

表 3 - 23 第（1）~（3）列是在控制变量一定的情况下，分别研究企业社会责任感、环境管制和社会公众环境意识与环境管理体系认证的关系；第（4）列显示的是同时加入三个解释变量得到的结果；第（5）列展示的是社会公众环境意识对环境管制与环境管理体系认证之间关系的调节作用。

表 3 - 23 回归结果

变量	（1）	（2）	（3）	（4）	（5）
	模型 1	模型 2	模型 3	模型 4	模型 5
CSR	- 3.962 *** (- 4.15)			- 4.070 *** (- 4.25)	
CSR^2	0.576 *** (4.20)			0.590 *** (4.28)	
ER		0.189 (1.00)		0.575 *** (2.89)	0.683 *** (3.33)
ER^2		- 0.084 (- 1.25)		- 0.171 ** (- 2.50)	- 0.225 *** (- 3.07)
PEA			1.438 *** (6.01)	1.675 *** (6.56)	1.781 *** (6.87)
PEA ×ER					2.993 *** (2.64)
PEA ×ER²					- 1.063 *** (- 2.73)
控制变量	控制	控制	控制	控制	控制
常数项	4.548 ** (2.57)	- 2.162 *** (- 2.62)	- 15.817 *** (- 6.49)	- 11.529 *** (- 3.80)	- 19.426 *** (- 7.34)

变量	（1）	（2）	（3）	（4）	（5）
	模型 1	模型 2	模型 3	模型 4	模型 5
N	3610	3610	3610	3610	3610
IND	Yes	Yes	Yes	Yes	Yes
$YEAR$	Yes	Yes	Yes	Yes	Yes

注：＊、＊＊和＊＊＊分别表示10％、5％和1％的显著性水平，括号内为 t 值，下表同。

（1）企业社会责任感（CSR）对企业开展环境管理体系认证意愿的影响

对比表 3 - 23 第（1）列和第（4）列的回归结果可以看出，企业社会责任感对企业开展环境管理体系认证意愿的影响是确定存在的，一次项系数显著为负，二次项系数显著为正，且均在 1％ 水平下通过显著性检验，这说明社会责任感对企业开展环境管理体系认证意愿的影响呈 "U" 形，假设 H1 得到验证。当企业整体的社会责任感处于较低水平时，此时企业开展环境管理体系认证的意愿反而较高，这可能是因为在其他企业尚未开展积极的环境管理时，如果企业能自愿进行环境管理体系认证，就相当于企业选择了差异化的环境战略，这可能会为企业带来差异化的竞争优势，使企业获得更高的政府认同和利益相关者认可，树立良好的企业形象和拥有较好的投融资环境，这反过来也进一步增强了企业进行环境管理体系认证的主动性（姜广省等，2021）。这里需要说明的是，企业社会责任感数据来自和讯网，是社会对企业社会责任行为的评价而非企业内部的社会责任意识。如果企业得分较低，说明社会对企业的环境管理措施和污染控制能力比较不满意，这反映出企业在主动承担环境责任方面确实做得还不够，暴露出企业自身的社会责任意识比较淡薄。因此，企业社会责任感采用社会评分来衡量具有一定的客观性和合理性。此外，由样本企业社会责任感均值（3.333）位于 "U" 形曲线左侧不远处可知，当前我国 A 股工业企业的整体社会责任感水平偏低，抑制了企业开展环境管理体系认证的意愿。

（2）环境管制（*ER*）对于企业开展环境管理体系认证意愿的影响

对比表 3－23 的第（2）列和第（4）列得出，加入其他两个解释变量后，环境管制一次项系数在 1% 的水平下显著为正，二次项系数在 5% 的水平下显著为负，这说明环境管制对环境管理体系认证的影响呈倒"U"形，这与于鹏等（2020）的研究结论相似，假设 H2a 得到验证。对比第（2）列和第（4）列还可以看出，环境管制的系数正负性没有改变，只是显著性水平明显提升，这反映出环境管制对环境管理体系认证的影响有可能通过其他解释变量得到增强，这为后面的调节效应检验提供了依据。当环境管制处于较低水平时，环境管制强度提升会促进企业进行污染治理，此时开展环境管理体系认证有助于促进企业环境管理的标准化、科学化，确保企业采用的原材料、生产工艺、加工方法，以及企业生产的产品使用和后期处置等都符合国家环境标准和法规要求，从而可以降低企业被处罚的风险和成本。但是当环境管制强度达到较高水平后，企业环境管理水平普遍提升，企业难以通过获得环境管理体系认证获得差异化竞争优势或良好的企业社会形象，为此企业开展环境管理体系认证的意愿就会减弱。此外，从样本企业所受环境管制的均值（0.687）来看，当前我国的环境管制强度正处于倒"U"形的左侧，反映出当前持续加强环境管制会提升企业开展环境管理体系认证的意愿。

（3）社会公众环境意识（*PEA*）对企业开展环境管理体系认证意愿的影响

表 3－23 的第（3）列和第（4）列中，社会公众环境意识的系数均在 1% 的水平下显著为正，这说明社会公众环境意识对企业开展环境管理体系认证意愿产生正向影响，假设 H3 得到验证。随着经济发展水平和社会公众受教育程度的不断提高，社会公众的环境意识逐步增强，他们会更加重视环境保护理念的践行，倾向于积极维护自己的环境权益，能较好地发挥环境监督作用，同时也会更看重产品的绿色化。所以社会公众对绿色发展的需求会促进企业加强环境治理（Tian et al.，2016）。在经济发展和公众力

量的推动下，企业会选择进行环境管理体系认证以体现企业的环保理念，因而企业开展环境管理体系认证的意愿会提升。

（4）社会公众环境意识（*PEA*）在环境管制影响企业开展环境管理体系认证意愿中的调节作用

从表 3-23 第（5）列中的回归结果来看，社会公众环境意识和环境管制的一次项和二次项的交互项系数在 1% 的水平下显著，这说明社会公众环境意识增强了环境管制对于企业开展环境管理体系认证意愿的倒"U"形影响，假设 H2b 得到验证。由前文内容可知，样本企业环境管制强度尚处于倒"U"形的左边，所以此时社会公众环境意识增强可以使其充分发挥环保监督作用。一方面，公众的环保诉求通过监督机制加大政府的环境管制力度和完善相关环境政策（张国兴等，2019），包括对企业的环境监管和政府自身行为的环境责任追责；另一方面，公众的环保需求通过市场机制反馈给企业，那些积极开展绿色创新和绿色生产的企业在优胜劣汰中持续发展。

3.5.7 倾向得分匹配分析

（1）倾向得分匹配法

企业进行 ISO14001 认证一定程度上是根据自身经营情况做出的选择，且环境管理体系认证需要投入较多的认证成本和维护成本，因此企业的财务绩效越好越可能进行认证，这可能会造成研究样本的自我选择偏差。为了克服选择偏差的问题，本书采用倾向得分匹配法（Propensity Score Matching，PSM）对样本企业进行处理。根据 PSM 方法，本书将 2010~2019 的总样本分为两组，通过 ISO14001 认证的企业作为处理组，未通过 ISO14001 认证的企业作为控制组。

倾向得分匹配法的理论框架是"反事实框架"即"鲁宾因果模型"，这一模型的核心在于比较同一个研究对象在接受干预和不接受干预状态下的结果差异。本书研究 ISO14001 认证对企业财务绩效的影响，即研究如果企业未通过 ISO14001 认证，处理组的财务绩效会发生什么变化，这就是反事实情况。本书通过计算通过认证企业的倾向得分，匹配出与通过认证企业具有相似特征的未通过认证的企业，并将其作为控制组，用处理组和控制组的财务绩效之差反映 ISO14001 认证对于财务绩效的影响，研究通过环境管理体系认证企业的平均处理效应（Average Treatment Effect，ATE），ATE 表示处理组和控制组的期望值之差。ATE 定义如下：

$$ATE = E(FP^T - FP^C | ISO = 1) = E(FP^T | ISO = 1) - E(FP^C | ISO = 0) \quad (3-11)$$

其中，FP 表示财务绩效，T、C 分别表示处理组和控制组；ISO 表示 ISO14001 认证情况，即企业通过取值为 1，否则为 0。

按照以下步骤进行倾向得分匹配分析。①选择适当的协变量，以企业规模（$SIZE$）、产权性质（$ENID$）、企业年龄（AGE）、所在地区（REG）、资产负债率（ALR）、财务杠杆（FL）为特征变量，使用 Logit 回归计算倾向得分。②进行倾向得分匹配，选用半径匹配法和核匹配法将样本中的处理组和控制组进行合理配对。③根据匹配结果估计其 ATE 值，以此来分析 ISO14001 认证对于企业财务绩效的影响。

（2）匹配变量的合理性检验

使用倾向得分匹配法需要满足两个前提条件：①"共同支撑假设"，即通过 ISO14001 认证的企业与未通过 ISO14001 认证的企业的分布形态一致，处理组和控制组之间存在重叠部分；②"平衡性假设"，即通过 ISO14001 认证的企业与未通过 ISO14001 认证的企业在匹配变量上不存在显著性差异。

为了保证所选择匹配变量的合理性，本书先进行平衡性检验，结果如表 3-24 所示。在匹配前，除了财务杠杆（FL）在处理组和控制组之间的偏差在 5% 的水平下不显著外，其余变量均有显著的差异（$p < 0.05$）。在匹配后，AGE、REG、$ENID$、ALR、$SIZE$、FL 的偏差的绝对值均小于 5%，且 t 检验不显著。这表明匹配后的处理组和控制组不存在明显的差

异，所选择的匹配变量是合理的。

表 3 - 24　平衡性检验

变量	匹配状态	均值		偏差		T 检验	
		处理组	控制组	偏差（%）	下降幅度（%）	t	p > | t |
AGE	匹配前	17.049	17.782	− 14.3		− 4.27	0.000
	匹配后	17.049	17.149	− 1.9	86.71	− 0.64	0.522
REG	匹配前	2.343	3.073	− 39.3		− 11.79	0.000
	匹配后	2.343	2.321	1.1	97.20	0.41	0.681
ENID	匹配前	0.554	0.609	− 11.2		− 3.33	0.001
	匹配后	0.554	0.555	− 0.3	97.32	− 0.11	0.911
ALR	匹配前	0.428	0.440	− 7.2		− 2.14	0.032
	匹配后	0.428	0.429	− 0.8	88.88	− 0.26	0.793
SIZE	匹配前	22.775	22.664	8.3		2.48	0.013
	匹配后	22.775	22.772	0.2	97.59	0.06	0.954
FL	匹配前	1.294	1.332	− 5.2		− 1.55	0.121
	匹配后	1.294	1.307	− 1.8	65.38	− 0.58	0.560

（3）ISO14001 认证对企业财务绩效的 ATE 估计结果

第一，ISO14001 认证与短期财务绩效。表 3 - 25 报告了环境管理体系认证对短期财务绩效的处理效应，利用半径匹配法进行配对分析得出，环境管理体系认证显著降低了短期财务绩效。由表 3 - 25 可知，在匹配前，通过认证的企业的短期财务绩效小于未通过认证的企业，此时 t 值为 − 0.48，表示负向差值不显著；匹配后，通过认证的企业的短期财务绩效仍小于未通过认证的企业，且 t 值大幅度下降为 − 2.31，通过了 5% 水平的显著性检验。从匹配后的结果得出，通过 ISO14001 认证的企业短期财务绩效为 0.065，未通过 ISO14001 认证的企业短期财务绩效为 0.069，ATE 值为 − 0.004，假设 H4a 得以验证。同理，核匹配法的 ATE 值也为 − 0.004，且在 5% 水平下显著，假设 H4a 再次得以验证。由此可见，两种匹配方法的结果均显示，通过环境管理体系认证不仅不能增加企业短期财务绩效,反而还会降低企业的短期财务绩效,这与 He 等(2015)的研究结果相似。可能的原因是,开展环境管理体系认证的初期需要投入大量资金,用于新设备的采购、工艺改进和员工培训,甚至会涉及原材料供应商的重新洗牌等,且环境管理体系认证具有周期长的特点,短期内不能为企业带来较为显著的收益。换言之,短期的巨大投资难以得到充足的收入补偿,导致企业短期财务绩效下降。进一步,短期财务绩效下降会削弱企业开展 ISO14001 认证的意愿。

表 3-25   短期财务绩效的倾向得分匹配

被解释变量	样本	匹配方法	处理组	控制组	差值	标准差	t 值
ROA	匹配前	—	0.065	0.066	-0.001	0.002	-0.48
	匹配后	半径匹配	0.065	0.069	-0.004	0.002	-2.31
		核匹配	0.065	0.069	-0.004	0.002	-2.51

第二,ISO14001 认证与长期财务绩效。由表 3-26 可知,采用半径匹配法进行配对分析时,在匹配前,通过认证的企业的长期财务绩效小于未通过认证的企业,且 t 值为 -4.45,表示在 5% 的水平下负向差值显著;匹配后,通过认证的企业长期财务绩效同样小于未通过认证的企业,且 t 值为 -4.20,其绝对值大于 1.96,故负向差值也在 5% 的水平下显著。从匹配后的结果得出,通过 ISO14001 认证的企业的长期财务绩效为 1.984,未通过 ISO14001 认证的企业的长期财务绩效为 2.175,ATE 值为 -0.191,反映出通过认证的企业长期财务绩效同样小于未通过认证的企业。在核匹配的匹配方法下,开展 ISO14001 认证对企业长期财务绩效的 ATE 值通过通过了 1% 的显著性检验且为负值,与未通过环境管理体系认证的企业相比,通过认证的企业长期财务绩效表现并不理想。这一检验结果表明,企业实施环境管理体系认证没有提高企业长期财务绩效反而使其具有下跌趋势。这可能是因为,近些年国家对环境污染的惩罚力度加大,尤其是政府的环境责任问责制以及生态环境损害终身追责制度的

推行，使企业面临前所未有的环境合规压力，加之环境治理的历史欠账较多，所以当前一段时间内，企业必须加大环境保护投资，这不仅影响企业的短期财务绩效而且影响企业的长期财务绩效（Hojnik and Ruzzier，2017），导致企业长期财务绩效下降。

表 3 - 26   长期财务绩效的倾向得分匹配

被解释变量	样本	匹配方法	处理组	控制组	差值	标准差	t 值
TobinQ	匹配前	—	1.984	2.165	-0.181	0.041	-4.45
	匹配后	半径匹配	1.984	2.175	-0.191	0.046	-4.20
		核匹配	1.984	2.197	-0.213	0.045	-4.77

3.5.8   稳健性检验与异质性分析

（1）稳健性检验

为保证实证结果的稳健性，本书通过以下三种方法进行稳健性检验。①考虑变量的滞后期。鉴于解释变量和被解释变量可能存在互为因果的关系，为了保证研究结论的可靠性，本书参照周泽将等（2018）的做法，将核心解释变量企业社会责任感（CSR）、环境管制（ER）、社会公众环境意识（PEA）全部滞后一期来处理内生性问题。②增加控制变量。董事会是制定企业战略的主体，其治理水平的高低直接影响企业的发展方向和环境管理行为，同时其也是影响企业是否开展环境管理体系认证的重要内部力量，故本书将董事会治理（BG）作为遗漏变量纳入回归中开展稳健性检验。董事会治理水平采用独立董事占董事会总人数的比例衡量。③选取子样本进行回归。企业的行业特征会对企业开展环境管理体系认证的意愿产生显著影响，因此参照钟鹏等（2021）的做法，本书选取制造业企业（约占总样本量的80%）进行回归，以检验研究结果是否稳健。表 3 - 27 为稳健性检验的结果，其中滞后一期对应的是将核心解释变量滞后进行回归得出的结果。将表 3 - 27 与表 3 - 23 对比后发现，其回归结果总体保持一致，因此本书的实证结论是稳健的。

表 3 - 27 稳健性检验

变量	滞后一期		增加控制变量		子样本	
	（1）	（2）	（3）	（4）	（5）	（6）
CSR	− 4. 253 *** （− 4. 21）		− 4. 122 *** （− 4. 29）		− 4. 640 *** （− 4. 55）	
CSR^2	0. 623 *** （4. 30）		0. 597 *** （4. 32）		0. 669 *** （4. 55）	
ER	0. 620 *** （2. 83）	0. 714 *** （3. 14）	0. 561 *** （2. 83）	0. 669 *** （3. 28）	0. 548 ** （2. 55）	0. 684 *** （3. 07）
ER^2	− 0. 196 *** （− 2. 61）	− 0. 237 *** （− 2. 95）	− 0. 168 ** （− 2. 47）	− 0. 222 *** （− 3. 06）	− 0. 161 ** （− 2. 17）	− 0. 221 *** （− 2. 73）
PEA	1. 641 *** （6. 14）	1. 747 *** （6. 40）	1. 672 *** （6. 55）	1. 779 *** （6. 86）	1. 332 *** （4. 95）	1. 444 *** （5. 27）
$PEA \times ER$		2. 835 ** （2. 36）		2. 988 *** （2. 64）		3. 411 *** （2. 82）
$PEA \times ER^2$		− 0. 963 ** （− 2. 37）		− 1. 064 *** （− 2. 75）		− 1. 173 *** （− 2. 79）
$ENID$	0. 020 （0. 24）	0. 056 （0. 69）	0. 007 （0. 10）	0. 0470 （0. 61）	− 0. 088 （− 1. 10）	− 0. 040 （− 0. 51）
REG	− 0. 147 *** （− 6. 93）	− 0. 130 *** （− 5. 88）	− 0. 139 *** （− 6. 82）	− 0. 122 *** （− 5. 79）	− 0. 157 *** （− 7. 20）	− 0. 136 *** （− 5. 99）
AGE	− 0. 062 *** （− 6. 13）	− 0. 061 *** （− 6. 12）	− 0. 064 *** （− 6. 76）	− 0. 064 *** （− 6. 75）	− 0. 044 *** （− 4. 43）	− 0. 044 *** （− 4. 43）
ALR	− 0. 190 （− 0. 70）	− 0. 124 （− 0. 47）	− 0. 142 （− 0. 55）	− 0. 082 （− 0. 33）	0. 158 （0. 58）	0. 251 （0. 95）
$SIZE$	0. 133 *** （3. 21）	0. 137 *** （3. 59）	0. 161 *** （4. 12）	0. 157 *** （4. 33）	0. 068 （1. 56）	0. 055 （1. 37）
FL	− 0. 028 （− 0. 46）	0. 008 （0. 14）	− 0. 048 （− 0. 79）	0. 010 （0. 17）	− 0. 118 * （− 1. 87）	− 0. 041 （− 0. 69）
BG			− 1. 790 *** （− 2. 67）	− 1. 743 *** （− 2. 61）		
常数项	− 10. 399 *** （− 3. 28）	− 18. 695 *** （− 6. 70）	− 11. 006 *** （− 3. 62）	− 19. 017 *** （− 7. 18）	− 5. 328 * （− 1. 67）	− 14. 161 *** （− 5. 05）
N	3249	3249	3610	3610	3150	3150
IND	Yes	Yes	Yes	Yes	NO	NO
$YEAR$	Yes	Yes	Yes	Yes	Yes	Yes

第一，企业社会责任感对企业开展环境管理体系认证意愿的影响。表3－27的第（1）列、第（3）列和第（5）列中，社会责任感的一次项系数都为负数，二次项系数都为正数，且均在1%的水平下显著，说明采用核心解释变量滞后一期、增加控制变量、在子样本中进行回归等方法后，企业社会责任感与企业实施环境管理体系认证意愿之间仍然呈"U"形关系，假设H1再次得到验证。第二，环境管制对企业开展环境管理体系认证意愿的影响。表3－27的第（1）列、第（3）列和第（5）列中，环境管制的一次项系数均为正数，二次项系数均为负数，且至少在5%的水平下显著，说明环境管制对企业开展环境管理体系认证意愿的影响仍然呈倒"U"形，假设H2a再次得到验证。第三，社会公众环境意识对企业开展环境管理体系认证意愿的影响。表3－27的第（1）列、第（3）列和第（5）列中，社会公众环境意识的系数分别为1.641、1.672和1.332，且均在1%的水平下显著，说明提升社会公众环境意识可以显著增强企业开展环境管理体系认证的意愿，假设H3再次得到验证。第四，社会公众环境意识在环境管制影响企业开展环境管理体系认证中的调节作用。表3－27的第（2）列、第（4）列、第（6）列中，社会公众环境意识与环境管制一次项的交互项系数均显著为正，与环境管制二次项的交互项系数均显著为负，说明社会公众环境意识能进一步增强环境管制与企业开展环境管理体系认证意愿之间的倒"U"形关系，假设H2b再次得到验证。

（2）异质性分析

第一，产权性质对比。不同产权性质的企业肩负的历史使命或社会责任不同，企业自身的发展定位也存在差异，故其开展环境管理体系认证的意愿也会有所不同。在中国的政治背景下，政府作为重要的资源分配者，是企业外部支持的重要来源，这也就导致企业履行社会责任存在目的性，企业很可能通过履行社会责任来获取政府资源。国有企业往往与政府存在千丝万缕的政治关联关系，且国有资产的公有属性也决定国有企业不仅要追求经济利益、履行一般意义上的企业社会责任,而且应该肩负起国家大任和民族重任,即国有企业具有天然的政治责任,自然也需要承担更多的社会责任。在 2010~2019 年所选研究样本中,国有企业的 ISO14001 认证的平均通过率为 55.6%,非国有企业的 ISO14001 认证的平均通过率为 61.2%。为了揭示不同产权性质下企业社会责任感、社会公众环境意识和环境管制对企业开展环境管理体系认证意愿的影响,本书按照国有企业和非国有企业分组进行 Logit 回归。具体回归分析如下。

企业社会责任感(*CSR*)回归系数对比。从表 3-28 中可以看出,企业社会责任感对企业开展环境管理体系认证意愿的"U"形影响同时存在于非国有和国有企业中。进一步计算得到,非国有企业和国有企业的 *CSR* 均值分别为 3.297 和 3.358,说明国有企业的社会责任感水平高于非国有企业,但在拐点处的 *CSR* 取值分别为 3.258 和 3.611,即非国有企业的社会责任感均值距离曲线拐点更近,即非国有企业对于社会责任感提升的反应更敏捷,社会责任感水平的提升会更早地对非国有企业开展环境管理体系认证的意愿产生正向作用。随着社会责任感提升,非国有企业会更早地意识到开展环境管理体系认证的重要性,并更加踊跃地开展已获得社会公众认可的环境管理体系认证,增强企业的市场竞争力,故非国有企业会更快地实现障碍性因素向驱动性因素的转化。国有企业的社会责任感水平整体较高,在追求经济利益的同时,其承担的社会责任也多是政治责任。另外,考虑到国有资产的特殊性,国有企业的经营活动有较多约束条件,其经营策略往往较为稳健,从而会放弃具有一定挑战性的绿色创新投资。此外,国有企业的所有权与经营权分离,政企关系不清晰,监督机制不完整,使得其运营模式不利于绿色创新,开展环境管理体系认证的倾向性较低。

表3–28　产权性质分组回归结果

变量	直接效应		调节效应	
	（1）非国有	（2）国有	（3）非国有	（4）国有
CSR	−5.324 ***	−3.871 ***		
	（−3.25）	（−3.17）		
CSR^2	0.817 ***	0.536 ***		
	（3.46）	（3.05）		
ER	1.466 ***	0.143	1.554 ***	0.316
	（4.08）	（0.57）	（4.33）	（1.22）
ER^2	−0.389 ***	−0.073	−0.474 ***	−0.119
	（−3.11）	（−0.86）	（−3.69）	（−1.34）
PEA	2.819 ***	1.026 ***	2.662 ***	1.117 ***
	（6.65）	（3.06）	（6.11）	（3.29）
$PEA \times ER$			1.060	4.365 ***
			（0.57）	（2.75）
$PEA \times ER^2$			−0.659	−1.277 **
			（−1.07）	（−2.26）
控制变量	控制	控制	控制	控制
常数项	−16.144 ***	−7.253 *	−24.308 ***	−14.317 ***
	（−3.25）	（−1.85）	（−5.52）	（−4.23）
N	1497	2083	1497	2083
IND	Yes	Yes	Yes	Yes
$YEAR$	Yes	Yes	Yes	Yes

第二，企业规模对比。规模不同使得企业资源禀赋存在差异，为了揭示企业社会责任感、环境管制和社会公众环境意识对企业开展环境管理体系认证意愿的影响是否会因企业规模不同而产生显著的差异，本书按照企业规模大小进行分组检验，其中，定义企业规模大于中位数的为大企业，小于中位数的为小企业。一般而言，规模较大的工业企业在环境污染治理方面可发挥其规模经济优势，且大企业的环境声誉损失更为严重，因此，为了避免因违反环境法规而产生违规成本，大企业进行环境管理体系认证的可能性更大。小企业数量较多，政府监管的难度较大，所以其所承受的环境管制压力较小，自愿进行环境管理体系认证的可能性

也会较低。在 2010～2019 年所选研究样本中，大企业的 ISO14001 认证的平均通过率为 61.3%，小企业的 ISO14001 认证的平均通过率为 54.6%，这表明大规模企业进行环境管理体系认证的情况总体上要好于小企业，这与学者 Murmura 等（2018）的研究结论相同。具体回归分析如下。

环境管制（ER）回归系数对比。回归结果如表 3 – 29 所示，大规模组的环境管制的一次项和二次项系数分别为 0.645 和 – 0.197，均在 5% 的水平下显著；在小规模组中，环境管制的一次项系数在 10% 的水平下显著为正，二次项系数不显著。这说明规模异质性会调节环境管制与企业开展环境管理体系认证意愿的关系。环境管制对企业开展环境管理体系认证意愿的倒 "U" 形影响只在大企业中显著，这种情况的可能原因有两点。其一，企业规模越大，其人力、物力和财力越雄厚，企业环境治理的组织管理经验和技术支持也会明显优于小企业，且大企业开展环境治理的外部融资环境要好于小企业，信息获取等交易费用大幅度降低，从而能最大限度地将资金投入环境治理中。其二，通常情况下，大企业的污染物排放量会更大，更易于被国家或地方政府列为环保重点监管对象，其环境污染行为面临的行政处罚和社会监管的压力会更为突出，违规成本的增加会提高企业对环境问题的敏感性，所以大企业会根据环境管制政策变化，权衡违规成本和环境治理成本并及时做出决策，并能通过 "规模效应" 降低环境认证的单位固定成本（刘和旺等，2019），从而大企业在环境管制压力下会显著增强开展环境管理体系认证的意愿。而当环境管制强度提升到一定程度后，大企业开展环境管理体系认证的意愿不升反降，这可能与大规模组织管理带来的人员冗余、决策效率降低和对市场反应迟缓等有关。

表 3 – 29　企业规模分组回归结果

变量	直接效应		调节效应	
	（1）小规模	（2）大规模	（3）小规模	（4）大规模
CSR	– 6.227 *** （– 4.50）	– 1.622 （– 1.14）		

续表

变量	直接效应		调节效应	
	（1）小规模	（2）大规模	（3）小规模	（4）大规模
CSR^2	0.923 *** （4.57）	0.212 （1.05）		
ER	0.581 * （1.89）	0.645 ** （2.37）	0.885 ** （2.54）	0.680 ** （2.48）
ER^2	−0.168 （−1.50）	−0.197 ** （−2.16）	−0.300 ** （−1.97）	−0.214 ** （−2.32）
PEA	1.966 *** （5.27）	1.529 *** （4.17）	2.141 *** （5.59）	1.556 *** （4.19）
$PEA \times ER$			4.899 *** （2.93）	1.412 （0.82）
$PEA \times ER^2$			−1.730 *** （−2.82）	−0.493 （−0.83）
控制变量	控制	控制	控制	控制
常数项	−7.871 * （−1.83）	−10.462 ** （−2.47）	−19.976 *** （−5.46）	−13.832 *** （−3.88）
N	1805	1805	1805	1805
IND	Yes	Yes	Yes	Yes
$YEAR$	Yes	Yes	Yes	Yes

第三，企业社会责任感对比。企业社会责任感作为内部影响因素，对企业开展环境管理体系认证发挥重要作用，一方面，企业通过认证建立"绿色声誉"（Halkos and Skouloudis，2018）；另一方面，企业通过认证向外界传递其环保信号，以降低企业与利益相关者的信息不对称。前文回归分析中发现，企业社会责任感对企业开展环境管理体系认证的意愿产生"U"形影响，由此推出，不同水平的企业社会责任感对企业认证意愿的影响存在差异。基于此，本书依据企业社会责任感的中位数将企业分为高社会责任感企业组和低社会责任感企业组，进一步探索环境管制与社会公众环境意识等外部因素的作用结果是否存在差异。

由表3-30可知，社会公众环境意识的调节作用只显著存在于社会责任感较高的企业中。在高社会责任感企业组中，社会公众环境意识和环境管制二次项的交互项系数在1%的水平下显著为负，这说明企业社会责任感较高时，社会公众环境意识能显著地发挥对环境管制对企业开展环境管理体系认证意愿影响的强化效应，即在社会公众和政府的双重监督下，企业开展环境管理体系认证的意愿将发生较大变化。在环境管制强度较低时，社会公众环境意识会正向调节环境管制对高社会责任感企业开展环境管理体系认证意愿的促进作用，出现这一结果可能是因为企业的生存离不开社会的各个方面，高社会责任感的企业会回应社会公众的期待，社会公众的监督作用也会进一步增强环境管制政策的影响，使得企业开展环境管理体系认证的意愿提高。社会责任感高的企业会更广泛地参与履行社会责任的活动，更敏锐地识别出企业所面临的风险和机遇，并会不断评估利益相关者和绿色创新的关系，所以外部监督环境的变化，将显著影响企业管理者的环境战略决策。社会责任感较低的企业通过减少研发成本来提高企业盈利能力的动机较强，往往会通过挤出创新支出来缓解企业的融资压力，其基于经济利益的决策动机决定了社会公众环境意识和环境管制对其开展环境管理体系认证意愿的交互影响不明显。

表 3 – 30　企业社会责任感分组回归结果

变量	直接效应		调节效应	
	（1）社会责任感低	（2）社会责任感高	（3）社会责任感低	（4）社会责任感高
ER	0.125 (0.44)	0.907 *** (3.19)	0.181 (0.62)	1.121 *** (3.77)
ER^2	−0.061 (−0.64)	−0.257 *** (−2.59)	−0.101 (−0.99)	−0.351 *** (−3.24)
PEA	2.024 *** (5.43)	1.334 *** (3.78)	2.074 *** (5.50)	1.515 *** (4.17)
$PEA \times ER$			0.844 (0.54)	5.164 *** (3.06)

变量	直接效应		调节效应	
	（1）社会责任感低	（2）社会责任感高	（3）社会责任感低	（4）社会责任感高
$PEA \times ER^2$			-0.427 (-0.80)	-1.812^{***} (-3.14)
控制变量	控制	控制	控制	控制
常数项	-22.335^{***} (-5.75)	-15.648^{***} (-4.37)	-23.016^{***} (-5.83)	-17.332^{***} (-4.72)
N	1805	1805	1805	1805
IND	Yes	Yes	Yes	Yes
$YEAR$	Yes	Yes	Yes	Yes

3.5.9 研究结论与政策启示

本书以沪深 A 股工业行业上市企业为研究对象，基于 2010～2019 年的 3610 个样本观测值，从多方面实证分析了企业开展环境管理体系认证的驱动性因素和障碍性因素，得出以下结论。

第一，从全样本分析结果来看，企业社会责任感与企业开展环境管理体系认证意愿之间呈"U"形关系，政府环境管制强度与企业开展环境管理体系认证意愿之间呈倒"U"形关系，且研究期内样本企业社会责任感均值和环境管制强度均值均位于曲线拐点的左侧，社会公众环境意识会显著提升企业开展环境管理体系认证的意愿，并且其在环境管制影响企业开展环境管理体系认证意愿中起到正向调节作用。通过倾向得分匹配法研究得出，开展环境管理体系认证会降低短期财务绩效和长期财务绩效，这有助于解释为何有的企业不愿主动开展环境管理体系认证。出现这一结果可能是由于当前企业对于环境管理体系认证各环节不够重视，无法严格管控环境管理体系认证过程中产生的成本。此外，如果企业将重点放在获得认证而不是建立坚实的环境管理体系上，那么企业将采用最低限度的方式满足环境管理体系认证的要求，从而不能获得长远的创新收益，使得开展环境管理体系认证不能提升企业的长期财务绩效。

第二，进一步从企业的产权性质、规模和社会责任感三个方面进行异质性检验，研究结果显示，从产权性质来看，国有企业和非国有企业的社会责任感与开展环境管理体系认证意愿均存在显著的"U"形关系，但是非国有企业对社会责任感的变化更敏感，可能会更早到达拐点，产生正向促进作用。从企业规模来看，环境管制的倒"U"形影响只在大企业中显著。从企业社会责任感来看，社会公众环境意识和环境管制的交互作用会因企业社会责任感高低而出现显著差异，这种交互作用在高社会责任感企业中更明显。这些异质性检验结果有助于解释为何不同企业开展环境管理体系认证的驱动性因素和障碍性因素大不相同。

基于此，本书从企业和政府两个角度提出以下政策启示。

第一，从企业的角度看，我国工业企业社会责任感处于较低水平且与企业开展环境管理体系认证意愿呈负向关系，这启示企业应积极履行社会责任，把生态文明建设与企业的社会责任紧密结合起来，正确把握社会责任与绿色技术创新的关系，努力将社会责任感转化为开展环境管理体系认证的驱动性因素。同时企业开展环境管理体系认证并未提升企业财务绩效，说明很多企业缺乏内在驱动力，因此建议企业以积极主动的环境战略为导向，借助科学的环境治理工具——ISO14001认证实施以预防为主、全过程控制的管理措施；切实通过进行环境管理体系认证提升企业环境管理水平，减少成本支出、提升治理效率，在进行环境管理的同时获得长远收益和持续提升财务绩效。

第二，从政府的角度看，首先，作为市场监管者，政府应完善环境监督体系，通过外部压力督促企业加强环境管理、主动开展环境管理体系认证，切实通过企业绿色技术创新水平的提升实现绿色化转型发展。鉴于我国目前环境管制强度仍然较低，政府应持续提高环境标准，提高环境违法成本，同时把握好管制力度和作用方式，让政府环境管制成为引领企业绿色发展的重要力量，避免把政府推力转化为企业发展的阻力。其次，在落实环境管制政策时应充分考虑企业的异质性，针对企业的产权性质、规模和社会责任感等，制定差异化的环境管制政策，使得政策实施更具针对性，最大化激发企业参与环境管理体系认证的积极性。鉴于国有企业对环境管制的敏感性较低，政府应调整环境管制政策的设计以调动国有企业进行绿色技术创新的积极性；对于无法积极跟进政策的小规模企业，可以提供资金等方面的支持，加大对小规模企业的政策倾斜力度；对于社会责任感较低的企业，针对其环保意识较弱的问题，加强环境教育的同时配套相关惩罚措施，多举措督促其增强社会责任意识、勇于进行环境管理创新。最后，要充分发挥社会公众监督对于企业绿色技术创新的驱动作用，运用民众喜闻乐见的方式提高全民环保素质。同时，积极完善社会公众环保投诉渠道，发挥社会公众或第三方组织在环境督察、环境审查和环境问责机制中的重要作用，增强社会公众环境意识在环境管制影响企业环境管理体系认证意愿中的促进作用，形成政府、企业、社会公众的良性互动机制。

4

企业环境战略对绿色技术创新的影响

4.1 环境战略的历史沿革与影响因素

4.1.1 环境战略的国际背景

1992 年在里约热内卢召开的联合国环境与发展大会，标志着世界人民对于环境保护问题的关注上升到了新的高度。会后关于环境与发展问题的讨论，直接促进了更多国家，特别是发达经济体的环境战略的出台。美国聚焦绿色能源领域，通过推出《美国复苏与再投资法案》，鼓励能源行业的清洁化转型，促进碳储存和碳捕获、新型电池、智慧电网和可再生能源等技术的研发和落地。德国重点发展绿色生态工业，特别是鼓励汽车行业进行绿色生产技术研发和环境资格认证，使科技型公司快速增加，绿色经济蓬勃发展。韩国则大力推行低碳绿色增长，发展生态工程，通过出台《碳中和与绿色增长基本法》，推动现有产业的清洁化，加强对碳排放大户的监管，并培育新的环保产业。随着经济全球化的推进，污染全球化也成了不容忽视的世界性问题，这使得传统的一国之内的环境治理模式已经无法适应当前扩散化的环境问题。联合国环境规划署发布的《全球环境展望 6》呼吁，当前地球已经遭受严重的破坏，各国应该变革不可持续的生产和消费模式，加快推进紧急而有效的跨部门联动、跨国界合作，以共同实现世界级别的"绿色革命"。

企业作为国民经济体系的支柱，无疑是这场"绿色革命"中最主要、最积极的参与者。为应对外界环境管制以及世界范围内环境问题带来的新挑战，制定有效的绿色创新战略，加快企业环境效益与经济效益的双向协同发展，构建企业竞争优势，成为当今战略管理学界的一个热点问题。在该领域，学者们主要通过探讨环境战略的不同选择、环境战略对企业组织能力的影响等问题，以更深入地解读环境战略、绿色创新对于企业竞争力的作用模式。总体上，发达经济体对于环境战略的制定和落实与绿色创新的研究均走在世界前列，由政府牵头，企业与高校、科研院所联合响应的绿色创新模式，体现出明显的产学研紧密结合的倾向。

4.1.2　环境战略的历史沿革

（1）环境战略的国际发展

环境战略论最初是由 Carroll 于 20 世纪 70 年代末提出的，当时，企业为应对外部环境压力而选择采取这一战略以承担社会责任，但并没有引起巨大的反响（见图 4-1）。之后 Hart（1995）在 20 世纪 90 年代以企

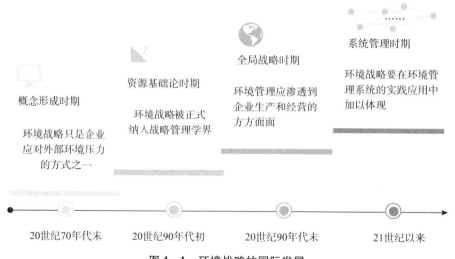

图 4-1　环境战略的国际发展

业与自然环境的关系为中心，提出了自然资源基础观。自然资源基础观中的环境战略论分析了环境战略给企业发展带来的机会和威胁，并且认为自然环境对企业的市场竞争力起着重要作用。Hart 认为，在环境保护和可持续发展受到外部利益相关者重视时，企业需要将环境战略纳入资源基础理论。另外，Hart 还提炼出环境战略的三大要素：污染防治，即最小化排放物，提升原材料的利用效率；产品管理，即全面评估产品从生产到销售的环境成本；可持续发展，即在满足当代人需要的基础上，保证后代人的需求也得到满足。

20 世纪 90 年代初，自 Walley 和 Whitehead（1994）质疑 Porter（1991）的《美国的绿色战略》（America's Green Strategy）以来，学术界开始了一场有关企业环境战略绩效的大讨论，即"企业变绿是否有回报"。从此，环境战略问题被正式纳入战略管理学界的讨论范围。尽管早期的组织战略和战略管理理论都强调企业适应环境的重要性，但是由于时代的局限，这两种理论都欠缺对于自然环境的重视。例如，Shrivastava（1995a）和 Hart（1995）都认为传统战略管理理论的狭隘之处在于，它们只强调了政治、经济、社会和技术等因素对企业的影响，而忽略了自然环境在企业外部环境方面的重要作用。之后的资源基础论则认为，企业竞争优势来自企业内部条件和外部条件的共同作用。值得深思的是，虽然该理论肯定了自然资源对于企业成长的重要作用，却忽视了其他自然环境因素，例如污染、灾害和气候给企业发展带来的影响。人类经济活动和自然环境是对立统一的矛盾关系，任何企业的经济行为都无法脱离自然环境的约束，而破坏环境和穷尽资源给企业带来的影响有时是无法估量的。

在 Hart 之后，Sharma 和 Vredenburg（1998）等学者拓展了资源基础论，确立了环境战略在战略管理研究领域的重要地位。在可持续化浪潮席卷全球的大背景下，各国学者纷纷指出，企业需要将环境问题和对策提升到企业战略层面进行考量。在具体执行层面上，Sharma 和 Henriques

（2005）认为，环境战略必须放在一个全局性的战略高度上，环境战略并不是一个部门的战略，环境管理也并不完全是企业治污技术的应用，真正的环境管理应该渗透到企业生产和经营的方方面面，从新品研发、原料采购、供应链管理，到产品生产、分销、使用，再到废物回收利用等整个过程，节能减排的理念应该贯彻到产品的整个生命周期。Sharma 等学者关于环境战略的研究突破了传统理论研究的窠臼，环境管理系统的广泛应用切实影响到了一些企业管理策略的制定。根据 Darnall 和 Edwards（2006）的研究，截至 2003 年，美国采用环境管理系统的企业已经达到了 3553 家。

20 世纪末或 21 世纪初，一些环保先锋国家先后制定了开拓性的环境战略，突出体现为欧美国家的环境主管部门和政府组织纷纷制定了中长期环境规划和发展目标，以减少对环境的毁灭性开发，从而提高人民生活水平。2002 年 4 月，英国自然环境研究委员会与科学家、企业和公民联合提出"为可持续的未来而科研"（Science for a Sustainable Future）计划；2003 年 9 月 30 日，美国环境保护署向国会提交了《2003—2008 年环境战略计划》，主要针对水资源、空气污染、土地保护、社会健康体系和环境服务体系提出了五大战略目标；加拿大在 2003 年发表了环境计划和优先研究领域报告，确定了其在三年内的优先研究领域等；欧盟从内部和外部环境政策两大角度提出环境行动计划，并确定了环境保护的重点领域。

（2）环境战略在中国的发展

过去一段时间，我国的经济特别是工业经济持续保持高速粗放式增长，这导致大气污染、水污染等环境问题越发严重，能源危机也在逐渐凸显。中国科学院研究数据表明，中国环境治理成本远高于世界其他国家的平均水平，环境污染每年给我国造成的经济损失占 GDP 的 8% ~ 15%（童健等，2016）。作为一个发展中大国，创新绿色技术，寻求可持续发展，是中国应有的国际担当。1972 年中国代表出席联合国环境会议，对中国环境意识的影响非常大。自此，中国开始了生态环境污染的治理。

在此过程中，随着国家经济的腾飞、社会观念的进步和群众环保意识的提升，我国环境保护水平也在不断提高，环境战略与政策也在逐渐完善和发展（吴舜泽等，2020），概括起来我国环境战略的发展共经历了以下五个阶段（见图4-2）。

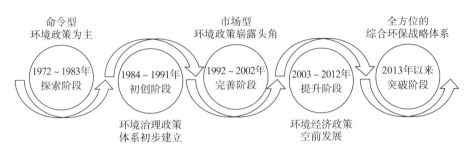

图4-2 我国环境战略的发展阶段及特征

第一阶段为探索阶段，时间为1972~1983年，这一阶段初步探索了工业"三废"处理问题并确定了重点治理城市，但只局限于环保法律法规手段，主要表现为命令型环境管制政策。第二阶段为初创阶段，时间为1984~1991年，这一时期国家正式将环境保护上升为一项基本国策，特别地，1989年的第三次全国环境保护大会提出了"三大政策"（即预防为主防治结合的政策、谁污染谁治理的政策、强化环境管理政策）、"八项制度"（即环境影响评价制度、三同时制度、排污收费制度、环境保护目标责任制度、城市环境综合整治定量考核制度、排污申请登记与许可证制度、限期治理制度、集中控制制度），自此中国初步建立了结合自身国情的环境治理政策体系。第三阶段为完善阶段，时间为1992~2002年，这一阶段的特点是环境政策发展与社会主义市场经济体制发展进一步融合，环境治理的政策手段也逐渐丰富，具体表现为排污许可制度的试点、环保投资渠道的明确以及鼓励式的环境经济政策和经济手段有所增加。第四阶段为提升阶段，时间为2003~2012年，随着科学发展观的提出，环境经济政策得到了空前的发展，与环境保护有关的产业政策相继出台，各类环境经济政策如生态补偿、绿色信贷、绿色保险等不断涌现，这一

185

阶段的亮点是我国逐渐建立起综合的环境治理政策体系。第五阶段为突破阶段，2013 年以来，生态文明建设被纳入中国特色社会主义事业总体布局，环境治理政策体系进一步完善，企业在环境治理中的地位进一步上升，逐渐形成了党委负责、政府牵头、企业主导、组织推动、群众参与的大环保大绿色发展格局。

处于新时期的中国，环境治理步入了新阶段、呈现新特征，同时也不可避免地遇到了新问题。随着我国在世界经济中的地位不断提升以及嵌入全球价值链的日益加深，我国的环境问题不仅阻碍了人民生活水平和经济发展水平的提高，也随着全球化分工的推进，对世界范围内的生态体系建设和国际环境保护产生了深远影响。在此背景下，党的十九届五中全会通过的《中共中央关于制定国民经济和社会发展第十四个五年规划和二〇三五年远景目标的建议》（简称《建议》）提出，要加快构建以国内大循环为主体、国内国际双循环相互促进的新发展格局。《建议》指出，国内国际双循环相互促进是中国经济高质量发展的内在需求。其中，加快推进企业绿色技术创新是提高循环效能、提升发展质量的关键一招。坚持贯彻"创新、协调、绿色、开放、共享"新发展理念，进一步提高企业绿色创新能力，是贯彻落实我国可持续发展战略的题中之义，既是国家复兴的必然要求，也是企业发展的必要选择。

随着国际国内环境管制强度的提高和消费者环境保护意识的增强，我国企业也逐渐意识到，只有促进绿色生产技术升级，才能更好地保护自然资源、改善生态环境。因此，探索新时代下行之有效的环保手段，已逐渐成为我国企业制定战略时不容忽视的考量因素。企业只有从自身出发，将绿色创新纳入战略体系，才能从根本上解决环境污染与自身发展之间的问题，才能获得可持续的效益增长。无论是在内生性的绿色创新方面（包括加大企业绿色技术方面的 R&D 人员和经费投入等），还是在外生性的绿色创新方面（包括利用区域间绿色技术的溢出效应进行创新等），我国企业都做出了一些有益的尝试，但由于企业主体自身具有逐利性，绿色创新手段"有名无实"的现象时有发生。因此，有必要通过更具有国际视野、更具有实践意义的绿色技术创新研究规范和指导企业的绿色技术创新，从而进一步促进经济与环境保护的协调发展，减少污染排放和能源浪费，提升人民的生活质量。

随着环境战略相关理论的发展和完善，许多学者根据研究目的的不同，对环境战略进行了多样化的分类，对这些分类方式的梳理为本书的环境战略异质性分析提供了良好的理论基础。张嫚（2004）将环境战略分为正式环境战略和非正式环境战略，并提出正式环境战略的发起者是政府，而非正式环境战略的发起者是公众。张弛和任剑婷（2005）则按照适用范围将环境战略区分为出口国环境战略、进口国环境战略和多变环境战略。金碚（2009）将环境战略分为命令－控制式、经济方式和产权方式，其中命令－控制式是政府直接对企业环境行为进行限制和控制，经济方式是通过实施相关措施将外部成本内部化，产权方式是在明确产权之后推行环保产权交易。由于各国所处的环境状况不同，企业所面临的环境问题也会有较大差异，因此在制定战略目标时，应依据本国国情解决本地主要环境问题。这些环境战略计划都具有相似性，具体表现为以下几个特点。首先是较强的实践性，环境战略的目标制定、指标设计和措施执行的方方面面都具体而明确，比如每个主目标下都以子目标的形式制定详细可操作的行动方案。其次是较强的针对性，环境战略在制定时都会确定优先关注的领域，优先集中力量解决困扰当前本地环境保护的重大问题。再次是较强的协调性，这些战略规划注重多部门联动，例如重视开展跨学科研究，并通过企业将研究成果投放市场等。最后是较高的透明度，这些战略的制定者重视信息的公开，政府和媒体通过各种渠道发布环境信息，让国民了解自己的生活环境，以提高国民的环境意识与参加环境保护和环境管理活动的积极性。

开展环境战略对于企业绿色技术创新的影响研究具有重要价值。从学术角度看，本书研究有助于丰富企业环境战略的理论研究成果。长期以来，学者往往侧重于从消费者、竞争对手和政府等利益相关者的角度探索企业技术创新的影响因素，关于环境战略对企业绿色技术创新的影响缺少系统性的研究，更缺乏一致性的研究结论，因此，本书从环境战略这一角度探索其对企业绿色技术创新的影响方式和作用程度，通过分析上市公司的绿色技术创新成果数据，发掘环境战略对企业绿色技术创新的作用机制，为战略管理理论的发展提供了重要的实证素材，有助于丰富企业创新战略理论的研究内容。从实践应用角度看，本书研究为企业绿色发展提供重要的实践指导。发达国家进入工业化社会的时间更早，其应对工业污染、发展绿色技术的经验也更加丰富，分析这些国家的企业如何进行绿色技术创新，有助于为中国等发展中国家提供许多可借鉴的经验。为此，本书研究从国际化的视野对工业企业绿色发展理论做新的阐释和补充，既对比分析中国与其他国家环境战略的不同，也将中国企业和外国企业的绿色技术创新成果和实施路径相对比，从而提炼出具有普适性的绿色创新发展模式，为企业绿色发展的实践增添全球化的思路，使企业绿色转型更加符合全球化的发展趋势。

4.1.3 环境战略的内涵与影响因素分析

（1）环境战略的内涵

环境战略是一个较为笼统的概念，学界较为认同的定义是，环境战略是经济主体针对自然环境问题而形成的战略，是经济主体为了降低自身对自然环境的危害而采取的行动方案。与环境战略相关的定义主要集中在环境管理和环境管理体系方面，它们以环境绩效和企业绩效的综合提升为主要目的。环境管理被理解为企业环保主义、企业可持续发展等概念的复合理论体系，这些含义相近的术语不仅是世界关注的焦点，也被许多研究者和实践者从不同的角度解读。例如，Banerjee（2002）认为环境管理的最终目的不是利润，而是企业在生产经营过程中与周围环境的和谐共生，"绿色管理"已经成为企业自然生态责任中一种合法性和合理性的认知态度，是企业战略的一部分，并融入企业的日常生产经营中。

环境管理强调管理能力长期地、持续不断地提高，而不仅仅是一次性、短时间内减少污染和浪费，即经济发展方式由扩张型向均衡型彻底转变。事实上，绿色管理不仅囊括环境管理，也指持续管理和企业自我支持的发展过程。根据绿色管理的历史沿革、企业实践的总结以及学术界的相关解释，可以将企业环境战略定义为一种基于绿色创新的企业管理方式，其目的是通过技术变革实现企业自身生产经营模式的可持续化，以更好地减少污染、承担社会责任，最终获得竞争优势。

当前关于环境战略的研究主要有两大理论。一是"可持续发展范式"，其弥合了"技术主义中心"（强调人类主宰自然，鼓励无限制的经济增长）和"生态主义中心"（强调自然统治人类，必须限制经济增长）两种传统观念之间的鸿沟。该理论提出，经济的无限增长和零增长都是不可取的，人类和自然不是从属或统治的附庸与被附庸关系，而是平等互补、和谐共生的关系。二是"利益相关者"理论（Stakeholders Theory）。该理论认为，不只股东是决定公司发展的重要因素，各利益相关者对公司的发展也至关重要，因而企业不应该只为股东的利益而行动，应当从所有利益相关者的角度出发，考虑整体的利益。根据 Valentine（2010）的定义，利益相关者包括公司股东、债权方、政府部门、环境组织、民众。从这点来说，环境利益相关者确实能从侧面影响企业的运营。Shrivastava（2004）强调，从企业利益相关者的角度来看，组织应该找到将环境问题和企业战略相结合的突破口。

（2）环境战略的影响因素

环境战略是企业战略的重要组成部分，旨在降低或避免企业生产经营活动对环境的负面影响，环境战略的制定受到外部制度环境和内部组织因素的影响。学术界围绕企业环境战略的影响因素展开了深入细致的研究。

首先，从环境管制的视角看，由于环境污染具有负外部性，企业实施环境战略会受到环境管制的影响。一方面，学者认为环境管制有利于企业环境战略的制定，促使企业构建主动型的环境战略，以实现经济和环境的双赢。Jiang 等（2019）研究发现，企业为了减少污染和遵守国家法律法规，会根据地方监管机构的决策制定有关环境战略。另一方面，由于环境管制的强度不同，企业对环境战略的选择存在差异。Chen 等（2018）认为，监管较松的地区的企业并未实施合法化的环境战略，导致污染加剧；尹建华等（2019）发现，在环境管制强度提高时，企业更倾向于选择环保型的环境战略，而监管压力越大，企业越不会选择反应型战略。

其次，从利益相关者压力视角分析企业实施环境战略的动机。Alt 等（2015）基于自然资源的观点，发现企业在制定环境战略时会考虑利益相关者的共同愿景，这是企业实施积极环境战略以及推动环保工作的重要动力。潘楚林和田虹（2016）基于利益相关者理论、自然资源基础观理论和领导力理论，证实利益相关者压力对前瞻型环境战略有显著的正向影响。Liu 等（2016）把利益相关者的需求与合规能力相结合，研究发现参考和自觉的应对策略与更强的环境保护实践有关。Dai 等（2018）、Yang 等（2019）从利益相关者理论和熊彼特的竞争观、管理者认知角度入手，研究发现当企业感知到竞争者、商业压力时，企业更有可能制定积极的环境战略。

最后，从内部因素的视角看，企业内部因素如董事、管理者、创新主动性等都会影响环境战略的选择。衣凤鹏和徐二明（2014）认为，连锁董事可以提高企业的资源获取能力和降低地区制度环境的不确定性，从而对企业采取的环境战略有促进作用。和苏超等（2016）研究发现，当管理者意识到环境保护的重要性并认为环境战略是企业的发展机会时，企业更容易实施前瞻型环境战略。Perales 等（2017）研究认为，创新主动性是实施环境战略的重要驱动力。基于上述分析，企业实施环境战略主要是基于外部因素和内部因素双重作用的结果，其中内部因素是实施环境战略的主要驱动因素，外部因素如政府的环境管制和利益相关者的压力等通过内部因素起催化作用。

4.2 环境战略对企业绩效的影响研究

4.2.1 环境战略与企业绩效的相关文献评析

随着企业环境战略的不断转型，尤其是自愿型或前瞻型环境战略的不断涌现，围绕环境战略与企业环境绩效、经济绩效的研究也开始增多，并得出了一些启发性的结论，国内外文献主要从以下三个方面展开研究。①环境战略对环境绩效的影响。一部分学者认为，企业实施积极的环境战略能够改善环境绩效。Graafland 和 Smid（2017）发现，在政府监管压力下，环境战略的有效实施是提高中小企业环境绩效的最佳途径。另一部分学者认为，环境战略的实施目的是回应利益相关者的诉求，满足合法性要求，不能提高企业的环境绩效（Boirl and Henri，2012）。②环境战略对经济绩效的影响。一部分学者认为，企业实施环境战略是为了更好地提高经济绩效，并且有利于企业树立绿色形象（陈泽文、曹洪军，2019）。另一部分学者认为，企业在压力条件下选择实施环境战略，不利于企业长久发展。如 Ren 等（2020）认为，企业进行环境信息披露会增加企业的环境管理成本，强制性的环境信息披露负向影响企业经济绩效。③环境战略对环境绩效和经济绩效的影响。在研究视角方面，学者们主要从战略匹配、动态能力、生产者扩展责任等视角进行研究，实证研究发现，实施环境战略不仅有利于企业环境绩效的提高，而且能促进企业的经营绩效增加（Yu et al.，2017）。Peng 等（2018）从生产者扩展责任视角进行研究，发现积极的环境战略与环境绩效之间没有显著的关系，与经济绩效之间存在显著正相关关系。在研究方法方面，学者们采用层次回归法、轮廓偏差分析法、元分析法、多元线性回归法等方法进行了实证分析（Wu et al.，2014；迟楠等，2016；田虹、王宇菲，2019）。从研究结论看，环境战略究竟对环境绩效和经济绩效产生怎样的影响仍然存在较大争议。

综上所述，环境战略与环境绩效、经济绩效的关系已有大量学者进行研究，但由于运用的视角、理论、方法等不同，结果存在差异，这为本书分析三者之间的关系提供了可能。在研究内容上，现有文献对环境战略的外部因素和内部因素进行了深入研究，但往往将外部因素和内部因素相互割裂，忽略了企业实施环境战略受到内外部因素的联动影响，难以全面揭示环境战略与环境绩效和经济绩效之间的真实关系。另外，不同成长阶段的企业，其环境战略的管理重点和管理方式都是不同的，不同市场竞争环境下的企业环境战略也是存在差异的，因此，有必要深入分析这些内外条件的不同给企业环境战略实施带来的影响。为此，本书从企业环境战略的实施内容入手，将其分为长期环境管理和短期合法性管理两种模式，分别研究不同模式带来的环境绩效和经济绩效差异，进而为企业制定环境战略提供理论指导（王丽萍等，2021a）。此外，为更加合理地反映环境战略的内外实施条件，本书基于成长性和市场竞争性展开分组研究，以揭示内外条件对企业环境战略对环境绩效和经济绩效影响的调节效应，丰富现有研究成果。特别地，新环保法的实施对国内企业的环境战略管理冲击较大，本书将分析新环保法实施前后企业环境战略的绩效变化，以掌握我国企业环境战略的发展趋势。

4.2.2　理论分析与研究假设

（1）环境战略与环境绩效

企业实施环境战略的目的是减少其生产经营活动对环境的污染或破坏。合法性理论和利益相关者理论可以解释企业实施环境战略的动机。

合法性理论认为企业应该遵守社会的规范，在经营的过程中考虑利益相关者等对环境和社会的需求，通过实施环境战略展示自身的环保行为，证明存在合法性认同。利益相关者理论认为企业实施积极的环境战略，能够让利益相关者充分了解企业对环保的态度和决心，以此获得支持。换言之，利益相关者认为企业应重视环境绩效，不能单纯追求发展造成资源浪费和环境污染。因此，利益相关者对合法性的认同，有利于企业的协同发展，在一定程度上能够提高企业的环境绩效。由此，本书提出如下假设 H1。

H1：企业环境战略与环境绩效存在正相关关系。

成长性是企业不断增值的基础，代表了企业的可持续发展能力，是企业全要素综合生产力的反映，体现为盈利能力的提升和无形资产的增值等。现有研究主要集中在成长性对机构投资者行为选择、权益资本成本的影响上（佟岩等，2019），对成长性与环境战略的关系探讨比较缺乏，关于成长性调节作用的实证研究更少。实际上，成长性与企业实施环境战略紧密相关，一方面，高成长性的企业能为环境战略的实施提供财力和技术支撑；另一方面，高成长性的企业往往能将环境战略作为企业成长的一个重要方面，并通过实施环境战略，向外界传递企业的战略规划、战略目标和战略措施，使利益相关者对企业的成长潜力进行全面的评估和判断，降低因信息不对称而影响企业成长的风险。基于以上分析，本书提出如下假设 H2。

H2：成长性在环境战略影响环境绩效中起到正向调节作用。

市场竞争是市场经济的基本特征，企业产品的市场竞争性反映了企业在同类或近似产品市场中的地位。市场竞争越激烈，越有利于通过外部市场对企业管理者的行为进行管制，这有助于提高企业实施环境战略的积极性，并提升管理效果。一方面，基于市场竞争，利益相关者能够通过对比同行业竞争对手的环境绩效，对企业的环境绩效进行更加客观的研判。另一方面，激烈的产品市场竞争促使股东、管理者等自觉履行各自职能，尤其是管理者会为提高环境绩效而努力工作。外部市场和环境战略的叠加效应共同推动企业环境绩效的提高。因此，本书提出如下假设 H3。

H3：产品市场竞争在环境战略影响环境绩效中起到正向调节作用。

（2）环境战略与经济绩效

随着可持续发展理念不断深入人心，消费市场、投资市场和政府部门加强了对企业环境治理的监督和支持，这为企业经济绩效的提升创造了机会。首先，积极的环境战略意味着企业会投入更多的资金、人力和时间，开展绿色技术创新活动，通过生产环境友好型产品持续获得消费市场支持，赢得品牌优势和竞争优势（李创，2016）。其次，积极的环境战略意味着企业不断优化内部管理，提高生产效率，减少资源浪费和降低污染治理成本等，进而提高经济绩效。最后，积极的环境战略意味着企业会积极承担社会责任，赢得政府组织、社区和机构投资者等利益相关群体对企业的认可，降低遭受环境处罚的风险，以较低的成本吸引更多的资金，从而改善企业的经济绩效。基于以上分析，本书提出如下假设 H4。

H4：企业环境战略与经济绩效存在正相关关系。

成长性是企业在经营、管理和发展过程中的综合能力表现，通过提升企业的创新能力、社会声誉等不断提升经济绩效。单春霞等（2017）对深圳中小板上市企业的分析得出，成长性显著正向调节技术创新与企业绩效的关系。许照成和侯经川（2019）对中国制造业上市公司的研究发现，成长性能够加强创新投入对企业绩效的提升作用。此外，核心竞争力理论认为，企业实施的环境战略是核心竞争力的重要体现，能够提升企业的经济绩效。基于此，本书提出如下假设 H5。

H5：成长性正向调节企业环境战略与经济绩效的正相关关系。

企业外部市场的变化和内部战略的调整引起的竞争环境变化会影响企业经济绩效。而且在我国市场经济体系法律制度不健全的背景下，产品市场竞争可以通过市场进入准则、市场份额等影响企业环境战略与经济绩效的关系。一方面，当产品市场竞争程度相对较低时，企业的独特性优势相对明显，如果企业考虑环境战略的复杂性、风险性和回报性，不愿实施更高水平的环境战略，就会导致企业无法通过环境战略进行绿色生产、扩展市场等，从而降低经济绩效。另一方面，当产品市场竞争程度相对较高时，企业间产品"同质化"现象严重，企业更倾向于扩展已有的市场，而不愿实施不确定性程度高的环境战略，使得企业缺乏主动向市场传递环境战略实施效果的动力，错失抢占市场先机的机会，这会抑制企业经济绩效的提升。由此，本书提出如下假设 H6。

H6：企业环境战略与经济绩效间的正相关关系随市场竞争程度的提高而被削弱。

4.2.3 变量设计与数据来源

（1）被解释变量

本书的被解释变量有两个，环境绩效（EP）和经济绩效（OEP）。

第一，环境绩效（EP）。环境绩效的衡量在国外和国内不尽相同。在国外有两种主流的方法衡量环境绩效，即美国有毒物质排放清单（Toxic Release Inventory，TRI）数据库披露的企业有毒物质排放清单或者经济优先事项理事会（The Council on Economic Priorities，CEP）指标，但国内这种权威的数据披露较少。为此，一些学者采取定量和定性的方法来测度环境绩效。在定量方面，衡量环境绩效的指标主要包括环境支出、环境投入等（张长江等，2019），但是学术界对环境支出、环境投入等尚未形成统一理解，公司内部披露的相关成本和费用口径差异很大，且环境支出属于投入型指标，衡量环境绩效存在一定的问题。在定性方面，衡量环境绩效的指标主要包括是否获得环境荣誉称号、是否因环境问题受到处罚以及处罚的类型等（张正勇、李玉，2018），这些指标较为单一，难以全面反映企业的环境管理情况。因此，本书根据全球报告倡议组织发布的《可持续发展报告指南》（G4 中文版），从环境、行为、愿景等不同方面反映企业的环保情况，并结合 Henri 和 Journeault（2008）对环境绩效的指标设置，将环境绩效分为管理绩效、公益绩效和生产绩效，具体指标选取和变量赋值见表 4-1。本书结合 Clarkson 等（2008）的内容分析法，将定性描述转化为定量指标，按照未披露/披露、定性/定量结合的原则对文字内容进行量化打分，分值为 0~2 分，最终得到每个公司的环境绩效综合得分。

表 4-1 环境绩效指标选取和变量赋值

单位：分

代表维度	变量名称	变量赋值
管理绩效	ISO 环境管理体系认证	0~2
	是否披露社会责任报告	0~2
公益绩效	企业的环保公益活动	0~2
生产绩效	"三废"污染物的排放情况	0~2
	节约能源的措施和技术	0~2
	清洁生产的措施和技术	0~2

注：定量评分过程中首先根据是否存在该项指标的内容评定为 0 分或 1 分，然后再根据是否有量化信息进一步评定为 1 分或 2 分。以 ISO 环境管理体系认证为例，如果企业没有获得该认证则记为 0 分，获得该认证记为 1 分，如果有进一步的量化信息披露，则记为 2 分。

第二，经济绩效（OEP）。经济绩效是企业财务状况的综合反映。现有文献对经济绩效的衡量指标主要包括资产收益率、Tobin-Q 值、权益资本成本等。考虑到采用单一指标不利于全面反映企业的经济发展水平，本书结合国资委公布的《中央企业综合绩效评价实施细则》中设定的指标，并借鉴张爱美等（2018）对经济绩效指标的选择，同时从偿债能力和盈利能力两方面衡量企业的经济绩效，具体包括流动比率、总资产净利润率、息税前利润与资产总额比、长期资本收益率。这样一方面能避免在回归模型中因经济变量过多而产生的多重共线性问题，另一方面也能够较全面地反映出企业整体的经济绩效。这 4 个都是正向指标，即数值越大，企业的经济绩效就越高。在此基础上，通过因子分析法和主成分分析法对经济绩效的 2 个维度共计 4 个指标进行合成处理，最终得到经济绩效综合评价指数，从而实现以单一指标代替多指标简化变量的目的。

（2）解释变量

环境战略（ES）是本书的解释变量。本书认为环境战略是内部管理和外部合法行为的统一体，考虑利益相关者的实际需求和企业个性化的特征，将环境战略进一步分为环境管理和环境合法性。环境管理是公司治理的重要方面，支持环境战略的有效实施，能够改变整个企业的经营方向，防范与环保相关的潜在危险。本书将环境管理分为环境管理人员、环境教育培训费用、环境目标和管理层的环境价值观、环保投入。环境合法性强调有效应对外在威胁，反映一个公司的环境倡议和遵守环境规范的情况。本书将环境合法性分为排污许可证申请、是否受到环境处罚、新环境法规对企业经营的影响、是否获得环境奖励等。基于以上分析，环境战略指数主要通过环境管理和环境合法性两个分维度来测度，而各维度指数又通过不同的基础指标来反映。环境战略除了排污许可证申请、新环境法规对企业经营的影响这两个变量赋值为 0、1 外，其余指标赋值均为 0、1、2，赋值原理同前面的环境绩效。在信息编码基础上，借鉴汤亚莉等（2006）的方法，环境战略指标值采用某公司环境战略条目（共计九个条目）的得分之和与最佳环境战略条目得分之和的比值来计量。

（3）调节变量

企业在不同成长阶段的环境战略不同，企业在不同的市场竞争环境下的环境战略也存在差异，因此，本书主要从企业成长性和市场竞争性两个视角展开分析。调节变量主要是成长性（GRO）和市场竞争性（MC）。

第一，成长性（GRO）反映企业不断挖掘未利用资源进行发展的能力。本书借鉴单春霞等（2017）的做法，成长性采用主营业务收入增长率衡量。此外，将成长性高于中位数的企业样本归为高成长性组，低于中位数的企业样本归为低成长性组。

第二，市场竞争性（MC）反映企业在竞争环境中获取相对竞争优势的能力。现有文献衡量市场竞争性的指标主要有两种：一是行业间的企业竞争指标，如赫芬达尔—赫希曼指数和熵指数；二是行业内的企业竞争指标，如勒纳指数和主营业务利润率。本书认为，行业内的企业竞争比行业间的企业竞争对企业环境战略的影响大，故借鉴 Chang 等（2015）的做法，采用主营业务利润率即营业收入减去营业成本和营业税金及附加之后的剩余与营业收入的比值衡量市场竞争性。显然，市场竞争性指标越大，表示竞争程度越高。因此，本书将市场竞争程度高于中位数的企业样本划入强市场竞争组，将低于中位数的企业样本归入弱市场竞争组。

（4）控制变量

为了更好地解释研究变量之间的内生性关系，对其他重要因素进行控制是极为必要的。本书在选取控制变量时借鉴了吕明晗等（2018）的研究方法，最终选取企业上市年龄、研发支出、股权集中度、所有制性质等四个变量。

综上所述，本书变量定义情况如表 4-2 所示。

表 4-2　变量定义

变量类型	变量名称	变量符号	变量定义
被解释变量	环境绩效	EP	内容分析法
	经济绩效	OEP	合成综合评价指数
解释变量	环境战略	ES	内容分析法
调节变量	成长性	GRO	主营业务收入增长率
	市场竞争性	MC	（营业收入 - 营业成本 - 营业税金及附加）/营业收入
控制变量	上市年龄	AGE	2018 年 - 公司上市年份
	研发支出	$R\&D$	研发支出占营业收入比重
	股权集中度	$H5$	前 5 大股东的持股比例相加
	所有制性质	OWN	国有记为 1，非国有记为 0

样本企业选取中国沪深 A 股上市的重污染行业的企业，并采取以下做法进行进一步筛选。第一，重污染行业更需要实施积极的环境战略，重污染企业是我国各级政府和社会环保组织监管的重点对象。2010 年环境保护部发布的《上市公司环境信息披露指南（征求意见稿）》列出了 16 个重污染行业，本书根据其确定研究对象具有一定的合理性。另外，参考"证券之星"的标准行业检索，借鉴季晓佳等（2019）的分类，最终选择纺织服装皮毛业、石化塑胶业、生物医药业和造纸印刷业的企业为初选样本。一方面，这些行业属于典型的高耗能、高耗水、高排放的传统重污染行业，它们的转型升级对于我国生态文明建设至关重要；另一方面，这些行业的市场竞争较充分，更有利于揭示外界压力，尤其是利益相关者对企业环境战略的影响。第二，剔除研究期内出现 ST 或 *ST，以及相关数据缺失严重的上市公司。最终得到 110 家样本公司，共计 550 个观测值。研究周期为 2014～2018 年。

本书所需环境战略的数据通过查询企业的年度报告、社会责任报告，以及从全国排污许可证管理信息平台、全国重点污染源信息公开网站和省重点污染源信息公开网站上获得，其他财务指标来源于国泰安数据库。此外，为了避免极端值对实证研究的干扰，本书对相应的连续型变量进行了 1%、99% 分位点的缩尾处理。

4.2.4 模型建立与描述性统计

基于以上理论分析的基本思路，在充分借鉴现有相关研究的基础上，本书对环境战略对环境绩效的影响设定如下模型：

$$EP_{it} = a_0 + \alpha_1 ES_{it} + \alpha_2 GRO_{it} + \alpha_3 MC_{it} + \sum_{i=4}^{7} \alpha_i Control_{it} + \varepsilon_{1it} \quad (4-1)$$

$$EP_{it} = b_0 + \beta_1 ES_{it} + \beta_2 GRO_{it} + \beta_3 ES_{it} \times GRO_{it} + \sum_{j=4}^{7} \beta_j Control_{it} + \varepsilon_{2it} \quad (4-2)$$

$$EP_{it} = c_0 + \eta_1 ES_{it} + \eta_2 MC_{it} + \eta_3 ES_{it} \times MC_{it} + \sum_{m=4}^{7} \eta_m Control_{it} + \varepsilon_{3it} \quad (4-3)$$

$$EP_{it} = d_0 + \lambda_1 ES_{it} + \lambda_2 GRO_{it} + \lambda_3 MC_{it} + \lambda_4 ES_{it} \times GRO_{it} +$$

$$\lambda_5 ES_{it} \times MC_{it} + \sum_{n=6}^{9} \lambda_n Control_{it} + \varepsilon_{4it} \qquad (4-4)$$

其中，i 表示企业，t 表示时间；a_0、b_0、c_0、d_0 为公共截距；α、β、η、λ 为各个变量的回归系数；$Control$ 表示控制变量，包括 AGE、$R\&D$、$H5$、OWN；ε 为随机扰动项。

公式（4-1）是为了整体检验环境战略与环境绩效的关系，公式（4-2）、公式（4-3）分别是检验成长性、市场竞争性对环境战略与环境绩效关系的调节作用，公式（4-4）是将成长性、市场竞争性纳入统一分析框架，合并检验它们对环境战略与环境绩效关系的调节作用。将上述公式中的被解释变量环境绩效（EP）替换为经济绩效（OEP），其他保持不变，就可以检验环境战略对经济绩效的影响及各种调节效应。为避免累赘，文中不再重复列举。

如表4-3所示，结合方差、中位数和平均值的关系来看，企业间环境战略的差异较小，企业间环境绩效和经济绩效的差异都比较大，这是本书研究的出发点。另外，研发支出、股权集中度的方差相对较小，说明这两个指标比较稳定；企业的成长性、市场竞争性指标的差异较大，为后面的调节作用的深入分析提供了依据。此外，大多数变量的方差都小于均值，说明离散系数相对较小，样本的稳定性较好。

表4-3　各变量描述性统计汇总

变量	平均值	方差	25%分位	50%分位	75%分位	最小值	最大值	样本量
ES	0.30	0.10	0.25	0.31	0.38	0.06	0.69	550
EP	4.10	2.79	2	4	6	0	11	550
OEP	0.02	1.54	-0.76	-0.12	0.65	-5.17	4.62	550
GRO	0.11	0.23	-0.03	0.09	0.22	-0.42	0.87	550
MC	0.25	0.18	0.14	0.22	0.30	-0.02	0.83	550
AGE	18.79	4.34	16	18	21	10	36	550
R&D	0.03	0.02	0.01	0.03	0.04	0	0.09	550

变量	平均值	方差	25%分位	50%分位	75%分位	最小值	最大值	样本量
H5	0.50	0.14	0.39	0.49	0.59	0.19	0.81	550
OWN	0.39	0.49	0	0	1	0	1	550

本书选用皮尔逊方法对数据进行相关性分析,结果如表 4 - 4 所示。整体来看,相关系数的绝对值均在 0.5 以下,表明变量间不存在多重共线性问题,适宜做进一步的回归分析。环境战略与环境绩效和经济绩效均在 1% 的水平下显著正相关,与预期一致。

表 4 - 4　皮尔逊相关性分析

变量	ES	EP	OEP	GRO	MC	AGE	R&D	H5	OWN
ES	1								
EP	0.215 ***	1							
OEP	0.123 ***	0.150 ***	1						
GRO	0.095 **	0.193 ***	0.319 ***	1					
MC	0.085 **	0.103 **	0.483 ***	0.250 ***	1				
AGE	0.034	0.132 ***	0.029	0.010	0.105 **	1			
R&D	- 0.034	0.169 ***	0.098 **	0.124 ***	0.470 ***	- 0.137 ***	1		
H5	0.150 ***	0.092 **	0.200 ***	0.030	- 0.029	- 0.131 ***	- 0.139 ***	1	
OWN	0.128 ***	0.171 ***	- 0.156 ***	- 0.110 **	- 0.277 ***	0.123 ***	- 0.195 ***	- 0.066	1

注: * 、 ** 、 *** 表示数据在 10% 、 5% 、 1% 的水平下显著,下表同。

4.2.5　基准回归与异质性分析

(1) 基准回归分析

第一,环境战略与环境绩效的回归分析。基于前文的理论,运用 Stata 16 软件对公式 (4 - 1) 到公式 (4 - 4) 进行回归,结果如表 4 - 5 所示。从列 (1) 看, ES 与 EP 在 1% 的水平下显著正相关,因此,假设 H1 得到验证,即企业实施环境战略能提升环境绩效。列 (2) 在列 (1) 的基础上加入成长性和市场竞争性两个变量,结果显示,成长性对环境绩效的影响非常显著（p＜0.01），而市场竞争性对环境绩效的影响不显著，因此，需进行进一步研究。列（3）和列（4）分别用于检验企业成长性和市场竞争性的调节效应，从交乘项系数及其显著性水平可以看出，企业成长性在环境战略影响环境绩效过程中的调节作用不明显，假设H2未得到验证；而市场竞争性则具有显著的正向调节作用，假设H3得到验证。可能的原因是，激烈的市场竞争使企业更加重视其环境战略，不断提升环境管理水平和增强环境合规性，从而环境绩效得以提升。列（5）反映的是环境战略对环境绩效的影响受成长性和市场竞争性共同调节，调节方向和调节程度的结果同列（4）基本一致。进一步对比得出，市场竞争性对环境战略与环境绩效关系的调节作用强于成长性。

表4-5　环境战略与环境绩效的回归结果

变量	（1）	（2）	（3）	（4）	（5）
ES	4.842 ***	4.415 ***	3.643 **	1.884	1.166
	（4.31）	（3.94）	（2.94）	（1.03）	（0.64）
GRO		2.080 ***	-0.033		1.166
		（4.18）	（-0.02）		（0.66）
MC		-0.347		-3.442 *	-4.049 **
		（-0.46）		（-1.75）	（-1.97）
ES × GRO			6.542		3.043
			（1.30）		（0.57）
ES × MC				11.218 **	11.234 *
				（2.03）	（1.94）
控制变量	控制	控制	控制	控制	控制
常数项	-1.846 **	-1.778 **	-1.581 **	-0.955	-0.812
	（-2.39）	（-2.33）	（-2.04）	（-1.08）	（-0.93）
N	550	550	550	550	550
调整 R^2	0.136	0.160	0.162	0.140	0.165

　　第二，环境战略与经济绩效的回归分析。环境战略与经济绩效的回归结果如表4-6所示。由列（1）可知，环境战略的回归系数为1.719，

且在 1% 的水平下显著，说明环境战略对企业的经济绩效具有正向影响，与假设 H4 初步吻合。列（2）在列（1）的基础上加入了成长性和市场竞争性，结果发现，这两个变量与经济绩效显著正相关，为研究二者对环境战略与经济绩效之间关系的调节效应奠定了基础。列（3）、列（4）分别检验了成长性和市场竞争性对环境战略与经济绩效关系的调节作用，由交乘项系数可以发现，这两个变量均具有显著的负向调节作用，即 H5 不成立，H6 成立。可能的原因是，成长性好的企业，往往是主营业务比较突出的企业，且市场竞争越激烈，越需要企业集中精力开拓产品市场，而不是在非核心业务的环境管理方面增加投入，进而会出现成长性和市场竞争性抑制环境战略对经济绩效的影响的结果。列（5）反映的是成长性和市场竞争性共同对环境战略对经济绩效影响的调节作用，可知二者仍是负向调节作用，只是成长性的交乘项系数在 1% 的水平下显著，而市场竞争性的交乘项系数不显著，故得出成长性的调节作用更明显。

表 4-6　环境战略与经济绩效的回归结果

变量	（1）	（2）	（3）	（4）	（5）
ES	1.719 ***	0.485	2.514 ***	2.310 **	2.036 **
	(2.70)	(0.88)	(3.74)	(2.54)	(2.32)
GRO		1.360 ***	5.549 ***		4.756 ***
		(5.54)	(6.13)		(5.54)
MC		4.325 ***		6.718 ***	4.791 ***
		(11.67)		(6.85)	(4.79)
$ES \times GRO$			-11.534 ***		-10.747 ***
			(-4.22)		(-4.15)
$ES \times MC$				-6.101 **	-1.468
				(-2.21)	(-0.52)
控制变量	控制	控制	控制	控制	控制
常数项	-2.182 ***	-1.912 ***	-2.423 ***	-2.426 ***	-2.325 ***
	(-4.98)	(-5.08)	(-5.76)	(-5.50)	(-5.48)
N	550	550	550	550	550
调整 R^2	0.082	0.325	0.182	0.293	0.348

（2）异质性分析

通过上文的描述性统计和基准回归结果可以发现，市场竞争性能正向调节环境战略对环境绩效的促进作用，成长性、市场竞争性能反向调节环境战略对经济绩效的促进作用，且描述性统计结果显示，被解释变量、调节变量的极差较大。基于此，本书将采用分组回归法进一步探索这些变量的内部差异对研究结果的影响，具体分为高成长性和低成长性、强市场竞争和弱市场竞争等组别。表4-7是环境战略对环境绩效影响的分组回归结果，表4-8是环境战略对经济绩效影响的分组回归结果。其中，G1代表高成长性组、G2代表低成长性组，M1代表强市场竞争组、M2代表弱市场竞争组。

第一，不同分组模型中环境战略对环境绩效的影响。由表4-7的G1、G2列可知，在高成长性组（G1）中，环境战略的回归系数为6.923，且在1%的水平下显著，即高成长性的企业环境战略与环境绩效呈正相关关系；在低成长性组（G2）中，企业环境战略对环境绩效的影响不显著。通过两组的环境战略系数大小得出，相比低成长性企业而言，高成长性企业的环境战略对环境绩效的促进作用更大。这是因为，高成长性企业拥有较为完善的管理机制和较快的市场扩展速度，使得企业有能力实施积极的环境战略，进而可以获得比较理想的环境绩效。

表4-7　环境战略对环境绩效的分组回归

变量	成长性分组		市场竞争性分组	
	G1	G2	M1	M2
ES	6.923 *** (4.61)	2.393 (1.47)	7.029 *** (4.32)	3.198 ** (2.01)
控制变量	控制	控制	控制	控制
常数项	-1.461 (-1.42)	-1.841 (-1.62)	-2.007 * (-1.95)	-1.384 (-1.16)
N	272	278	281	269
调整 R^2	0.188	0.104	0.174	0.098

从表 4 - 7 的 M1、M2 列可以看出，强市场竞争组（M1）中，环境战略的回归系数为 7.029，且在 1% 的水平下显著；弱市场竞争组（M2）中，环境战略的回归系数虽然通过了 5% 的显著性检验，但系数值尚不足前者的一半。这说明越是在激烈的市场竞争环境下，环境战略对环境绩效的提升作用越显著。可能的原因是，市场竞争越激烈，越有利于各方面的制度建设，市场机制就越能充分发挥作用。在激烈的市场竞争环境下，环境管制比较严格、环境监督力度较大、环境违法行为成本较高，企业更倾向于实施积极的环境战略，进而获得环境绩效。相反，在弱市场竞争地区，企业实施环境战略得不到支持与鼓励，环境绩效提升相对较弱。

第二，不同分组模型中环境战略对经济绩效的影响。基于不同的成长性和市场竞争环境，环境战略与经济绩效的回归结果如表 4 - 8 所示。从成长性分组结果可以看出，G1 中环境战略的回归系数不显著，表明高成长性企业的环境战略对经济绩效没有显著影响。G2 中环境战略的回归系数为正，且在 1% 的水平下显著，说明低成长性企业的环境战略与经济绩效呈显著的正相关关系。出现这一结果的可能原因有两个，其一，高成长性的企业实施前瞻型环境战略，并不一定是为了追求经济利益最大化，而更多的是出于承担广泛的社会责任，对国家生态文明建设做出贡献、对社区环境治理做好服务等，而这在短期内很难带来明显的经济利益；相反，低成长性的企业为了求得生存，往往把经济利益放在第一位，优先将企业资源配置到提升经济效益的业务上来。其二，本书所用的变量均是当期指标，相比经济指标而言，环境战略的实施和环境绩效的提升可能存在一定的滞后效应，尤其是长期开展积极的环境战略管理，最终一定会赢得利益相关者的青睐，进而给企业带来经济利益。

表4-8　环境战略对经济绩效的分组回归

变量	成长性分组		市场竞争性分组	
	G1	G2	M1	M2
ES	0.799 (1.05)	2.407 ** (2.50)	1.844 ** (2.36)	1.550 * (1.75)
控制变量	控制	控制	控制	控制
常数项	-1.797 *** (-3.45)	-2.093 *** (-3.11)	-1.644 *** (-2.93)	-1.867 *** (-3.18)
N	272	278	281	269
调整 R^2	0.115	0.041	0.117	0.026

从市场竞争性分组的回归结果可以看出，M1 中环境战略对经济绩效的回归系数为1.844，在5%的水平下显著；M2 中环境战略对经济绩效的回归系数为1.550，在10%的水平下显著。这说明企业环境战略的实施能够促进经济绩效的提高，且市场竞争越激烈，对经济绩效的提升作用越显著。这与党的十八大报告提出的，"大力发展社会主义市场经济，强化市场在资源配置中的基础性作用"的有关论述完全吻合。

第三，不同环境战略内容下环境绩效与经济绩效的差异。前文证实了企业的环境战略确实能够提高企业环境绩效和经济绩效。为了进一步激励企业实施积极的环境战略，有必要探究什么样的环境战略更有利于实现环境绩效和经济绩效的双赢。为此，本书从环境战略的内容出发，将其分为环境管理（EM）和环境合法性（EL）分别进行检验，结果如表4-9所示。

表4-9　环境战略的不同内容与环境绩效、经济绩效的回归

变量	EP		OEP	
	（1）	（2）	（3）	（4）
EM	6.257 *** (3.74)		1.523 * (1.85)	
EL		3.071 * (1.95)		-0.392 (-0.51)

续表

变量	EP		OEP	
	(1)	(2)	(3)	(4)
GRO	2.248 ***	2.122 ***	1.380 ***	1.392 ***
	(4.53)	(4.20)	(5.66)	(5.65)
MC	-0.607	0.064	4.214 ***	4.357 ***
	(-0.79)	(0.08)	(11.21)	(11.83)
控制变量	控制	控制	控制	控制
常数项	-1.786 **	-1.027	-2.039 ***	-1.785 ***
	(-2.32)	(-1.39)	(-5.40)	(-4.95)
N	550	550	550	550
调整 R^2	0.158	0.142	0.328	0.324

由表4-9列（1）的回归结果可知，EM 的回归系数为6.257，通过了1%的显著性检验；从列（2）可以看出，EL 的回归系数为3.071，在10%的水平下显著。这说明，在其他条件不变的情况下，企业实施环境管理战略比实施环境合法性战略能带来更高的环境绩效。同样，从列（3）、列（4）的结果也可以看出，企业实施环境管理战略比实施环境合法性战略能带来更显著的经济绩效。综合这两组结果得出，实施环境管理战略比实施环境合法性战略更有利于实现环境绩效和经济绩效的统一。究其原因主要有两点：其一，本书所指的环境管理，更多体现了企业注重生产经营过程中的污染防治、绿色技术创新，以及企业长远环境战略目标的实现等，即从内涵上加强企业的绿色文化建设，这与国家倡导的绿色发展理念不谋而合；其二，环境合法性则侧重于满足政府的环境法规或环境标准要求，为避免受到环境处罚而开展环境管理活动，这是典型的短视行为，从长远来看，停留在环境合法性的环境战略很难为企业提供持久的竞争优势。

第四，新环保法对企业环境战略与环境绩效和经济绩效之间关系的影响。我国于2015年1月1日起施行的《环境保护法》被称为史上最严厉的环保法，在打击企业环境违法行为方面可谓力度空前。基于此，本书通过分年度回归，检验新环保法实施前后企业环境战略带来的环境绩效和经济绩效的变化情况。

综合表 4 – 10 中的系数符号、显著性和数值大小可以得出，新环保法施行之后，环境战略对环境绩效的提升作用变大、变明显了，尤其是 2017 年、2018 年，ES 的回归系数从过去的不显著变为显著，这再一次证实了前文的研究假设 H1 成立。这是因为国家对环境问题的高度重视，2015 年以后一系列环境有关的法律法规密集出台，如《环境影响评价法》《建设项目环境保护管理条例》《排污许可管理条例》多次修订，我国环境制度日益完善。党的十八大以来，我国已经出台了 40 多个与环境有关的政策法规，为生态文明建设提供了强有力的制度保障。另外，在国家环境战略的总体部署下，企业环境治理的主体责任逐渐得到落实，企业层面的环境战略也在不断改进，从环境合法性战略向积极型战略转变，进而提升了环境绩效。

表 4 – 10 环境战略与环境绩效的分年度回归

变量	2014 年	2015 年	2016 年	2017 年	2018 年
ES	2.636 (1.06)	3.071 (1.34)	1.813 (0.66)	4.537 * (1.93)	4.328 ** (2.05)
GRO	2.056 (1.51)	1.768 (1.66)	0.829 (0.60)	1.319 (1.40)	− 1.654 (− 1.36)
MC	− 0.758 (− 0.48)	− 0.281 (− 0.17)	− 0.576 (− 0.32)	− 0.508 (− 0.32)	1.274 (0.93)
控制变量	控制	控制	控制	控制	控制
常数项	− 0.689 (− 0.42)	− 0.204 (− 0.12)	0.870 (0.49)	− 0.233 (− 0.12)	2.611 * (1.68)
N	110	110	110	110	110
调整 R^2	0.076	0.118	0.069	0.072	0.081

同理，表 4 – 11 是新环保法实施前后环境战略与经济绩效的分年度回归。从表 4 – 11 中可知，ES 的回归系数只有 2015 年在 5% 的水平下显著，其余年份均不显著，且新环保法实施后，2016～2018 年环境战略负

向影响经济绩效。可能的原因是，新法颁布后，明确要求企业披露环境信息以及环境战略的实施情况，加之环境违法成本增加，企业需要投入大量的时间、人力和物力，尤其是需要进行研发，短期内造成研发支出挤占了经济绩效的提升。在政府补贴不足的情况下，强制性环境约束虽然能改善企业的环境绩效，但增加了企业的环境治理成本，进而降低了企业的经济绩效，这会影响企业环境治理的积极性。而适当的政府补贴可以弱化环境管制对企业技术创新的负面影响，促进企业提前开展技术创新，即有利于企业实施前瞻型环境战略。

表 4 - 11 环境战略与经济绩效的分年度回归

变量	2014 年	2015 年	2016 年	2017 年	2018 年
ES	1.638 (1.45)	2.993 ** (2.16)	-0.600 (-0.47)	-1.489 (-1.36)	-0.979 (-0.73)
GRO	0.975 (1.58)	0.761 (1.18)	2.854 *** (4.42)	0.481 (1.09)	1.072 (1.40)
MC	5.499 *** (7.67)	4.718 *** (4.83)	4.118 *** (4.94)	4.256 *** (5.75)	3.115 *** (3.59)
控制变量	控制	控制	控制	控制	控制
常数项	-3.159 *** (-4.29)	-2.492 ** (-2.45)	-1.789 ** (-2.16)	0.041 (0.05)	-0.574 (-0.58)
N	110	110	110	110	110
调整 R^2	0.505	0.261	0.401	0.230	0.158

4.2.6 研究结论与政策启示

本书从多角度探讨了企业实施环境战略对其环境绩效和经济绩效的影响，基于以上实证研究得出如下结论与建议。

第一，企业实施环境战略能显著提升其环境绩效，且市场竞争性能正向调节环境战略对环境绩效的影响，而企业成长性的正向调节作用不显著。因此，完善市场机制、加强营商环境建设，有利于企业实施积极的环境战略，进而提升其环境绩效，这既符合企业利益最大化的目标，也符合我国生态文明建设的现实需求。

第二，企业实施环境战略能显著提升其经济绩效，但市场竞争性和企业成长性均未能发挥正向调节作用。这与我国当前的行业竞争阶段有关，这说明市场竞争越激烈，企业越需要集中精力开拓产品市场，而不是在非核心业务的环境管理方面增加投入。因此，企业需进行转型升级，实现从单纯的市场竞争向科技竞争转变。

第三，企业成长性分组回归结果表明，高成长性企业的环境战略显著正向影响环境绩效，而低成长性企业的环境战略对环境绩效的影响不显著；高成长性企业的环境战略并未带来显著的经济绩效，而低成长性企业的环境战略则带来了明显的经济绩效。市场竞争性分组回归结果表明，市场竞争越激烈，环境战略对环境绩效和经济绩效的提升作用越明显。因此，政府应精准施策，匡正企业间不良的竞争行为，防止引发"竞次"效应。必要时，设立相应的研发基金，引导企业积极开展绿色技术创新，为绿色生产和绿色消费打下坚实基础。

第四，从环境战略的实施内容看，企业只有重视长期的环境管理、加强绿色技术创新和绿色文化建设，而非满足于短期的排污达标或规避环境违法，才能实现环境绩效和经济绩效的双赢。因此，企业必须从可持续发展的高度，深入贯彻党中央提出的新发展理念，尤其是"绿色"和"创新"理念，这样才能在未来的竞争中永保优势。

第五，新环保法实施前后，企业环境战略带来的环境绩效确实发生了重大变化，无论是在作用大小方面还是在作用显著性方面，新环保法实施以后，环境战略带来的环境绩效表现都较好。但新环保法实施以后，企业实施环境战略带来的经济绩效不升反降。新环保法的实施有力促进了企业在环保方面的投入，绿色发展理念正在形成，但鉴于我国企业科技创新能力相对较低，加之环保研发方面的历史欠账较多，短期内可能会损失一部分经济利益。因此，地方政府既要强化执法，也要从服务企业的角度，帮助企业降低其遵守新环保法的成本，政企合作，共同实现环境效益和经济效益的协调统一。

4.3　环境战略对企业绿色技术创新影响的实证研究

4.3.1　环境战略与绿色技术创新的相关文献评析

环境战略对企业绿色技术创新的影响机制一直是学界关注的重点，总体来说，学界对此问题存在三种不同的看法（见表4–12）。

表4–12　环境战略对企业绿色技术创新影响的主流观点

时间	发展阶段	代表观点
20 世纪初期	新古典主义时期	环境战略的实施增加了企业的环境管理成本，从而会对企业的绿色技术创新产生负面影响
20 世纪 80 年代	创新补偿理论时期	企业通过技术创新规避环境管制带来的负面影响，进而赢得先发优势
21 世纪初以来	复杂作用时期	环境战略与绿色技术创新之间存在"U"形动态关系

其一，环境战略对企业绿色技术创新起抑制作用。新古典理论认为，环境保护增加了企业的生产成本，从而影响了企业的技术创新能力。遵循成本假说指出，环境战略的实施增加了企业的环境管理成本，在静态的环境下，这会占用企业的研发资金，从而会对企业的绿色技术创新产生负面影响。Wagner（2007）基于德国制造业的研究指出，在一定程度上，环境战略执行强度越高，企业专利数量增加越慢。Pandej（2008）对美国制造业的研究表明，随着环境战略执行强度的提升，绿色技术的无效率也在提高。

其二，环境战略对企业绿色技术创新起促进作用。创新补偿理论指出，在动态的环境下，企业为了降低成本，首先会通过技术创新规避环境管制带来的负面影响，进而赢得先发优势。这方面的实证成果也比较多，Meier 和 Cohen（2003）、Hamamoto（2006）分别以美国和日本的制造业为研究对象展开研究，均发现环境战略对企业环境专利的申请起促进作用。

其三，环境战略对企业绿色技术创新的影响不是简单的抑制或促进。很多学者的实证检验提出，环境战略与企业绿色技术创新并非简单的正向或负向线性关系。例如，蒋伏心等（2013）的研究表明，在实施前期，环境战略会抑制企业绿色技术创新，而在实施后期，环境战略则会促进企业绿色技术创新，这两者之间存在"U"形动态关系。

随着环境战略研究的深度推进，还有学者将环境战略细分，进而探讨不同类型环境战略对绿色技术创新的影响，并尝试研究环境战略对绿色技术创新影响机制的异质性。彭星和李斌（2016）将环境战略分为命令型战略、经济型战略和自发型战略，研究指出，在5%的显著性水平下命令型战略与企业绿色技术创新不存在"U"形动态关系，而经济型战略则有利于进行企业绿色技术升级，自发型战略对企业的绿色技术创新影响不显著。叶琴（2017）则将环境战略分为命令型战略和市场型战略，运用混合回归模型与系统GMM方法研究了不同环境战略对绿色技术创新的影响，结果发现，尽管命令型战略对绿色技术创新的即期作用是负面的，但滞后一期的命令型战略对绿色技术创新起促进作用，其影响程度大于市场型战略。

以上文献研究了不同类型环境战略对企业绿色技术创新的影响，对本书研究具有很高的参考价值，但也存在以下几点不足。首先，尽管对于环境战略的异质性影响有了初步的探索，但是并没有比较不同的环境战略对于企业绿色技术创新的影响程度，换言之，只解答了"有没有影响"的问题，却没有解答"影响有多大"的问题。其次，在企业绿色技术创新的衡量中没有贯彻异质化的研究方法，研究很少涉及哪些类型的环境战略更能激励企业进行绿色技术创新。最后，国内学者往往从国内角度出发设计相关政策措施，而较少与国外环境战略对企业绿色技术创新的影响做比较分析。考虑到许多发达国家在环境战略和企业绿色技术创新方面的先进性，有必要在本书中加入对这些环保先行国的措施介绍和创新现状分析，这对于我国企业借鉴世界先进经验进行绿色发展战略的迭代优化大有裨益。

4.3.2 理论分析与研究假设

生态文明建设是我国现阶段高质量发展的五大重要方面之一，而绿色技术创新是生态文明建设的动力。与一般技术创新相比，绿色技术创新不仅具有经济效益的正外部性，而且具有生态效益的正外部性，即具有双重正外部性。然而，绿色技术创新的初始投资成本高、不确定性高，与其所带来的经济利益和社会利益相比，会使得作为绿色技术创新投资主体的企业内部自发进行绿色技术创新的激励性减弱，更倾向于被动创新。因此，绿色技术创新在很大程度上还需要依赖社会和制度的持续推动。

企业是绿色技术创新的核心主体，其生存目标是追求经济效益的最大化。由于企业本身并不直接享受环境效益，试图让企业自发地进行绿色技术创新具有内在逻辑的矛盾性。作为市场监管者的政府的引导和支持，可能有利于增强企业进行绿色技术创新的主动性，实现社会生态环境改善责任向更多利益相关方转移，实现"责任共担、价值共创"，以完成生态文明建设的最终目标。政府在绿色技术创新中主要通过两条路径发挥主导作用：一是政策支持，以创新研发补贴、产学研机构的技术支持和合作为主，体现在积极的激励机制中；二是环境管制，主要表现为法律规范、道德舆论压力、制度标准等形式。基于政府监管与企业环境战略的关系，本书将企业基于市场激励性措施建立的积极环境战略称为市场式环境战略，将企业基于环境法规而建立的环境战略称为强制式环境战略。另外，有较强技术实力和行业影响力的大企业，在没有受到外部强制力的干预时，也往往会出于降低环境污染和生态破坏造成的运营成本、改善企业形象等方面的考虑，积极主动地进行绿色技术创新，本书称之为内在的自发式环境战略。结合前文，本书将从环境战略形式和环境战略强度两个维度，分别剖析细分后的环境战略如何影响不同类型企业的绿色技术创新，并分析其影响的方向。

外部性理论指出，企业生产经营活动产生的排污处理费用并没有被统计进自身的成本中，而是由其他外部主体承担，这就导致企业盲目扩大生产，对环境造成持续且不可逆的负外部性。而强制式环境战略是解决这种负外部性问题的最优方案，其方式主要有出台环境保护法规、排污收费及污染罚款等。这种强制的环境约束将使得原本由其他主体承担的治污成本转为由企业承担，从而降低对总体社会效益的损害。若单纯基于上述推论，则强制式环境战略无疑会增加企业的生产经营成本，减少企业用于创新研发的资金，即产生挤出效应。但希克斯认为，强制式环境战略可诱导创新的产生，因为在制度的调控下，当污染处罚成本高于生产成本时，企业开发节能减排新技术的积极性会增强，并且波特假设也强调，环境保护政策不会增加企业成本，而是会刺激创新。Meier 和 Cohen（2003）使用美国制造业数据进行研究，发现环境监管对公司的研发和环境专利产生了显著的积极影响。此后，越来越多的文献试图分析不同类型的环境战略对绿色技术创新的影响。对环境战略有效性影响因素的分析发现，严格的强制式环境战略可以通过最小化新的合规成本，产生希克斯式的创新激励效应。从那时起，学术界就不断丰富环境监管对绿色技术创新影响的关键结果，并提供了有效的证据来支持这一观点。

波特假设指出，灵活的环境监管政策为企业提供了更大的创新动力，市场式环境战略相较于强制式环境战略，能够为企业的绿色技术创新乃至知识、技术扩散提供更强的刺激。这是因为，在强制式环境战略下，企业一旦达到了既定的环境标准，绿色技术创新的动力往往就会消失。而且强制式环境战略对于绿色技术创新的硬性规定使得企业无法自由地选择绿色创新的方向，减少了探索可持续发展的可能（Uyarra et al.，2020）。另外，如果企业达到了现有绿色创新标准，就可能会担心政策制定者提高以前的标准。但在市场式环境战略下，节能减排绩效越高，企业可以享受的补助金、减免税金和污染许可下的产品交易额就越高，这调动了企业进行绿色技术创新的积极性。Ramanathan 等（2018）研究指出，基于市场的环境管制有可能增加企业的盈余，从而使企业将更多的开发成本用于绿色技术创新。Lanoie 等（2018）指出，基于市场的环境管制更加稳定，可以减少风险、降低创新的不确定性，从而进一步鼓励企业进行长期的绿色创新投资，比临时性的强制战略更具有稳定性和可预测性。因而，市场式环境战略有助于刺激企业内部绿色技术的革新。

随着环境治理的不断深化，治理主体结构已从单一的政府主导型治理结构逐步过渡到由政府、市场和社会共同组成的多主体治理结构。特别是新环保法的出台，明确了环境治理程序诉讼制度，为公众参与环境治理提供了更多的法律保障。引导更多的公众参与环境治理，可以有效地缓解政府与市场治理之间的功能性矛盾，并通过更全面的监督来解决企业环境污染的负外部性问题，逐步内部化企业的环境成本。曹霞和张路蓬（2015）指出，在政府征收污染税的基础上，提高公众的环境保护意识，增强对环境污染的抵制和保护，可以进一步增强企业绿色技术创新的传播效果。随着公众参与度的不断提升、参与监督形式的多样化，企业越来越受到公共道德舆论的监督，从而会采取更加有利于绿色技术创新的行为。据此，本书提出如下假设。

H1a：强制式环境战略对企业绿色技术创新产生正向促进效应。

H1b：市场式环境战略对企业绿色技术创新产生正向促进效应。

H1c：自发式环境战略对企业绿色技术创新产生正向促进效应。

环境战略对于企业绿色技术创新的影响也不是一成不变的。最初，随着环境战略强度的提升，企业为降低对新规则的遵循成本，从而降低收益损失的风险，或者是受融资压力的约束，可能会在初期减少创新活动；但受到企业对新规则的逐步适应、工艺改进与技术迭代和同业竞争等的影响，企业的创新活动不仅有可能会增加，还会向绿色、可持续的变革路径上发展。另外，企业在绿色创新的探索中，会发现产品生产和环境治理的成本逐渐降低，绿色产品不仅能带来显著的经济效益，同时还会提升企业的社会信誉，故企业将进一步扩大绿色创新的规模。由此可见，企业进行绿色技术创新背后的动因十分复杂，环境战略与企业创新活动产出往往体现为一种非线性关系。原毅军和谢荣辉（2016）从环境战略形态的异质性角度指出，在基于费用的规制政策下，环境治理支出的增加对绿色全要素生产率具有抑制作用，环境治理支出在增加的过程中，会对其他活动产生挤出效应；但随着管制力度的逐步加大，低治理成本的逐渐增加可能会影响企业的日常经营，因此企业必须以创新的形式提高效率、降低成本，这将导致基于成本的环境战略与工业绿色生产力之间呈现典型的"U"形结构。据此，本书提出如下假设 H2。

H2：环境战略强度对企业绿色创新的阈值效应，使得存在最优环境战略强度促使企业绿色创新产出最大化，两者呈现倒"U"形的非线性关系。

4.3.3　数据处理与模型构建

（1）数据处理

综合以上学者的研究成果，结合研究目的和数据的可得性，本书将环境战略划分为强制式环境战略、市场式环境战略和自发式环境战略。这样的分类方式既全面概括了环境战略的实施手段，同时也简单明了，易于分类，方便相应环境战略的度量。本书环境战略强度的具体计算方法如下，首先，为了减弱量纲差和极端值对实证研究的影响，利用 SPSS 中的 Z-Score 标准化方法处理各项指标，并注意到正向指标的标准化处理与逆向指标的正向处理。处理之后的变量值围绕 0 上下波动，大于 0 说明高于平均水平，小于 0 说明低于平均水平。其次，为了确定不同类型的环境战略对企业绿色技术创新的影响大小，本书在前人研究基础上，对每个变量下的度量指标都进行贡献度比较打分，从而赋予其不同的权重，最终计算得到三种不同环境战略的综合指标数据。最后，根据标准化之后的各项指标和相应权重，得到在第 t 期的三种环境战略强度的综合指标 *MES*、*SES* 和 *ZES*。

为了保证统计口径一致，同时考虑基础数据的可得性，本书将《中国环境年鉴》《中国环境统计年鉴》作为最主要的数据来源，并在国家统计局数据库中获取 2000~2018 年相应的经济数据，对应的经济特征数据来自国泰安数据库和中国研究数据服务平台。根据世界知识产权组织（WIPO）在 2010 年发布的"国际专利分类绿色名单"确定了沪深上市公司的绿色专利申请数量和绿色专利授权数量，并以此计算企业绿色技术创新（*GTI*）。

（2）模型构建

1979 年，Zvi-Griliches 借助传统的 Cobb-Douglas 生产函数提出了知识生产函数，描述知识生产过程中生产要素投入与产出的某种组合关系。经过一系列的改进，知识生产函数已被广泛应用于技术创新及其影响因素的研究中，其表达式如下：

$$Y = AK^{\alpha}L^{\beta} \tag{4-5}$$

其中，Y 代表知识产出，一般以专利数量表示，K 代表技术创新的资金投入，L 代表技术创新的人员投入，A 代表技术创新的其他影响因素。为了消除异方差与异常值对研究的影响，本书对模型取双对数，得到如下表达式：

$$\ln Y = C + \alpha \ln K + \beta \ln L + \mu \tag{4-6}$$

结合研究目的，本书将环境战略强度及其二次项加入回归方程，并对其他相关解释变量进行控制，设置实证模型为：

$$GTI_{it} = C + \beta_1 MES_t + \beta_2 SES_t + \beta_3 ZES_t + \beta_4 MES_t^2 +$$
$$\beta_5 SES_t^2 + \beta_6 ZES_t^2 + \gamma X_{it} + \mu_{it} \tag{4-7}$$

采用最小二乘法对模型进行估计，其中，i 代表企业，t 代表时间

（期数，以年计）；GTI_{it}代表企业 i 在第 t 期的绿色技术创新（由于被解释变量为比值，无须取对数）；MES、SES 和 ZES 分别表示第 t 期的强制式、市场式和自发式环境战略；MES^2、SES^2 和 ZES^2 分别代表三种环境战略的二次项；X_{it} 表示控制变量，即上文确定的企业经济特征，包含企业总资产对数（$\ln Cap$）、企业员工数对数（$\ln Lab$）和企业年限对数（$\ln Age$）三个变量；$\beta_1 \sim \beta_6$、γ 均为待估参数；μ 为随机误差项。

4.3.4　统计分析与实证结果

（1）统计分析

主要变量描述性统计结果如表 4 - 13 所示。

表 4 - 13　主要变量描述性统计值

变量	变量含义	平均值	标准差	最小值	最大值
GTI	企业绿色专利申请数占比	0.0739	0.0372	0.0244	0.1990
MES	强制式环境战略强度	0.625	0.584	0.172	2.512
SES	市场式环境战略强度	0.794	0.459	0.229	1.730
ZES	自发式环境战略强度	0.790	0.574	0.105	2.341
$\ln Cap$	企业总资产对数	0.714	1.493	0.0298	6.312
$\ln Lab$	企业员工数对数	0.830	0.873	0.0522	2.992
$\ln Age$	企业年限对数	0.936	1.372	0.0109	5.480

企业绿色专利申请数占比最大值为 19.90%，最小值为 2.44%，平均值为 7.39%，表明企业样本在统计期间内绿色专利申请数量占所有专利申请数的 7.39%，说明我国上市企业绿色专利申请数占比较低，绿色技术创新水平仍有较大提升空间。

此外，本书还进行了多重共线性检验，解释变量的方差膨胀因子 VIF 的检验结果如表 4 - 14 所示。根据研究经验，当变量的方差膨胀因子 VIF 小于 10 时，可以认为不存在明显的共线性问题，由此本书可以进行下一步的研究。

表 4 - 14　各解释变量方差膨胀因子 VIF 检验结果

变量	VIF	1/VIF
MES	4. 29	0. 23
SES	4. 86	0. 21
ZES	3. 38	0. 30
ln*Cap*	2. 71	0. 37
ln*Lab*	2. 44	0. 41
ln*Age*	3. 57	0. 28

（2）实证结果

根据上文的模型和初步计算，运用普通最小二乘法将自变量强制式环境战略、市场式环境战略和自发式环境战略，及其二次项分别加入模型进行回归，最后再将所有自变量同时加入回归模型进行回归，回归结果如表 4 - 15 所示。

表 4 - 15　环境战略对企业绿色技术创新的回归结果

变量	(1)	(2)	(3)	(4)
	GTI	*GTI*	*GTI*	*GTI*
MES	- 0. 0578 *** (0. 0140)			- 0. 0673 *** (0. 0143)
SES		0. 0603 (0. 0717)		0. 104 ** (0. 0327)
ZES			- 0. 0406 (0. 0412)	0. 0174 (0. 0267)
MES^2	0. 0387 *** (0. 00660)			0. 0450 *** (0. 00601)
SES^2		- 0. 0264 (0. 0465)		- 0. 0736 ** (0. 0246)
ZES^2			0. 0259 (0. 0222)	- 0. 00516 (0. 0171)
控制变量	控制	控制	控制	控制

变量	（1）	（2）	（3）	（4）
	GTI	*GTI*	*GTI*	*GTI*
常数项	－ 0. 0279 （0. 0194）	－ 0. 0977 *** （0. 0243）	－ 0. 0305 （0. 0462）	－ 0. 0319 （0. 0448）
N	190	190	190	190
R²	0. 970	0. 901	0. 900	0. 987

从估计结果来看，三种不同类型的环境战略都对企业绿色技术创新有影响，且相应的影响效应存在差异，具体分析如下。

首先，强制式环境战略（*MES*）对绿色技术创新的影响系数在1%的水平下显著为负，其平方项（MES^2）的系数在1%的水平下显著为正，表明强制式环境战略对绿色技术创新的影响比较明显，且强制式环境战略与绿色技术创新存在非线性的"U"形关系，这说明只有当强制式环境战略越过拐点值时才能对绿色技术创新有明显的促进作用。

其次，市场式环境战略（*SES*）对绿色技术创新的影响系数在5%的水平下显著为正，其二次项（SES^2）的影响系数在5%的水平下显著为负，表明市场式环境战略对绿色技术创新的作用较为明显，且二者之间的非线性倒"U"形关系显著。

再次，自发式环境战略（*ZES*）对企业绿色技术创新的影响为正但不显著，其二次项（ZES^2）的影响系数为负且不显著，表明自发式环境战略对绿色技术创新的促进作用不明显，且二者之间的非线性倒"U"形关系不显著。

最后，独立考察三种环境战略对企业绿色技术创新的影响，可以看出单独使用强制式环境战略会对企业绿色技术创新产生较为显著的"U"形影响，而无论是单独使用市场式环境战略还是单独使用自发式环境战略，对企业绿色技术创新的作用均不显著。这说明强制式环境战略能够独立抑制企业绿色技术创新，而市场式环境战略和自发式环境战略独立使用将无法充分发挥作用。因此，只有将三种不同的环境战略放在一个综合的战略体系中进行整体化的运用,才能更好地发挥各环境战略独特的作用。

综合分析表明,环境战略对绿色技术创新的影响较为复杂,具体可以分为正面的"补偿效应"和负面的"抵消效应"。"补偿效应"是指,实施环境战略导致企业治污成本上升,有利于鼓励企业为了谋求最大化的经济效益而改进生产工艺或者提高治理污染水平。同时,在市场环境的刺激和绿色补贴的影响下,企业将获得更加有利的绿色发展环境,获得更充足的绿色发展资金,从而减少或抵消环境战略给企业带来的环境成本,促进企业的可持续发展。"抵消效应"则是指,环境战略的实施必然导致企业为了减少污染和对环境的破坏而调整自身生产经营模式,从而使企业污染治理成本提高,"挤出"企业的研发投入资金,这将在一定程度上阻碍企业的绿色技术创新。

将三种不同的环境战略放在一个综合的战略体系中进行研究可以发现,不同环境战略对企业绿色技术创新的影响仍存在较大差异,并且与单独考察各环境战略的影响效果不同。强制式环境战略的"技术强制性"限制了企业绿色技术创新的战略选择,当强制式环境战略的强度提升并且未越过拐点值时,"抵消效应"的影响大于"补偿效应",此时的强制式环境战略对绿色研发投入有挤出效应,阻碍了绿色创新效率的提高;不过当强制式环境战略越过拐点值时,"补偿效应"对绿色技术创新的促进作用会增大并超过"抵消效应",此时强制式环境战略有利于提高绿色创新效率。因此强制式环境战略与绿色技术创新之间将表现出"U"形关系。市场式环境战略对企业绿色技术创新的影响显著呈倒"U"形,在未到达拐点之前,市场式环境战略仍保持促进作用,这可能是因为市场式环境战略将企业的减排成本纳入政策设计的底层逻辑,运用灵活的市场力量鼓励企业盘活资源,并允许企业自由选择绿色创新技术发展的方向和绿色工艺变革的手段。相对而言,市场式环境战略对企业绿色技术创新的促进效果更为明显,市场式环境战略通过"三废"综合利用、环保科研经费投入、排污权交易和环境市场措施,增加企业绿色技术创新资金投入，使企业拥有更多的绿色专利，由此绿色创新水平得到提高。自发式环境战略对企业没有强制约束力，但能通过营造一个追求可持续发展、绿色生产经营的舆论环境和监督环境，引导企业在节能减排、绿色研发上进一步发挥主观能动性。鉴于当前企业和居民的环保意识总体上较低，而政府或非营利环保组织的社会监督工作相对薄弱，自发式环境战略敦促、引导企业投身绿色环保技术实践的作用不够明显。

4.3.5 稳健性检验

为了进一步检验计量结果的稳健性，首先，本书采用更换被解释变量的方法进行稳健性检验。具体而言，使用 2000 ~ 2018 年沪深两市上市公司年度绿色专利授权数与当年全部专利申请数的比值（GTI_2）作为年度绿色专利申请数与当年全部专利申请数的比值（GTI_1）的替代变量。同样使用普通最小二乘法对模型进行估计，结果显示，无论是绿色专利申请数量还是绿色专利授权数量，不同的环境战略对绿色技术创新的影响都是相似的，模型的普适性较强。

其次，本书采用增加控制变量的方法进行稳健性分析。具体来说，银行贷款衡量的是市场投资者对公司盈利能力的信心，同时，企业可以利用贷款资金，改进设备、革新技术和开展创新活动，承担相应的负债来弥补经营发展资金的不足。本书调取了 2000 ~ 2018 年沪深上市企业的银行贷款平均值，将其取对数后增加进原有模型中用于稳健性检验，得到的计量分析结果与基准模型的分析结果基本一致，证明模型的稳健性较强。

最后，本书采用变量滞后法进行稳健性检验。已有文献研究表明，绿色技术知识存量对于绿色技术创新起重要推动作用（贾军、张伟，2014）。考虑到企业绿色技术创新往往具有路径依赖效应，本书采用企业绿色技术创新的滞后一期项对模型进行回归，以反映企业绿色技术创新过程中凸显的滞后效应。加入绿色技术创新的滞后一期项的计量分析结果与原分析结果仍然一致，证明模型的稳健性较强。

4.3.6 研究结论与政策启示

通过对环境战略与企业绿色技术创新之间的关系进行分析得出，不同类型的环境战略对于企业绿色技术创新的影响程度和影响方式均体现出差异性。当强制式环境战略强度处于较低水平时，强度提高会使企业投入更多的费用来进行末端污染治理，减少对研发创新的投资，从而制约企业的绿色技术创新。当环境监管进一步完善到一定程度时，企业将加大对绿色环保的投入，此时企业的绿色技术创新成效出现先下降后上升的"U"形趋势，早期的 R&D 成果也在这一阶段开始出现。也就是说，强制式环境战略只有越过拐点时才能对工业绿色转型产生促进作用，强制式环境战略对工业绿色转型的影响并不是简单的线性效应。但这种非线性效应在市场式环境战略和自发式环境战略中并未得到体现。市场式环境战略对绿色技术创新总体上有显著正向影响，而自发式环境战略对绿色技术创新的影响并不显著。

以上研究结论反映出，不仅要充分发挥各种环境战略的作用，而且要做到环境战略之间的和谐互补、相互借鉴，逐步建立起多层次、高水平的具有中国特色的企业环境战略体系，不断提升企业绿色发展效益。为此，本书向政府和企业提出了以下政策建议（见图 4-3）。

首先，合理制定和落实强制式环境战略。政府必须贯彻落实科学发展观，在召开两会（全国人民代表大会、中国人民政治协商会议）时，要适当增加关于强制性环境管制的议案数，从顶层注重环境保护。坚持贯彻执行环境影响评价制度，进一步提高环境影响评价制度的执行率，让企业在项目的初始阶段就考虑环境污染问题。坚持并加大行政处罚力度，倒逼企业进行绿色技术创新。同时，避免强制式环境战略对于企业绿色技术创新的不利影响，对于环境质量标准、污染排放限额等强制式环境战略工具，必须合理采用、因地制宜。一方面，对于一些仍然处于强制式环境战略前期阶段的地区和企业，应适度降低强制式环境战略的

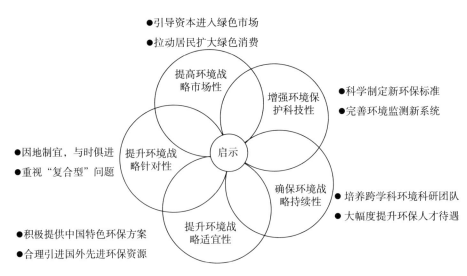

图 4 – 3　我国环境战略制定的政策建议

强度，通过市场式环境战略激励企业进行绿色技术创新。另一方面，对于那些已经越过强制式环境战略"拐点"的地区和企业，在提高强制式环境战略强度的基础上，对现有强制式环境战略工具进行革新，例如实现环评程序和企业开发项目管理程序的有效结合、强化生态经济技术综合开发的法治约束、构建多部门共治与多地区协同的环境执法体系等。

其次，大力发挥市场式环境战略对企业绿色技术创新的正面作用。研究结果表明，当前市场式环境战略的绿色技术创新激励效应为正，这说明该战略对我国企业的绿色创新有利，可以为企业利用清洁生产技术和治理污染提供强大的内在动力，并能持续鼓励企业进行绿色技术创新。为此，政府不但要注重使用好原有的排污费交易市场和交易规则，提升企业环保科研补助的资金规模和补助水平，积极鼓励"三废"产品利用模式的创新，还要转变服务方式，尊重市场规律，完善绿色市场机制，不断推进市场式环境战略和经济型环境管制工具的创新发展，利用市场优化绿色研发的资源配置、集中生态创新的资源，降低生态文明建设型企业内部的交易成本，实现生态文明建设型企业的内部合作。另外，必须重视消费者在企业可持续发展中所起的不可或缺的作用，牢牢把握国内市场这一"内循环"的重要节点，综合运用多种干预措施鼓励民众进行绿色消费。环保消费理念是推动绿色创新的重要基础，也是企业获得比较竞争优势的关键因素。为此，企业和政府应采取以下措施：一是要利用好财政补贴政策，如节能家电以旧换新政策、节能家电补贴政策、垃圾分类奖励政策等，对居民绿色消费行为进行正反馈；二是要运用好绿色产品采购补贴、节能行为激励、垃圾分类激励等激励措施，同时采取多种方式让公众了解这些措施；三是要在运用价格杠杆和补贴措施的基础上，不断完善中国的消费政策，特别是绿色消费政策；四是通过第三方机构或非营利组织对获得绿色产品认证的企业进行统一宣传和介绍，提高个人对绿色产品的信任度，打造可持续生产和绿色消费的良性循环。

再次，必须发挥好自发式环境战略促进企业绿色技术创新的作用。要充分认识外部社会行动者对环保生产的积极影响，进一步落实和完善相关政策法规，创造绿色生产的舆论环境，帮助媒体和民众更好地发挥监督功能。同时要加大对环保非政府组织的鼓励和引导力度，充分发挥其专业性、公益性和实践性的优势协调各利益主体，这种跨部门、跨行业的力量是企业绿色转型中必不可少的。为此，国家应进一步支持环保非政府组织，特别是智库型组织的发展，将环保非政府组织发展纳入绿色治理的长期战略，创造有利的政策环境和制度环境，增加其对企业监督和绿色公益的贡献。未来，环保非政府组织除了要继续发挥环境宣传教育的功能，还应在生态科研、生态立法和生态决策中把握主动权，为政府和企业的绿色转型积极出谋划策，并提升生态问责的频次和水平，发挥在促进绿色技术革新和科学管理水平提升中的监督作用，从而推进环保产品的开发应用、强化企业节能减排的社会责任。

最后，把握"双循环"大背景下绿色技术创新的国际交流机遇期。在新的挑战中，中国应抓住全球"三链"重构和再造的历史机遇，顺应"双循环"格局，充分发挥国内市场的规模优势，继续推进供给侧结构性改革，为我国企业绿色转型打造良好的发展环境。同时，积极学习国外先进的环境战略理论和可持续实践经验，针对新老环境问题和企业绿色发展问题，不断完善环境法律法规体系，加强对尖端技术的引进，以新型工业化为依托，充分挖掘企业的可持续发展潜力，促进环保企业的科研团队建设，培育新的企业可持续增长极，并将绿色发展作为内循环的着力点，适应新发展格局，提高生态经济发展水平。立足"生态绿色"的定位，加快生产要素的国际流动和产业转移，探索绿色发展的国际化治理机制，将可持续发展作为高质量发展的关键任务，实现中国各地区与世界环保大国在更大范围、更深层次、更高水平上的分工合作。

4.4　高管团队的行为决策对企业绿色技术创新影响的实证研究

前文的研究表明，企业绿色技术创新不仅需要政府、市场等外部治理主体的推动，也需要企业自身环境战略等内在条件的支撑。高管团队（Top Management Team，TMT）是企业环境战略的决策者，高管团队的政策敏锐性、市场研判能力和个人风险偏好等会影响企业战略的方向和内容。高管团队的行为决策特征是影响企业战略制定的最直接因素，高管团队的冒险精神和创新精神在企业绿色技术创新战略的制定与实施过程中扮演了极为重要的角色。为此，本书利用2010～2019年中国沪深制造业上市公司的面板数据，实证检验高管团队的环保意识、社会责任感、创新精神和冒险精神等与企业绿色技术创新之间的关系。

4.4.1　高管团队行为决策的相关文献评析

大量文献基于微观视角研究了企业绿色技术创新的内部条件，可以将其概括为企业客观基础和管理者主观因素两个方面。从企业客观基础看，企业绿色技术创新主要受企业内部资源和创新能力的影响。资源基础观和创新能力论认为，资源是企业创新的基础，影响着企业的创新方向、创新速度和创新效率；企业创新能力则是将企业资源转化为创新成果，创新能力不同会显著影响企业的资源获取、资源配置、资源效率，进而会对企业创新成果产生影响。Scherer（1965）最早通过实证研究提出，企业规模同技术创新之间呈倒"U"形关系。除企业规模之外，研发投入规模、人力资本、原始专利的积累规模等也是影响企业绿色技术创新的重要因素（王旭、褚旭，2019）。刘善仕等（2017）从人力资源视角研究得出，企业的人力资本社会网络与企业创新绩效正相关。赵子夜等（2018）对通才型和专才型领导人的创新能力和创新意愿进行了对比分析，结果表明通才型领导人更有利于公司创新，并且相较于总经理而言，董事长的促进效果更为明显。袁建国等（2015）从资源诅咒理论视角研究发现，政治关联会挤占企业创新资源，扭曲企业资源的配置，导致企业创新效率低下。蒋卫平和刘黛蒂（2016）对我国创业板企业进行研究，发现企业冗余资源能够显著调节研发投入对企业绩效的提升作用。宋洋（2017）将资源分为技术知识资源和需求信息资源，研究发现，这两类资源对企业的产品创新都有显著的正向影响。Delgado-Verde 等（2021）认为，良好的企业声誉能够将企业内部和外部创新活动之间的替代效应转化为互补效应。在经济全球化快速发展的商业环境中，企业要维持长期的竞争优势不仅需要稀缺、有价值的资源，还需要独特且难以复制的动态能力以根据瞬息万变的外部环境及时调整企业各项资源的配置。邢丽云和俞会新（2018）认为，绿色动态能力强的企业更容易从外部获得绿色资源，克服进行绿色创新的阻碍，从而推动绿色创新活动的开展。李柏洲和曾经纬（2021）以知识基础观为研究视角，对企业外部的知识搜寻能力和内部的知识吸收能力展开了研究，发现企业"高搜寻－高吸收"的契合状态会促进企业知识整合能力的提升，进而会提高企业的创新绩效。也有学者提出，规模不同的企业由于创新能力和资源的差别，在绿色创新方面会有不同的表现（Martínez and Kunapatarawong, 2019），适量的资源和相应的创新能力会增加小企业实施绿色战略的可能性。

注意力基础观认为（Ocasio，2011），虽然外部因素和内部条件是企业绿色技术创新决策的重要变量，但它们首先需要作用于企业的决策者，即企业高管团队（TMT）。高管是企业决策最直接的驱动因素，是外部因素和内部条件共同作用的着力点。注意力基础观从行为决策角度提出，企业绿色技术创新决策过程实质上就是企业高管将注意力聚焦于环保与绿色发展问题，在特定背景或情境下做出的企业资源配置选择。注意力基础观为揭开企业行为决策的黑匣子提供了新的视角，此后学者们主要运用委托代理理论、高层梯队理论、行为金融学理论等对管理者层面的决策问题展开研究。作为理性的经济人，管理者进行绿色创新的动力是自身利益最大化，因此学术界围绕高管利益最大化的激励机制开展分析，主要有物质激励和非物质激励。就物质激励来看，主要包括股权激励和薪酬激励，Yin 和 Sheng（2019）的研究表明，高管薪酬激励能够显著提升企业绩效，并且能够正向调节创新投入对企业绩效提升的促进作用。许敏和朱伶俐（2017）研究发现，管理层的激励机制对企业技术创新投入有显著影响，从短期来看，薪酬激励与技术创新投入呈现正相关的关系；从长期来看，由于委托代理和机会主义问题的存在，股权激励与技术创新投入呈现倒"U"形关系。总体来看，高管团队的总报酬与技术创新正相关，并且不同的激励标准会产生不一样的创新行为。就非物质激励而言，主要有晋升激励、精神激励、环境激励。朱永明等（2017）以我国创业板上市公司为研究样本得出，高管晋升激励会加剧普通员工内心的不公平感，降低职工的工作积极性，不利于企业创新绩效的提升；高子平（2011）认为相较于物质激励形成的"外激力"而言，声誉激励产生的"内激力"对企业家的影响更为持久，且只有二者实现良性互动，才能使声誉激励的效用发挥到极致；Cai 等（2021）研究发现，不同组织文化下 CEO 激情对企业创新的影响存在差异，在较为灵活的企业中，CEO 的激情更能激发 TMT 的创造力，但不利于将 TMT 的创造力转化为企业的创新产出。

　　高层梯队理论重点考察了企业管理层的人口统计学背景特征对企业创新的影响。陆松开（2020）研究发现，高学历、年轻化、男性化的 TMT 信息处理能力更强，更愿意接受新鲜事物，且具有更高的风险承担意愿，倾向于进行产融结合实践，高管团队的人口统计特征还能正向调节产融结合对创新效率的提升作用；宋铁波等（2020）认为，随着任期的增加，CEO 的业务能力、管理水平以及对企业内外部环境的了解程度将得到相应提高，这些因素将增强企业进行创新的主动性，增加企业的研发投入。也有学者对高管的特定背景进行了分析，如 Yuan 和 Wen（2018）就高管的海外经历研究指出，有海外学习和工作经历的高层管理人员创新主动性更强，能够显著促进企业的创新，他们还特别强调，相较于其他地区，在美国获得国外经验的高层管理人员更具影响力和创造力。

　　近年来，学者们基于行为金融学的视角开始关注管理者的过度自信、环保意识、风险意识等非理性因素对企业绿色技术创新的影响。García-Granero 等（2015）对西班牙和意大利瓷砖行业的 182 家公司研究后发现，具有较强风险承担意愿的管理者不会过多关注创新决策的不确定性，愿为新产品或流程的开发配置更多的资源，且这种风险承担意愿具有溢出效应，会扩散至组织各层级，增强企业的冒险氛围，进而会促进企业创新。韩庆兰和闵雨薇（2018）对 2012～2016 年中国 A 股重污染上市公司的实证研究表明，管理者的过度自信会促使其乐观地估计自己的知识和经验，高估创新收益而低估创新风险，进而倾向于增加企业的研发投入。Huang 等（2020）对初创企业研究后发现，高管的环保意识会调节探索性学习和应用性学习对企业绿色创新能力的影响。

　　综上分析得出，高层管理者是影响企业绿色技术创新决策的重要力量，现有研究主要基于委托代理理论考察高层管理团队的激励因素以及基于高层梯队理论考察管理者的人口统计学背景特征，基于行为金融学的研究尚处于起步阶段，研究成果相对较少，研究结论有待进一步检验。本书将从行为决策的非理性特征这一视角，分析 TMT 对企业绿色技术创新的影响，从而丰富现有研究成果。这是因为，第一，高管作为企业战略的设计者和制定者，从根本上决定着企业未来的发展方向。学者们就企业内部管理者对绿色技术创新的影响展开了广泛而深入的研究，大多集中于薪酬、职位晋升、人口统计学特征等客观因素，关于高管环保意识、创新精神、社会责任感等主观因素的研究刚开始引起学者们的关注，其中的作用机制尚不明晰。事实上，非理性的主观特征是 TMT 决策不一致的最直接原因，探明 TMT 非理性特征如何影响绿色技术创新对于激发企业绿色技术创新活力、强化企业绿色技术创新主体地位具有重大的现实意义。第二，虽然也有学者关注到 TMT 非理性特征对绿色技术创新的重要影响，但多数研究往往只考虑了环保意识、创新精神等单一特征的影响，忽略了多因素的复合作用。绿色技术创新作为一项高风险、高投入，且具有双重正外部性特征的绿色创新活动，需要 TMT 具备环保意识、社会责任感、创新精神和冒险精神，本书综合考虑这些非理性特征的复合影响，更有助于揭示企业绿色技术创新的微观决策机理。第三，TMT 做决策时，并非"一拍脑袋"冲动而为，而是根据不同的内外部条件对企业策略做出调整。市场是企业各项经营活动的场所，不同市场环境中企业的生产经营方式会有较大差异，因此市场是影响企业 TMT 决策的关键情景变量。另外，高管决策的基础是企业资源，资源多寡是影响企业经营活动的重要客观条件，因此资源禀赋是影响企业 TMT 决策的客观内在条件。本书基于公司内外部治理视角，进一步探讨了不同市场环境和不同资源结构下，TMT 非理性特征与绿色技术创新关系的差异，这既有助于探明 TMT 非理性特征如何影响绿色技术创新，也有助于为政府和企业制定合适的政策措施提供参考。

4.4.2　理论分析与研究假设

（1）TMT 环保意识与企业绿色技术创新

高管的绿色技术创新决策过程实际上是高管对环境风险和创新收益

的评估过程。高管团队的环保意识反映了高管团队整体的环境认知水平以及高管团队为保护生态环境而不断调整企业经营活动促进经济与环境协调可持续发展的自觉程度。计划行为理论认为，意识受心理、感受、感知、思维和情感等因素的影响，因此高管环保意识的强弱与高管个体的环境价值观紧密相关，受高管的环境认知、生态环境感知，以及国家环境政策等诸多因素的影响，进而影响企业的绿色战略决策（陈泽文、陈丹，2019）。一方面，环保意识强的高管能够认识到环保产品的经济效益和社会效益，同时也对企业环境污染行为可能产生的风险有更强的预见力。当管理者预知到污染性的生产活动会给企业带来严重经济后果、造成巨大损失时，管理者将更倾向于做出绿色战略决策，通过绿色技术创新获得原创性、独特性的环保领先优势，帮助企业规避这种环境风险（邹志勇等，2019）。另一方面，生态保卫战、环境责任终身追责、环保一票否决等已经成为各级政府考核的重要方面。在此背景下，各地区对生态环境的管制力将会增强，环保意识强的管理者能更敏锐地洞察出政府环境管制的未来趋势，会更加关注政府出台的相关环境政策法规，进而将国家的生态环境治理与企业的长久发展联系在一起，主动寻求绿色发展机遇。基于上述分析，本书提出如下假设 H1。

H1：TMT 环保意识与企业绿色技术创新显著正相关。

（2）TMT 社会责任感与企业绿色技术创新

与传统创新不同，企业绿色技术创新能减少环境污染，推动社会可持续发展，是企业积极承担社会责任的具体表现，因此高管团队的社会责任感与企业绿色技术创新紧密相关。TMT 社会责任感反映了其承担企业社会责任的意愿及对企业活动社会价值的判断，受高管的社会情感财富与社会效益的偏好影响。社会规范激活理论认为，个体的亲社会行为主要受结果意识、责任归属和社会规范的影响，社会规范由结果意识和责任归属激活，并对个体行为产生直接影响（De-Groot and Steg，2009）。因此，高管团队带领企业积极开展亲社会的绿色技术创新活动是高管个体受生态恶化的负社会效益、污染行为的责任归属，以及实施绿色技术创新的自我期望等因素的影响，而将高管社会责任规范内化的结果。首先，企业的污染性生产活动通常不会即刻产生威胁人类健康或生存的负社会效应，但会产生代际资源的不均衡配置，透支未来社会资源，严重时会威胁人类社会的可持续发展。只有社会责任感强的 TMT 才会对环境污染的有害刺激敏感，才会基于道德层面更愿意进行绿色技术创新。其次，随着经济社会的发展，政府、社会、公众对生态环境的关注度越来越高，社会责任的履行情况已成为企业获取利益相关者认同的重要考量因素（Getele et al.，2020）。社会责任感高的 TMT 具有强共情力，共情力促使高管感知并体验到非亲缘社会网络关系中其他方的感受，具有更强的意愿承担满足利益相关者环保诉求的责任（孟猛猛等，2019），并为此自愿采取积极的环境保护措施。最后，TMT 对环境污染的结果感知和责任归属将进一步激活环境保护相关的社会规范，也即遵守社会规范会产生良好的自我情绪。社会责任履行与社会声誉密切相关，企业进行绿色技术创新从侧面反映了管理者对社会负责的态度，能够给高管带来良好的社会声誉。具备高社会责任感的高管遵守社会规范的道德义务感强烈，良好社会声誉能够为其带来浓烈的自豪感，而违反社会规范将导致其自我否定，产生愧疚情绪，这将进一步加快绿色技术创新活动的开展。基于上述分析，本书提出如下假设 H2。

H2：TMT 社会责任感与企业绿色技术创新显著正相关。

（3）TMT 创新精神与企业绿色技术创新

高管创新精神是高管基于企业面临的机遇和挑战，从战略决策的高度，敢于突破常规、不断探索，促进企业更好发展的思维能力和改革到底的智慧与意志。高管创新精神反映了高管对创新的认知水平、重视程度以及创新意愿等（黄珊珊、邵颖红，2017）。认知行为理论认为，创新认知是创新行为的前置因素，较高的创新认知水平是 TMT 进行绿色技术创新决策的重要前提。创新精神强的 TMT 具备高水平的创新认知，在看到创新活动短期内能给企业带来高额成本的同时，能够认识到创新发展可能带来的长期效益。具体表现为，高管的创新精神会显著促进企业的创新行为，进而可以提高企业的生存能力和市场竞争力。另外，根据注意力基础观理论，创新精神反过来还会影响高管对创新的关注度。首先，创新精神强的高管会更愿意将自己的精力和企业有限的资源分配到创新活动中；其次，高管对创新的关注度会影响企业员工对创新活动的重视和支持程度，企业的创新强度也会随之提升（曾宪聚等，2020）；再次，高管创新意愿还会影响创新机会的识别，创新精神强的 TMT 更容易捕捉到创新机会，抓住创新机遇，并且更能消化吸收新的观点以创新企业的技术，这会使得企业开展更多的创新活动；最后，主观能动性是个体认识和掌握经济社会发展规律，并成功开展创新活动的关键，创新精神强的高管具有较强的主观能动性，这会引导其主动进行技术创新（朱建民、朱静娇，2018），增强企业克服创新难题的决心和信心，促进企业研发效率提升。基于上述分析，本书提出如下假设 H3。

H3：TMT 创新精神与企业绿色技术创新显著正相关。

（4）TMT 冒险精神与企业绿色技术创新

冒险精神是指个体对自身所处环境中不确定性因素的判断，进而勇于进取、设法达到目的态度。行为金融学理论认为，同等程度的损失与收益的效用值是不一致的，人们总是更厌恶损失，损失需要多倍的收益补偿。风险态度的不同导致决策者对项目损失和收益的预期产生差异（Rashad，2014）。冒险精神弱的 TMT 将更多的关注度分配于创新的不确定性，表现出较强的损失厌恶情结，追求更高的创新收益率，故这样的高管团队会减少预期收益较低的创新项目投入。冒险精神强的 TMT 在决策时侧重于关注高风险带来的高收益，低估项目可能的损失，容易在高收益的驱使下采取激进策略（孙秀丽、赵曙明，2019）。冒险精神强弱与个体的自信心理息息相关，具体表现为，冒险精神强的高管对自身把控风险的能力具有良好的预期，会表现得更为自信。相较于其他投资活动，绿色技术创新活动极具挑战性，不确定性高，同时也能够帮助企业获得发展机遇，赢得竞争优势。

因此，冒险精神强的 TMT 偏好投资绿色技术创新项目，期望通过成功的创新项目彰显自身较强的管理能力和风险应对能力。基于上述分析，本书提出如下假设 H4。

H4：TMT 冒险精神与企业的绿色技术创新显著正相关。

4.4.3　变量设计与模型构建

（1）被解释变量

现有研究对企业绿色技术创新的衡量方式有很多，有绿色专利申请量或授权数、研发投入和能源消耗量的比值、绿色全要素生产率。由于绿色专利是绿色创新最直接的成果，且有系统完整的官方统计数据，所以该指标被广泛使用。绿色专利包括绿色发明专利、绿色实用新型专利、绿色外观设计专利。考虑到绿色外观设计专利技术难度和环境效益较低，不能很好地反映企业的绿色技术创新能力，故本书选取绿色发明专利与绿色实用新型专利申请量之和进行加 1 后取对数处理来衡量企业绿色技术创新。

（2）解释变量

TMT 的环保意识（ENV）和创新精神（INO）。本书参考黄珊珊和邵颖红（2017）的研究，采用文本分析法进行测量。环保意识和创新精神都是难以精确量化的主观变量，但环保意识和创新精神可以通过与环保或创新有关的定性描述体现出来，这为科学度量提供了可能。鉴于本书的研究对象是企业高层管理者，所以在数据采集过程中主要是基于企业年报中的董事会报告部分，计算"绿色""环境""生态""环保""节能""减排""污染""低碳""清洁""净化""废气""废水"等 12 个能体现高管环保意识的词语的字数（$ENVW$），以及"创新""研发""科研""新产品""新技术""新工艺""开发""研究""专利""自主"等 10 个能体现高管创新精神的词语的字数（$INOW$），分别测算其与董事会报告总字数（TW）的比值，作为环保意识和创新精神的代理变量，计算公式如式（4-8）和式（4-9）所示：

$$ENV_{it} = (ENVW_{it}/TW_{it}) \times 100\% \qquad (4-8)$$

$$INO_{it} = (INOW_{it}/TW_{it}) \times 100\% \qquad (4-9)$$

其中，i 代表企业，t 代表时间，下同。

TMT 社会责任感（CSR）。本书选取和讯网上企业社会责任总体得分的自然对数衡量社会责任感。由于部分企业社会责任得分存在负值，无法进行取对数处理，故先用本企业社会责任评分（CSRS）减去所有企业中社会责任评分的最低分 min（CSRS）后再加 1，然后再对该数值取对数，计算公式如式（4-10）所示：

$$CSR_{it} = \ln[CSRS_{it} - \min(CSRS) + 1] \qquad (4-10)$$

TMT 冒险精神（RISK）会直接反映在企业财务决策的风险程度上，因此本书借鉴龚光明和曾照存（2014）的做法，采用企业期末风险资产（RA）占期末总资产（TA）的比重衡量 TMT 冒险精神，计算公式如式（4-11）所示：

$$RISK_{it} = (RA_{it}/TA_{it}) \times 100\% \qquad (4-11)$$

（3）控制变量

为了更好地探究解释变量与被解释变量之间的关系，借鉴张晓亮等（2019）的研究，本书从企业客观资源和高管团队自身两方面选取控制变量。企业客观资源方面的控制变量有：①企业规模（SIZE），采用期末总资产的自然对数来表示；②成长性（GROW），选取营业收入年增长率衡量企业的成长性；③股权集中度（SHARE），选取年末企业前三大股东的持股比例之和衡量股权集中度；④企业年龄（AGE），采用企业的成立年限来表示；⑤现金流水平（FLOW），采用经营活动现金净流量与期末总资产的比值表示。高管团队自身方面的控制变量有：①女性高管占比（WM），采用女性高管人数占高管团队总人数的比重来衡量；②学术背景（ACA），采用高管团队中曾有高校或科研机构任职经历或曾在协会从事研究工作的高管人数占高管团队总人数的比重衡量；③管理层激励（INS），选用股权激励和薪酬激励的综合指标来衡量。

管理层激励的具体计算方法如下，首先，为了使各企业间数据具有可比性，本书采用年末 TMT 持股总数（TMTS）占企业总股数（CS）的比重来衡量股权激励的强度；采用 TMT 当年的薪资总数（TMTW）占营业收入（INC）的比重来衡量薪酬激励的强度。其次，为了使不同指标之间的数据具有可比性，对各单项指标进行标准化处理。最后，将标准化处理后的股权激励和薪酬激励指标数值加总作为衡量 TMT 管理层激励的综合指标。计算公式如式（4-12）~（4-15）所示。

$$INS_{1it} = TMTS_{it}/CS_{it} \tag{4-12}$$

$$INS_{2it} = TMTW_{it}/INC_{it} \tag{4-13}$$

$$INS_{jit}^s = \frac{INS_{jit} - \min(INS_j)}{\max(INS_j) - \min(INS_j)} \tag{4-14}$$

$$INS_{it} = INS_{1it}^s + INS_{2it}^s \tag{4-15}$$

其中，INS_{it} 代表 i 企业第 t 年的 TMT 激励综合指标；INS_{jit}、INS_{jit}^s 分别表示 i 企业第 t 年 j 指标的初始值和标准化后的值，其中，j 取值为 1、2，分别表示股权激励和薪酬激励；$\min(INS_j)$ 表示所有企业 j 指标的最小值，$\max(INS_j)$ 表示所有企业 j 指标的最大值。

综上所述，各变量汇总如表4-16所示。

表 4-16　变量定义与说明

变量类型	变量名称	变量符号	变量定义
被解释变量	绿色技术创新	GTI	绿色专利申请数加1的自然对数
解释变量	环保意识	ENV	环保意识关键词字数占董事会报告总字数的比重
	创新精神	INO	创新精神关键词字数占董事会报告总字数的比重
	社会责任感	CSR	企业社会责任评分减所有样本企业社会责任评分最小值后加1，并对所得值取自然对数
	冒险精神	RISK	期末总资产中风险资产占比

变量类型	变量名称	变量符号	变量定义
控制变量	企业规模	*SIZE*	期末总资产的自然对数
	成长性	*GROW*	营业收入年增长率
	股权集中度	*SHARE*	前三大股东的持股比例之和
	企业年龄	*AGE*	观测年份与企业成立年份之差
	现金流水平	*FLOW*	经营活动现金净流量与期末总资产的比值
	女性高管占比	*WM*	TMT 中女性成员占比
	学术背景	*ACA*	TMT 中有学术背景成员占比
	管理层激励	*INS*	TMT 薪酬激励和股权激励的综合指标

（4）样本选择

制造业是我国国民经济的支柱产业，提升制造业企业的绿色技术创新水平，不仅是我国制造业实施创新驱动战略的必然选择，也是我国经济社会实现高质量发展的重要保障。在此背景下，本书选取2010～2019年中国沪深 A 股上市的制造业企业作为初始样本。对制造业行业的认定以中国证券监督管理委员会 2012 年颁布的《上市公司行业分类指引》为准，在原始样本的基础上，为保证样本的完整性，剔除 2009 年 12 月 31 日之后上市的企业；为保证研究的准确性，剔除研究期间内 ST、*ST、SST 和 S*ST 的样本企业和行业变更的样本企业。此外，为保证研究数据的连续性，参考以往学者的通行做法，本书首先剔除了专利数据缺失 4 年及以上的企业，进一步也将其他变量数据缺失严重的上市公司剔除，在剩余样本中将企业发明专利申请和实用新型专利申请的缺失数据赋值为0，其余变量个别年份缺失数据以插值法进行填补。经过对缺失值和异常值处理后，最终得到 161家样本企业，共计 1610 个观测值。样本企业涉及 22 类行业，它们是农副食品加工业，食品制造业，酒、饮料和精制茶制造业，纺织业，造纸和纸制品业，文教、工美、体育和娱乐用品制造业，化学原料和化学制品制造业，医药制造业，化学纤维制造业，橡胶和塑料制品业，非金属矿物制品业，黑色金属冶炼和压延加工业，有色金属冶炼和压延加工业，金属制品业，通用设备制造业，专用设备制造业，汽车制造业，铁路、船舶、航空航天和其他运输设备制造业，电气机械和器材制造业，计算机、通信和其他电子设备制造业，仪器仪表制造业，其他制造业。

上市公司绿色技术专利申请的数据来源于中国研究数据服务平台（CNRDS），TMT 环保意识和创新精神的数据手工收集自上市公司年报，企业社会责任感的数据手工搜集整理自和讯网，其余变量数据来源于国泰安数据库（CSMAR）和中国经济金融数据库（CCER）。

（5）模型构建

为检验 TMT 行为决策的非理性特征与绿色技术创新的关系，本书构建如下计量模型：

$$GTI_{it} = \alpha_0 + \alpha_n Cognition_{nit} + \sum_{k=1}^{8} \delta_k Control_{it} + Year_t + Region_m + \varepsilon_{it} \qquad (4-16)$$

其中，m 代表地区；n 的取值为 1~4，分别代表环保意识、社会责任感、创新精神和冒险精神，下同；$Cognition$ 表示 TMT 的非理性特征；$Control$ 表示控制变量；$Year$、$Region$ 代表年份和地区固定效应；α_0 为公共截距；α_n、δ_k 为变量的回归系数；ε 为随机扰动项。

4.4.4 实证研究与结果分析

（1）变量描述性统计和相关性分析

变量的描述性统计情况如表 4-17 所示。由此可知，绿色技术创新在企业之间差距较大，且半数以上企业的绿色技术创新达不到平均水平；不同企业 TMT 的环保意识等非理性特征存在明显异质性，本书正是基于这点出发，试图探索不同特征的 TMT 对企业绿色技术创新的影响会有何不同，这也从侧面说明了本书的研究意义。

表 4-17　变量描述性统计

变量	观测值	平均值	最小值	中位数	最大值	标准差
GTI	1610	1.613	0.000	1.386	6.924	1.268

变量	观测值	平均值	最小值	中位数	最大值	标准差
ENV	1610	0.408	0.000	0.280	2.610	0.394
CSR	1610	3.551	0.000	3.463	4.549	0.540
INO	1610	1.027	0.000	0.990	2.930	0.464
RISK	1610	0.150	0.000	0.128	0.604	0.116
WM	1610	0.106	0.000	0.091	0.667	0.119
ACA	1610	0.132	0.000	0.077	0.750	0.166
INS	1610	0.132	0.000	0.059	1.660	0.203
SIZE	1610	23.075	20.297	22.927	27.468	1.353
GROW	1610	0.175	−0.862	0.121	8.094	0.400
SHARE	1610	46.453	9.210	45.733	88.197	15.593
AGE	1610	17.022	3.000	17.000	39.000	5.177
FLOW	1610	0.055	−0.251	0.052	0.371	0.065

本书采用 Pearson 相关系数分析法对变量间的相关性进行分析，主要变量之间的相关系数均远低于 0.5，因此初步判断各主要变量之间不存在多重共线性问题，适合做进一步的分析。

（2）基准回归结果

在进行回归之前，本书首先对虚拟变量以外的其他变量进行了标准化处理，以减少数据之间数量级的差异，便于后续分析。本书采用固定效应模型，控制了年份和地区固定效应。基于公式（4-16）得到 TMT 特征与企业绿色技术创新的基准回归结果，如表 4-18 所示。从单项非理性特征的回归结果来看，①在列（1）中环保意识的回归系数在 1% 的水平下显著为负，这表明环保意识增强会显著抑制企业的绿色技术创新，假设 H1 未得到验证。可能的原因是，目前我国的环境战略实施处于初级阶段，绿色创新发展尚不成熟，需要企业有足够的经济实力和风险抗压能力，并且，TMT 的环保意识仍处在一个较低层面（样本企业的环保意识中位数仅为 0.280），TMT 对环境保护、污染治理的认识水平较低，相较于绿色创新这一高风险的企业战略，TMT 普遍倾向于采取成本或风险较低的污染治理措施应对国家推行的绿色发展战略（曹洪军、陈泽文，2017）。②列（2）、列（3）和列（4）显示，TMT的社会责任感、创新精神和冒险精神均促进了企业绿色技术创新，并分别通过了5%、5%和1%的显著性水平检验，原假设H2、H3和H4得到验证。③高管团队行为决策的非理性特征的复合效应回归结果如列（5）所示，从作用方向看，各单项因素在复合效应中的作用方向保持不变；从显著性水平来看，仅冒险精神的回归系数维持在原来1%的显著性水平上，环保意识、社会责任感、创新精神系数的显著性水平均有所下降，并且社会责任感在复合回归结果中的影响效果不再显著。这表明相较于其他三个非理性特征而言，冒险精神对绿色技术创新的影响最为稳健和突出。就回归系数看，TMT非理性特征对绿色技术创新的影响程度由大到小排序依次为冒险精神、环保意识、创新精神、社会责任感。值得注意的是，环保意识无论是从显著性水平来看还是从回归系数大小来看，都排在第二位，这表明环保意识对绿色技术创新的影响较大。所以，要加快转变TMT的环境保护认知，使"绿水青山就是金山银山"的绿色发展理念根植于TMT的认知当中，以更好、更高效地推进我国的生态文明建设。

表 4-18　TMT 特征与企业绿色技术创新的回归结果

变量	单一效应				复合效应
	（1）	（2）	（3）	（4）	（5）
ENV	-0.232 *** (0.060)				-0.126 ** (0.061)
CSR		0.050 ** (0.025)			0.035 (0.025)
INO			0.119 ** (0.052)		0.095 * (0.051)
RISK				0.177 *** (0.026)	0.160 *** (0.027)
WM	0.059 ** (0.024)	0.072 *** (0.024)	0.068 *** (0.024)	0.071 *** (0.023)	0.058 ** (0.024)

变量	单一效应				复合效应
	（1）	（2）	（3）	（4）	（5）
ACA	0.040 * （0.024）	0.043 * （0.024）	0.036 （0.025）	0.042 * （0.024）	0.034 （0.024）
INS	0.088 *** （0.027）	0.090 *** （0.027）	0.087 *** （0.027）	0.070 ** （0.027）	0.062 ** （0.027）
SIZE	0.470 *** （0.029）	0.448 *** （0.030）	0.466 *** （0.029）	0.492 *** （0.029）	0.487 *** （0.030）
GROW	− 0.040 * （0.023）	− 0.039 * （0.023）	− 0.038 * （0.023）	− 0.051 ** （0.022）	− 0.055 ** （0.022）
SHARE	− 0.064 ** （0.025）	− 0.065 *** （0.025）	− 0.060 ** （0.025）	− 0.050 ** （0.025）	− 0.049 ** （0.025）
AGE	− 0.047 （0.030）	− 0.048 （0.030）	− 0.050 * （0.030）	− 0.029 （0.030）	− 0.035 （0.030）
FLOW	− 0.025 （0.022）	− 0.041 * （0.023）	− 0.033 （0.022）	0.010 （0.023）	0.004 （0.023）
常数项	− 0.151 （0.112）	− 0.209 * （0.113）	− 0.268 ** （0.118）	− 0.172 （0.111）	− 0.234 ** （0.117）
N	1610	1610	1610	1610	1610
Region	Yes	Yes	Yes	Yes	Yes
Year	Yes	Yes	Yes	Yes	Yes
R^2	0.284	0.279	0.280	0.298	0.303

注：*** 、** 、* 分别表示通过了1%、5%和10%的显著性水平检验，括号内为t统计值，下表同。

从控制变量的回归结果来看，就高管团队自身而言，女性高管占比、管理层激励与绿色技术创新显著正相关，说明适当增加高管团队中的女性管理者、给予高管更丰厚的报酬能够有效促进绿色技术创新的发展；就企业层面而言，企业规模与绿色技术创新的正相关关系显著，成长性、股权集中度与绿色技术创新的负相关关系显著，这表明股权集中度高、营业收入增长不利于企业开展绿色技术创新；此外，企业年龄及现金流水平等与企业绿色技术创新的关系不密切。

（3）异质性检验

为考察 TMT 非理性特征对企业绿色技术创新影响的异质性，本书接下来将从企业规模和产权性质两个方面对样本企业进行分组。在企业规模界定方面，取样本企业规模的中位数为分界点将企业分为大规模企业（805 个观察值）和小规模企业（805 个观察值）。在产权性质方面，本书将样本企业分为国有企业（1032 个观察值）和非国有企业（578 个观察值）两类。

第一，企业规模异质性。企业规模决定了企业资源的丰裕程度、市场竞争力，同时也会影响管理者的决策方式和行为选择（陈林等，2019），因此，本书检验不同企业规模下 TMT 非理性特征的影响效果是否存在差异，结果如表 4 - 19 所示。整体来看，大规模企业的回归结果与全样本企业的基准回归结果基本一致，而小规模企业中，只有冒险精神与全样本回归结果一致，TMT 环保意识、社会责任感、创新精神的回归结果不再显著。值得注意的是，在小规模企业中，环保意识对企业绿色技术创新的影响实现方向性反转，变为正向影响。这一结果的可能解释是，相较于大规模企业，小规模企业的生产方式和组织管理都比较灵活，能够快速实现生产线的转换，因此，出于长远利益的考虑，TMT 的环保意识对企业绿色技术创新有一定的促进作用。但由于大部分企业的TMT 环保意识仍处于低层次水平，所以环保意识增强带来的绿色技术创新水平的提升效果不明显。社会责任感与绿色技术创新的正向关系仅在大规模企业中显著，可能是因为相较于小规模企业而言，大规模企业涉及的利益相关者较多，社会影响力更大，各方主体给予大规模企业更多的关注，导致大规模企业的 TMT 感受到更大的社会责任履行压力。另外，企业履行社会责任以满足利益相关者的诉求能够有效提升企业的声誉（Kowalczyk and Kucharska，2020）。与小规模企业相比，大规模企业品牌构建历史较长，在声誉建设方面投入了大量成本，重建声誉较为困难。因此，基于利益相关者压力和企业声誉的维护，大规模企业 TMT 会出于履行企业社会责任的意愿做出绿色技术创新决策。TMT 创新精神对绿色技术创新的正向促进作用在小规模企业中不显著，可能的解释是，小规模企业的创新资源有限，并且获取外部资源的渠道相对较少（Medase，2020），"巧妇难为无米之炊"，TMT 受企业资源的限制，心有余而力不足，导致其徒有创新想法而难以付诸行动。

表 4 - 19　规模异质性的回归结果

变量	小规模企业				大规模企业			
	（1）	（2）	（3）	（4）	（5）	（6）	（7）	（8）
ENV	0.026 （0.079）				− 0.317 *** （0.088）			
CSR		0.054 （0.035）				0.116 *** （0.037）		
INO			− 0.021 （0.065）				0.222 *** （0.077）	
RISK				0.070 ** （0.035）				0.286 *** （0.037）
控制 变量	控制	控制	控制	控制	控制	控制	控制	控制
常数项	− 0.562 *** （0.158）	− 0.614 *** （0.161）	− 0.547 *** （0.163）	− 0.574 *** （0.157）	− 0.702 *** （0.186）	− 0.838 *** （0.188）	− 0.903 *** （0.194）	− 0.697 *** （0.180）
N	805	805	805	805	805	805	805	805
Region	Yes	Yes	Yes	Yes	Yes	Yes	Yes	Yes
Year	Yes	Yes	Yes	Yes	Yes	Yes	Yes	Yes
R^2	0.130	0.133	0.130	0.134	0.416	0.414	0.413	0.449

　　第二，产权异质性。产权性质不同是指企业对企业资产所享有的权利不同，特别是所有权、经营权以及控制权，由此企业治理模式以及管理层的激励方式也会存在较大差异。产权性质不同意味着企业在资源获取、利益相关者压力等方面存在较大差异。因此，不同产权性质的企业，其 TMT 非理性特征对绿色技术创新的影响可能会存在差异。表 4 - 20 报告了产权异质性的回归结果，由此可以看出，国有企业的检验结果与基准回归结果比较接近，而非国有企业的回归结果则与前文小规模企业的回归结果相似。具体来说，环保意识与绿色技术创新在非国有企业中的

正向关系不明显，即非国有企业高管团队的环境意识尚未转化为企业的绿色技术创新实践，而在国有企业中高管团队的环境意识与绿色技术创新之间存在负相关关系。可能的解释是，国有企业在一定程度上体现了国家或地方政府意志，国有企业为了淋漓尽致地表达其高举中国特色社会主义旗帜，会在其年报或环境责任报告中频繁阐述其绿色发展理念，过度引用政府报告的内容，积极响应政府的环境政策。社会责任感与绿色技术创新的正相关关系仅在国有企业中显著，这可能是因为国有企业TMT中的党员占比相对较高，社会责任感远高于非国有企业（蒋尧明、陈力维，2019），因此出于对社会负责的态度，国有企业TMT会更加积极地开展绿色技术创新活动。创新精神在国有企业中可以显著促进企业绿色技术创新，在非国有企业中二者正相关关系不显著。可能的原因是国有企业存在制度上的优势，能通过国有性质与高校或科研机构进行联盟，更容易集聚创新要素，拥有更为丰富的创新资源，创新能动性显著增强，绿色技术创新的效率大大提高。而非国有企业囿于创新资源和创新基础的限制，创新风险相对提升，导致TMT创新精神对企业绿色技术创新的促进作用较弱。冒险精神在国有和非国有企业中均能显著促进企业绿色技术创新，但在国有企业中的促进作用更大、作用效果更明显，可能的原因是国有企业对民族复兴计划、国家的中长期发展战略的理解往往比非国有企业更深刻，历史使命感更强烈，因此它们在国家级重大原始创新、基础性研究方面能更早起步、更早设计、投入更多，更持续地开展绿色技术创新。

表4-20　产权异质性回归结果

变量	非国有企业				国有企业			
	（1）	（2）	（3）	（4）	（5）	（6）	（7）	（8）
ENV	0.059				-0.466 ***			
	(0.092)				(0.080)			
CSR		-0.025				0.061 *		
		(0.040)				(0.033)		

续表

变量	非国有企业				国有企业			
	（1）	（2）	（3）	（4）	（5）	（6）	（7）	（8）
INO			0.058 (0.082)				0.168 ** (0.069)	
RISK				0.121 ** (0.047)				0.204 *** (0.033)
控制 变量	控制	控制	控制	控制	控制	控制	控制	控制
常数项	0.067 (0.187)	0.089 (0.188)	0.043 (0.193)	0.019 (0.187)	−0.136 (0.140)	−0.225 (0.143)	−0.316 ** (0.150)	−0.126 (0.140)
N	578	578	578	578	1032	1032	1032	1032
Region	Yes	Yes	Yes	Yes	Yes	Yes	Yes	Yes
Year	Yes	Yes	Yes	Yes	Yes	Yes	Yes	Yes
R^2	0.316	0.316	0.316	0.323	0.345	0.325	0.326	0.347

　　第三，稳健性检验。为解决 TMT 环保意识、社会责任感、创新精神、冒险精神与企业绿色技术创新可能存在双向因果关系的问题，本书对解释变量进行滞后一期处理，回归结果与前文基本一致。考虑到高层管理人员的年龄与其社会阅历、工作经验、承担风险的意愿等紧密相关，可能会对企业的绿色技术创新产生重要影响，本书在控制变量中增加高管团队的平均年龄。另外，高管团队的战略决策会进一步提交公司董事会审议，因此董事会是提升企业内部治理能力的核心力量，能够加强对TMT 的控制，从而提升企业决策质量，提升绿色技术创新的效率。因此，本书在原来控制变量的基础上进一步加入代表企业董事会治理水平的董事会规模（以董事会成员的数量来衡量）以及独立董事占比（以独立董事数与董事会总人数的比值来衡量）。结果发现，增加控制变量后的回归结果与前文基本一致。此外，考虑到不同公司的高管团队人数不一，为保证 TMT 特征测量的准确性，避免因团队人数过少或过多而使研究结论产生偏差，本书选取 TMT 规模在全样本企业中位于 25% ~ 75% 水平的企业，也即 TMT 规模在 6 ~ 10 人的企业进行回归，得到的检验结果与前文

研究结论基本一致。根据上述稳健性检验结果可以得出本书的研究结论是稳健的。

4.4.5　调节作用与中介效应

（1）TMT 非理性特征与企业绿色技术创新——非沉淀性冗余资源的调节作用

绿色技术创新是一项资源消耗活动，对资源具有很强的依赖性。冗余资源是指企业内部暂时超过企业现实生产需求的剩余资源，可以在企业需要时用于应对外部环境的变化和内部结构的调整，是 TMT 开展创新活动的重要内部支撑（龙婷等，2019）。资源依赖理论认为，冗余资源是企业内部可调配的剩余资源，与从外部获取资源相比，其调度更方便、成本更低，能够为企业的绿色技术创新活动提供有力支持。组织理论认为（江诗松等，2019），企业内部冗余资源的多少会影响企业的抗风险能力和融资压力，冗余资源作为企业内部的"缓冲剂"，可以帮助企业更好地应对环境变化带来的冲击，提高企业的应变能力，助力企业持续进行创新。基于资源的流动性、灵活性和可转换性特征，冗余资源可分为沉淀性冗余资源和非沉淀性冗余资源两种。其中，沉淀性冗余资源是指流动性差、可转换性弱的资源，管理者往往难以改变其用途，例如冗余雇员、闲置的生产设备等；非沉淀性冗余资源是指流动性强、没有特定用途、管理者可以根据需要及时进行转换的资源，例如企业持有的现金、现金等价物等灵活性较高的资产。鉴于沉淀性冗余资源与周围环境的嵌入程度高，不易被重置，难以快速转换为企业所需的绿色技术创新资源，而非沉淀性冗余资源灵活性高，可以根据不同场景，满足企业的不同需要，TMT 对其的可支配程度高（季桓永等，2019），本书重点关注非沉淀性冗余资源的权变作用。

参考于飞等（2019）的做法，本书采用流动比率（流动资产与流动负债的比值）衡量企业的非沉淀性冗余资源，该指标值越大，说明企业用于偿付流动负债后，剩余的可灵活调配以应对企业风险或满足临时性资金需求的资产越充沛。本书在公式（4-16）的基础上加入非沉淀性冗余资源（$NPRR$）、非沉淀性冗余资源与 TMT 非理性特征的交互项，生成公式（4-17），用以检验在不同非沉淀性冗余资源持有水平下，TMT 非理性因素发挥作用的效果差异。

$$GTI_{it} = \beta_0 + \beta_n Cognition_{nit} + \rho_1 NPRR_{it} + \theta_n NPRR_{it} \times Cognition_{nit} +$$

$$\sum_{k=1}^{8} \delta_k Control_{it} + Year_t + Region_m + \varepsilon_{it} \qquad (4-17)$$

非沉淀性冗余资源的调节作用如表 4-21 所示。由此可以看出，非沉淀性冗余资源会显著负向调节社会责任感、创新精神、冒险精神对绿色技术创新的促进作用，对环保意识对绿色技术创新的抑制作用的负向调节不明显。换言之，企业内部的可利用资源越多，TMT 的社会责任感在推动企业绿色技术创新方面的作用越弱，TMT 的创新精神和冒险精神也呈现惰性特征。这一结果可以从委托代理理论和利益相关者理论角度得到解释。从委托代理理论来看（Leyva-de et al.，2019），较多的非沉淀性冗余资源意味着企业内部闲置的可支配资源较多，会增加管理者满足私利的道德风险，进而降低对资源使用情况的关注度，减少对当前项目进展情况的严格监控以及对未来项目风险性的广泛评估。这种懒政做法会使企业绿色技术创新的效率下降，并表现为 TMT 创新精神对绿色技术创新的促进作用下降。从利益相关者视角看，非沉淀性冗余资源较少时，企业可支配的资源相对匮乏，需要从外部筹措更多的创新资金，这会增加企业对外部利益相关者的依赖。因此，非沉淀性冗余资源不足时，为树立良好的企业形象以建立广泛且良好的外部关系网络，TMT 将基于履行社会责任的目的更加积极地推进企业绿色技术创新。另外，绿色创新与一般创新相比具有更高的不确定性，企业非沉淀性冗余资源富足时，企业可以兼顾绿色创新与一般创新，此时冒险精神对企业绿色技术创新的影响较小；在企业非沉淀性冗余资源不足时，难以兼顾两类创新的资源需求，TMT 需要在两类创新之间进行抉择，冒险精神将发挥更大作用。

表 4 – 21　非沉淀性冗余资源的调节作用

变量	（1）	（2）	（3）	（4）
ENV	− 0. 239 *** （0. 064）			
CSR		0. 033 （0. 026）		
INO			0. 103 * （0. 053）	
RISK				0. 160 *** （0. 026）
NPRR	0. 078 ** （0. 032）	0. 058 ** （0. 026）	0. 327 *** （0. 062）	0. 099 *** （0. 027）
NPRR × ENV	− 0. 088 （0. 080）			
NPRR × CSR		− 0. 063 * （0. 032）		
NPRR × INO			− 0. 180 *** （0. 037）	
NPRR × RISK				− 0. 135 *** （0. 029）
控制变量	控制	控制	控制	控制
常数项	− 0. 181 （0. 113）	− 0. 245 ** （0. 113）	− 0. 275 ** （0. 117）	− 0. 135 （0. 111）
N	1610	1610	1610	1610
Region	Yes	Yes	Yes	Yes
Year	Yes	Yes	Yes	Yes
R^2	0. 287	0. 284	0. 293	0. 310

（2）TMT 非理性特征与企业绿色技术创新——市场化水平的调节作用

市场是企业生存的环境，针对不同市场环境制定相应的策略，以满足不同的市场需求是企业高层管理者的永恒主题。中央全面深化改革委员会第六次会议审议通过的《关于构建市场导向的绿色技术创新体系的指导意见》（发改环资〔2019〕689 号）也突出强调了市场在绿色技术创新体系中的主导作用。我国各地区之间的市场化水平存在较大差距，导致各地区在资源配置、法律制度完善程度等方面有不同表现，这使得 TMT 非理性特征发挥作用的效果出现差异。绿色技术创新是一项高投入的创新活动，仅靠企业自身的资源难以为继。在市场化水平高的地区，资源的可获得性与资源配置效率高（何瑛等，2019），市场机制有助于解决企业创新资源短缺的问题。更高的资源可获得性意味着企业从外部获取资源的可能性增加，有助于缓解企业开展绿色技术创新活动的资源压力；更高的资源配置效率意味着较强的创新要素流动性，企业的资源筹措效率增加，有助于降低企业创新活动中断的风险。然而，在市场化水平低的地区，行政干预力度明显较大，政府有更大的资本、劳动力等生产要素的分配权和定价权，导致企业管理层偏好寻租或通过政治关联来获取稀缺资源和赢得政府庇护（张洪辉等，2020），这种舞弊行为不利于企业绿色技术创新活动的开展。为此，本书参考蒲阿丽和李平（2020）的做法，先计算国有或国有控股工业企业总产值（GDP^S）在工业企业总产值（GDP^{TI}）中的占比，然后用 1 减去该比值来衡量市场化水平（ML）。考虑到 2018 年和 2019 年部分地区工业企业总产值的数据未公布，本书以工业企业主营业务收入（INC^{IE}）替代工业企业总产值，具体计算公式如下：

$$ML_{mt} = 1 - \frac{GDP^S_{mt}}{INC^{IE}_{mt}} \tag{4-18}$$

在公式（4-16）的基础上加入市场化水平、市场化水平与 TMT 非理性特征的交互项，生成公式（4-19），用以检验在不同市场化水平下 TMT 非理性因素发挥作用的效果差异。

$$GTI_{it} = \beta_0 + \beta_n Cognition_{nit} + \rho_1 ML_{mt} + \theta_n ML_{mt} \times Cognition_{nit} + $$
$$\sum_{k=1}^{8} \delta_k Control_{it} + Year_t + Region_m + \varepsilon_{it} \tag{4-19}$$

　　由表 4 – 22 可知，市场化水平能够正向调节环保意识对绿色技术创新的抑制作用，正向调节冒险精神对绿色技术创新的促进作用，对社会责任感和创新精神的调节作用不显著。这说明在市场化水平高的地区，TMT 环保意识对绿色技术创新的抑制作用增强，冒险精神的促进作用也得到进一步增强。这可能是因为，一方面，由前文分析可知，我国绿色技术创新仍处于初级阶段，企业绿色技术创新的意愿普遍不强烈。企业在高市场化环境下处于相对公平公正开放的市场竞争氛围，TMT 做出绿色技术创新决策以积极应对利益相关者的环保诉求的意愿更强烈。另一方面，在低市场化水平地区，高寻租成本与外部融资约束，加剧了企业面临的风险，TMT 迫于企业的生存需要会变得更为谨慎，不敢轻易冒险。

表 4 – 22　市场化水平的调节作用

变量	（1）	（2）	（3）	（4）
ENV	– 0. 256 *** （0. 061）			
CSR		0. 051 ** （0. 025）		
INO			0. 120 ** （0. 052）	
RISK				0. 162 *** （0. 026）
ML	0. 011 （0. 116）	0. 072 （0. 113）	0. 108 （0. 124）	0. 074 （0. 111）
ML × ENV	0. 117 * （0. 061）			
ML × CSR		– 0. 023 （0. 023）		
ML × INO			– 0. 048 （0. 047）	
ML × RISK				0. 076 *** （0. 025）
控制变量	控制	控制	控制	控制

变量	（1）	（2）	（3）	（4）
常数项	-0.115 (0.153)	-0.147 (0.153)	-0.215 (0.157)	-0.083 (0.150)
N	1610	1610	1610	1610
Region	Yes	Yes	Yes	Yes
Year	Yes	Yes	Yes	Yes
R^2	0.286	0.280	0.280	0.302

（3）TMT 非理性特征与企业绿色技术创新——研发投入的中介作用

绿色技术创新需要持续大量的资金投入，研发投入既可以直接促进企业技术创新和产品研发，也能通过提高企业吸收和利用先进知识与技术的能力间接提高企业技术创新能力（马嫣然等，2018）。TMT 对企业绿色技术创新的影响首先会反映在企业研发投入的波动上，而后通过管理生产经营过程将投入转化为产出，最后体现在企业绿色技术创新水平的变动上。因此，本书选取企业的研发投入（*RD*）（以企业的研发资金投入与营业收入的比值来衡量）作为中介变量，检验 TMT 的非理性特征影响企业绿色技术创新的作用机制。

对于中介效应的检验，本书参考温忠麟和叶宝娟（2014）的做法，在公式（4 - 16）的基础上，增加公式（4 - 20）和公式（4 - 21）来验证。下面以 TMT 环保意识为例进行说明，其余 TMT 非理性特征变量中介效应的检验同理。首先由基础检验可知，环保意识对企业绿色技术创新的影响显著。然后，通过公式（4 - 20）检验环保意识是否显著影响企业研发投入，通过公式（4 - 21）检验研发投入是否显著影响企业绿色技术创新。如果上述结果都显著，则表明存在中介效应，否则利用 bootstrap 法进行验证，验证结果显著，继续进行下一步，否则说明不存在中介效应。接着，观察公式（4 - 21）中环保意识的系数 μ_1 是否显著，显著则表示研发投入起部分中介作用；不显著则表示研发投入起完全中介作用。最后，比较公式（4 - 20）中环保意识的系数和公式（4 - 21）中研发投

入的系数的乘积 $\gamma_1\mu_2$ 与公式（4－20）中环保意识的系数 μ_1 的符号，若二者同号，则认为是正向中介效应，若二者异号则认为是遮掩效应。

$$RD_{it} = \gamma_0 + \gamma_1 EVN_{it} + \sum_{k=1}^{8} \delta_k Control_{it} + Year_t + Region_m + \varepsilon_{it} \qquad (4-20)$$

$$GTI_{it} = \mu_0 + \mu_1 EVN_{it} + \mu_2 RD_{it} + \sum_{k=1}^{8} \delta_k Control_{it} + Year_t + Region_m + \varepsilon_{it} \qquad (4-21)$$

研发投入中介效应的检验结果见表4－23。由表4－23可知，研发投入与企业绿色技术创新显著正相关，即研发投入力度越大企业绿色技术创新水平越高。在 TMT 环保意识和冒险精神影响企业绿色技术创新的过程中，研发投入发挥了部分中介作用；在创新精神影响企业绿色技术创新的过程中，研发投入具有完全中介作用。这说明环保意识强的 TMT 会减少企业的研发投入，进而抑制企业绿色技术创新的发展，进一步印证了基准回归分析中 TMT 环境保护认知仍停留在前端层面的结论；而创新精神和冒险精神强的 TMT 会通过增加企业的研发投入来提升企业的绿色技术创新水平。

表4－23　研发投入的中介效应检验

变量	（1）	（5）	（2）	（6）	（3）	（7）	（4）	（8）
	RD	GTI	RD	GTI	RD	GTI	RD	GTI
ENV	-0.513 *** (0.061)	-0.172 *** (0.061)						
CSR			-0.003 (0.026)	0.050 ** (0.025)				
INO					0.319 *** (0.053)	0.078 (0.052)		
$RISK$							0.162 *** (0.027)	0.159 *** (0.026)
RD		0.118 *** (0.025)		0.133 *** (0.024)		0.127 *** (0.024)		0.111 *** (0.024)
控制变量	控制	控制	控制	控制	控制	控制	控制	控制

续表

变量	（1）	（5）	（2）	（6）	（3）	（7）	（4）	（8）
	RD	GTI	RD	GTI	RD	GTI	RD	GTI
常数项	−0.217* (0.114)	−0.126 (0.112)	−0.295** (0.117)	−0.170 (0.112)	−0.513*** (0.121)	−0.203* (0.117)	−0.282** (0.115)	−0.141 (0.110)
N	1610	1610	1610	1610	1610	1610	1610	1610
Region	Yes	Yes	Yes	Yes	Yes	Yes	Yes	Yes
Year	Yes	Yes	Yes	Yes	Yes	Yes	Yes	Yes
R^2	0.258	0.295	0.224	0.293	0.242	0.292	0.241	0.307

表 4−23 列（2）中社会责任感的回归系数不显著，需要进一步采用 bootstrap 法进行验证，验证结果如表 4−24 所示。间接效应的检验结果在 95% 的置信区间内存在零值，说明研发投入在 TMT 社会责任感影响企业绿色技术创新的过程中没有发挥中介作用，即社会责任感并不会通过改变企业的研发投入影响企业的绿色技术创新。可能的原因是，比起高风险的绿色技术创新，TMT 会选择其他风险更低的社会责任履行方式，比如提供社会服务或捐赠等，因此 TMT 社会责任感的增强对企业绿色技术创新的促进作用并未体现在研发投入的增加上。

表 4−24　研发投入中介效应的 bootstrap 检验

自变量		因变量			
	GTI	系数	z	p > | z |	95% 置信区间
CSR	间接效应	−0.0055354	−0.91	0.360	［−0.0173977，0.006327］
	直接效应	0.03957	1.78	0.075	［−0.0039363，0.0830763］

4.4.6　研究结论与政策启示

本书以中国沪深 A 股制造业上市企业为样本，探究高管团队（TMT）的环保意识、社会责任感、创新精神和冒险精神等非理性特征对企业绿色技术创新的影响机制，并进一步探讨了非沉淀性冗余资源和市场化水平在其中的调节作用，以及非理性特征通过研发投入影响企业绿色技术

创新的作用机理。通过实证分析本书得出以下结论，

第一，整体来看，TMT 的环保意识与企业绿色技术创新显著负相关，社会责任感、创新精神、冒险精神与企业绿色技术创新显著正相关。非理性特征的复合效应显示，冒险精神对绿色技术创新的影响最大，环保意识次之，接着是创新精神，社会责任感的作用效果最弱。对企业规模、产权性质进行异质性分析发现，在小规模企业和非国有企业中，环保意识、社会责任感、创新精神与绿色技术创新的相关关系不再显著。这一结果反映出 TMT 的非理性特征会显著影响企业的绿色技术创新，但这种影响在不同类型的企业中存在差异，其中冒险精神的促进作用在不同规模和不同产权性质的企业中均通过了 1% 的显著性检验，冒险精神对绿色技术创新的影响最为显著。第二，进一步研究发现，非沉淀性冗余资源负向调节社会责任感、创新精神、冒险精神对绿色技术创新的促进作用；市场化水平正向调节环保意识与绿色技术创新的负相关关系、冒险精神与绿色技术创新的正相关关系。第三，研发投入的增加可以有效促进企业的绿色技术创新，并且研发投入在环保意识和冒险精神影响企业绿色技术创新的过程中起到部分中介作用，在创新精神影响绿色技术创新的过程中起完全中介作用。具体表现为环保意识强的 TMT 并未增加企业的研发投入，而创新精神、冒险精神强的 TMT 会倾向于通过增加研发投入促进企业的绿色技术创新。

基于前文的研究结论，本书从企业层面提出如下政策建议。

首先，企业应合理引导和培养高管的非理性特征。企业可以从外部环境着手，制定恰当的激励机制和晋升机制，避免 TMT 的短视行为。在制订高管薪酬计划时，考虑绿色技术创新高投入、高风险的特征，设立适当的业绩考核标准，预留适宜的容错空间，避免 TMT 因片面追求账面利润的高速增长而放弃能为企业带来长期效益的创新项目；考虑研发创新收益的远期性特点，采取与公司长期价值紧密相关的股权、期权等相关激励政策，最大限度地避免道德风险的发生。同时，还应重视 TMT 内

在精神和能力的提升，加强 TMT 的学习交流。一方面，条件许可时可组织 TMT 到行业标杆企业或国际一流企业进行交流学习，通过深入学习优秀的企业文化和成功的管理与创新经验，增强 TMT 的创新精神和冒险精神。另一方面，加强 TMT 对国家、行业最新环境政策以及客户相关环保诉求的理解，营造良好的企业责任履行氛围，通过社会教育和环境营造，提升 TMT 的社会责任意识和环境认知水平。

其次，企业应优化 TMT 的组织结构，适度增加女性高管，提升有学术背景的高管在企业决策中的影响力。前文的描述性统计分析表明，TMT 中女性高管和有学术背景的高管占比均较低，大部分企业均在 10% 以下，但控制变量的回归结果显示，女性高管和有学术背景的高管占比的提升能有效促进企业进行绿色技术创新。因此，企业应重视女性高管和有学术背景的高层次人才，通过内部提拔或者外部引进的方式增加管理团队中女性和有学术背景的高管的占比，合理配置权力，适当增加具有上述特征的高管的话语权，充分发挥他们在团队建设和企业决策中的优势，为企业决策提供更多样化的观点，使企业做出更为周全和审慎的决策，更好地激发团队合力，在提升企业创新效率的同时降低企业创新决策的失误率，帮助企业抓住创新机遇。

最后，企业应根据发展战略和环境变化动态配置企业内部资源。尽管非沉淀性冗余资源可以帮助企业抵御内外部环境变化的风险，但企业应在满足预防性需要的基础上，根据企业战略目标和内外部环境状况，适时调整非沉淀性冗余资源的存量。这不仅有助于防止 TMT 滥用企业资源满足个人私利的道德风险、提高非沉淀性冗余资源的利用效率，而且能通过配置非沉淀性冗余资源推动企业技术创新。此外，企业也应当为资源转化制定相应的配套措施，确保企业非沉淀性冗余资源与企业资源转化能力高度适配，提升企业资源转化效率，最大限度地实现非沉淀性冗余资源的价值创造。

基于前文的研究结论，本书从政府层面提出如下政策建议。

首先，政府应制定差异化的企业绿色技术创新引导政策。企业特征的不同导致企业实施绿色技术创新战略的困境各不相同，因此政府应根据不同类型企业的特点制定差异化的政策，以更加合理地配置社会资源。针对大规模企业生产模式转型难的问题，政府应当在生产技术更新换代或工艺改造等方面给予企业财政支持；针对小规模企业资源紧缺、融资难等困境，政府应提供更多的绿色创新补贴或拓宽其技术创新的融资渠道。政府应该加强对国有或国有控股企业的环境监管，杜绝国有企业高管"走后门"的侥幸心理；对非国有企业则应增加政策透明度和市场公平性，必要时可给予主动承担企业社会责任的非国有企业一定的补偿，鼓励其积极履行企业社会责任。

其次，政府应降低绿色技术创新的双重外部性，鼓励企业增加研发投入。政府应采取多种举措引导企业增加研发投入，减少消极的事后处理行为。一方面，以适当方式承担企业的研发成本和研发风险，并加强对企业绿色技术创新成果的保护，杜绝其他企业的"搭便车"行为，从而提升企业的创新效益，推动企业自愿进行绿色技术创新。另一方面，完善环保法规，制定科学合理的环境污染惩罚标准，完善环境污染追责制度，贯彻好"谁污染、谁付费"和"谁污染、谁治理"的环保法则，以此打消企业先污染后治理的消极应对思想。

最后，政府应积极构建以市场为导向的绿色技术创新驱动机制。政府应大力推进市场化改革进程，加快完善市场机制，使市场在绿色技术创新中发挥好导向性作用。应强化市场在资源配置方面的积极作用，使社会资源由前景灰暗的企业流向发展潜力大的企业，引导企业实施更有利于提升企业价值和竞争力的绿色创新战略。此外，为避免企业骗补而不真正开展绿色技术创新，政府应营造良好的绿色消费氛围，通过培养消费者的绿色消费意识，以市场化手段激发绿色消费需求，使企业能够通过绿色技术创新在市场上获取可观的经济收益，这是建立企业绿色技术创新驱动长效机制最为有效的方式。

4.5 基于感知价值理论的企业绿色技术创新行为决策研究

决策者在面对不确定性问题时会表现出有限理性特征，其行为因素对决策过程的影响尤为值得重视。为此，本书将前景理论引入演化博弈模型，以期望值为价值参考点，构建有别于传统收益矩阵的感知价值矩阵，对企业绿色技术创新决策过程中企业与政府博弈双方的演化路径和稳定策略进行理论分析，以期从行为决策视角揭示环境管制下企业绿色技术创新的决策机理，并通过仿真模拟分析行为变量和环境管制措施对系统演化过程的影响。

4.5.1 理性决策的研究不足

在平衡经济发展和环境保护的议题上，绿色技术创新是许多国家的优先方案。进行绿色技术创新有利于提高企业声誉和竞争力，实现经济效益和环境效益的双赢，进而促进国家的可持续发展。与此同时，企业绿色技术创新需要有效的政策引导和恰当的管制约束，这一过程本质上就是政府和企业等利益相关者的绿色行为博弈过程。基于此，许多学者利用博弈论从经济利益的角度，探讨了环境管制对企业绿色技术创新的驱动机制。现有研究文献采用实证分析和博弈模型分析两类研究思路，研究发现环境管制通过干预企业的经济收益和社会收益影响企业的创新决策。但相较于传统技术创新，企业绿色技术创新具有经济和环境的双重正外部性，同时又面临巨大的不确定性，因此基于理性人假设的决策理论不能有效解释企业绿色技术创新的决策过程。一些研究已经表明，行为因素对绿色技术创新的影响更为显著，如彭雪蓉和魏江（2015）、Pacheco 等（2017）分析了决策者的风险偏好、环境管理态度、信息能力、社会责任感等行为因素对企业绿色技术创新的影响；De Jesus 和 Mendonca（2018）研究表明，社会意识、环境素养和社会偏好相关的因素已经成为绿色技术创新的重要影响因子。

在面对不确定性问题时，决策者的冒险或保守、犹豫不决或边走边学等行为特征往往发挥着重要作用，决策者更多的是依据主观感知价值而非客观收益做出最终决定，感知价值的大小由价值参考点和决策者的风险偏好决定。为此，有必要将行为偏好引入博弈模型中，拓展企业绿色技术创新的微观决策机理研究。为了揭示企业与政府的行为偏好在企业绿色技术创新决策系统中的作用，本书进行了以下工作。首先，引入绿色技术创新的成功率来描述其不确定性，并在此背景下构建企业和政府的演化博弈模型，这是基于企业创新过程中存在大量失败案例的客观事实。其次，基于博弈双方有限理性的行为特征，运用前景理论将价值参考点和感知价值引入演化博弈模型，从而使其改进为前景演化博弈模型，在此基础上分析博弈双方的演化稳定策略。最后，为了进一步检验博弈结果的合理性，本书运用数值仿真技术，模拟分析感知价值敏感度、损失厌恶程度、政府补贴、政策措施和环境管制机制等对决策者行为的影响过程。

4.5.2　基于前景理论的演化博弈模型构建

演化博弈论被广泛应用于分析博弈双方的行为互动，探讨决策者的最优策略及其决策过程。在绿色技术创新过程中，无论是企业还是政府，都是在博弈中动态学习，根据对方的策略选择不断调整与优化自己的策略选择，因此绿色技术创新的决策过程实质上也是企业和政府不断试错和纠偏的博弈过程。

（1）基本假设

本书旨在对企业绿色技术创新系统中企业和政府的博弈关系进行研究。博弈双方均有两种策略，企业的策略选择为进行或不进行绿色技术创新，对应的策略集为 $\{A_1, A_2\}$，企业选择 A_1 的概率为 x、选择 A_2 的概率为 $1-x$；政府的策略选择为是否采取环境管制措施，对应的策略集为 $\{B_1, B_2\}$，政府选择 B_1 的概率为 y、选择 B_2 的概率为 $1-y$。x、$y \in$

[0, 1] 为时间 t 的函数。以盈利为目的的企业，其进行绿色技术创新的决策依据仍然是实现经济利益最大化；与此同时，作为公共利益的代表，政府实施环境管制的根本目的是引导和激励企业进行绿色技术创新，以减少污染排放、降低环境损害，最终实现经济高质量发展，因此政府的决策依据是实现环境效益和社会效益的双赢。基于此，模型的基本假设如下。

假设1：企业在初期的总投资为 I_0，如果企业进行绿色技术创新则需要新增绿色投资 I，企业进行绿色技术创新成功的概率为 z（$0 \leqslant z \leqslant 1$），失败的概率为 $1-z$。

假设2：企业在初期的收益为 R_0，如果企业进行绿色技术创新，则可以获取创新增益，创新增益的大小与社会对绿色产品的偏好、政府的环境决策，以及企业能否创新成功有关。为了简化问题，不妨假设社会对绿色产品的偏好短时间内不发生改变。当政府采取环境管制时，创新成功的企业因绿色产品的市场溢价以及消费者的绿色偏好等，获得的市场经济增益为 R_1；与此同时，由于环境政策限定和规范了企业的绿色行为，提高了绿色技术在市场竞争中的权重，所以创新成功的企业还可以获取环境管制政策带来的经济增益 R_2。另外，当政府采取激励相容的环境管制时，虽然创新失败的企业无法获取来自市场的经济增益 R_1，但是因为其积极响应政府号召进行绿色技术创新，仍可获得来自政府环境管制政策的部分经济效益 pR_2，其中 p 为政策力度，如公式（4–22）所示。政策力度是环境管制政策成本的单调递增函数（李楠博，2020）。当政府不采取环境管制时，意味着无论企业能否创新成功，都无法获得政策经济增益，即企业创新成功仅获得市场经济增益 R_1。

$$p = 1 - e^{-C/K} \tag{4–22}$$

式（4–22）中，C 为政府的政策成本，K 为反映政策有效性的常数，e 为自然常数。

假设3：采取环境管制的政府根据企业的绿色技术创新行为给予其奖

励或者惩罚，创新成功的企业获得绿色补贴 r_1I，创新失败的企业获得容错补偿 r_2I，r_1 和 r_2 分别为绿色补贴率和容错补偿率，r_1、$r_2 \in [0, 1]$ 且 $r_1 \geqslant r_2$；不进行绿色技术创新的企业则受到相应的惩罚 pF，其中 p 为前文提及的政策力度，F 为罚金额度，政策力度越大，企业不进行绿色技术创新被政府部门发现的概率就越高。当政府不采取环境管制时，企业既不会因为绿色技术创新获得补贴也不会因为未进行绿色技术创新受到惩罚。

假设 4：政府制定并执行一系列环境管制政策，监督和引导企业进行绿色技术创新。一般政府的环境管制措施越多，企业的环保意识就越强、环境压力就越大，计划进行绿色技术创新的企业就越多，与此同时，政府的公信力也会越高，这些统称为政府采取环境管制获得的社会收益 S。如果企业绿色技术创新成功，那么政府采取环境管制将同时获得因企业清洁生产而产生的环境收益 E 和环境管制政策带来的社会收益 S。不采取环境管制的政府，则没有政策成本、补贴支出和罚金收入，不能获得社会收益，仅有企业绿色技术创新成功时产生的环境收益 E。

依据以上假设，构建企业和政府的初始收益矩阵，如表 4－25 所示。

表 4－25　一般演化博弈模型的收益矩阵

			政府	
			B_1	B_2
企业	A_1	成功	$-I_0 - I + R_0 + R_1 + R_2 + r_1I$, $\quad -C - r_1I + E + S$	$-I_0 - I + R_0 + R_1$, E
		失败	$-I_0 - I + R_0 + pR_2 + r_2I$, $\quad -C - r_2I + S$	$-I_0 - I + R_0$, 0
	A_2		$-I_0 + R_0 - pF$, $\quad -C + pF + S$	$-I_0 + R_0$, 0

前景理论指出，人们面对收益时更倾向于规避风险以防止风险损失削减既得利益；面对损失时则更愿意追求风险期望以风险收益填平现有亏损。这里的收益或损失不是绝对的物质收益或损失，而是客观价值相对于主观价值参考点（简称参考点）的差值。为了体现企业和政府在绿色技术创新决策中的有限理性特征，本书采用感知价值替代物质价值。感知价值函数如公式（4－23）所示（Cheng et al.，2020）：

$$v(\Delta U) = \begin{cases} (\Delta U)^{\alpha}, \Delta U \geqslant 0 \\ -\lambda\ (-\Delta U)^{\alpha}, \Delta U < 0 \end{cases} \qquad (4-23)$$

$v\ (\Delta U)$ 为感知价值，ΔU 表示客观价值与参考点相比的损益离差，$\Delta U \geqslant 0$ 表示决策者对该策略的心理感知为收益，$\Delta U < 0$ 表示决策者对该策略的心理感知为损失。$\alpha \in [0, 1]$，代表感知价值敏感度，该值越大表示决策者对感知价值的变化越敏感。λ 为损失厌恶程度，该值越大表示决策者越厌恶损失，越可能采取损失规避措施。

由公式（4-23）可知，对于固定的客观价值而言，参考点的变化可以使决策者对客观价值的感知从收益变为损失，进而改变参与者的最终决策。由此可知，参考点是决策的重要影响因素。由于绿色技术创新具有投资规模大、耗时长、风险大的特点，假设企业更愿意维持原状，设置企业的价值参考点为 $-I_0 + R_0$，即无环境管制时企业不进行绿色技术创新的客观收益。而政府的目标是通过政策引导企业进行绿色技术创新进而实现绿色生产，因此政府的收益参考点为 $-C - r_1 I + E + S$，即企业绿色技术创新成功时，政府采取环境管制的客观收益。企业的价值由投资、收益、政府补贴和罚金四部分组成；政府的价值由政策成本、补贴支出、惩罚收入、环境收益和社会收益五部分组成。根据参考点计算博弈双方的感知价值收益矩阵，如表4-26所示。

表4-26　前景演化博弈模型的感知价值收益矩阵

			政府	
			B_1	B_2
企业	A_1	成功	$v\ (-I)\ +v\ (R_1)\ +v\ (R_2)\ +$ $v\ (r_1 I)$, 0	$v\ (-I)\ +v\ (R_1)$, $v\ (C)\ +$ $v\ (r_1 I)\ +v\ (-S)$
		失败	$v\ (-I)\ +v\ (pR_2)\ +v\ (r_2 I)$, $v\ [\ (r_1 - r_2)\ I\ ]\ +v\ (-E)$	$v\ (-I)$, $v\ (C)\ +v\ (r_1 I)$ $+v\ (-S)\ +v\ (-E)$
	A_2		$v\ (-pF)$, $v\ (r_1 I)\ +$ $v\ (pF)\ +v\ (-E)$	0, $v\ (C)\ +v\ (r_1 I)\ +$ $v\ (-S)\ +v\ (-E)$

设在环境管制下，企业进行绿色技术创新获得的平均绿色增益为 $\bar{R}$，

获得的平均政府补贴为 $\bar{G}$，则有 $\bar{R} = z$ $(R_1^{\alpha} + R_2^{\alpha})$ $+$ $(1-z)$ (pR_2^{α})，$\bar{G} =$ z $(r_1 I)^{\alpha}$ $+$ $(1-z)$ $(r_2 I)^{\alpha}$，可得前景演化博弈模型的标准收益矩阵，如表 4 - 27 所示。

表 4 - 27 前景演化博弈模型的标准收益矩阵

		政府	
		B_1	B_2
企业	A_1	$-\lambda I^{\alpha} + \bar{R} + \bar{G}$, $(1-z)$ $\{$ $[$ $(r_1 -$ $r_2)$ $I]^{\alpha} - \lambda E^{\alpha}\}$	$-\lambda I^{\alpha} + zR_1^{\alpha}$, $C^{\alpha} + (r_1 I)^{\alpha} -$ $\lambda S^{\alpha} - (1-z)$ λE^{α}
	A_2	$-\lambda$ $(pF)^{\alpha}$, $(r_1 I)^{\alpha} + (pF)^{\alpha} - \lambda E^{\alpha}$	0, $C^{\alpha} + (r_1 I)^{\alpha} - \lambda S^{\alpha} - \lambda E^{\alpha}$

（2）演化博弈分析

根据表 4 - 27 构建企业和政府的复制动态方程，如公式（4 - 24）和公式（4 - 25）所示：

$$F(x) = \frac{\mathrm{d}x}{\mathrm{d}t} = x(1-x)\{ -\lambda I^{\alpha} + zR_1^{\alpha} + y[\bar{R} + \bar{G} + \lambda (pF)^{\alpha} - zR_1^{\alpha}]\} \quad (4-24)$$

$$F(y) = \frac{\mathrm{d}y}{\mathrm{d}t} = y(1-y)(\lambda S^{\alpha} + (pF)^{\alpha} - C^{\alpha} + x\{(1-z)$$

$$[(r_1 - r_2)I]^{\alpha} - (r_1 I)^{\alpha} - (pF)^{\alpha}\}) \quad (4-25)$$

公式（4 - 24）和公式（4 - 25）组成系统动力学方程组，当 $\frac{\mathrm{d}x}{\mathrm{d}t} = \frac{\mathrm{d}y}{\mathrm{d}t} = 0$ 时，表示策略调整速度为 0，系统达到相对稳定的平衡状态，如公式（4 - 26）所示：

$$\begin{cases} F(x) = \frac{\mathrm{d}x}{\mathrm{d}t} = 0 \\ F(y) = \frac{\mathrm{d}y}{\mathrm{d}t} = 0 \end{cases} \quad (4-26)$$

解公式（4 - 26）得到系统的 5 个均衡点依次为（0，0）、（0，1）、（1，0）、（1，1）和 (x^*, y^*)，其中 $x^* = \dfrac{\lambda S^{\alpha} - C^{\alpha} + (pF)^{\alpha}}{(r_1 I)^{\alpha} - (1-z)[(r_1 - r_2)I]^{\alpha} + (pF)^{\alpha}}$，

$$y^* = \frac{\lambda I^\alpha - zR_1^\alpha}{\underset{\overline{}}{R} + \underset{\overline{}}{G} + \lambda (pF)^\alpha - zR_1^\alpha}。$$

通过雅克比矩阵进行局部稳定性分析，确定系统的演化稳定策略（Evolutionary Stabilization Strategy，ESS）。雅克比矩阵 J 如公式（4 - 27）所示：

$$J = \begin{bmatrix} a_{11} & a_{12} \\ a_{21} & a_{22} \end{bmatrix} = \begin{bmatrix} \dfrac{\partial F(x)}{\partial x} & \dfrac{\partial F(x)}{\partial y} \\ \dfrac{\partial F(y)}{\partial x} & \dfrac{\partial F(y)}{\partial y} \end{bmatrix} =$$

$$\begin{bmatrix} (1-2x)\{-\lambda I^\alpha + zR_1^\alpha + y[\overline{R} + \overline{G} + \lambda (pF)^\alpha - zR_1^\alpha]\} \\ y(1-y)\{(1-z)[(r_1 - r_2)I]^\alpha - (r_1 I)^\alpha - (pF)^\alpha\} \end{bmatrix}$$

$$\begin{matrix} x(1-x)[\overline{R} + \overline{G} + \lambda (pF)^\alpha - zR_1^\alpha] \\ (1-2y)\{\lambda S^\alpha - C^\alpha + (pF)^\alpha + x[(1-z)(\Delta rI)^\alpha - (r_1 I)^\alpha - (pF)^\alpha]\} \end{matrix} \quad (4-27)$$

当矩阵 J 同时满足条件1和条件2时，均衡点具备局部稳定性，可判定为系统的 ESS。

条件1：雅克比矩阵行列式的迹小于0，即 $\mathrm{Tr}J = a_{11} + a_{22} < 0$。

条件2：雅克比矩阵行列式的秩大于0，即 $\mathrm{Det}J = a_{11} \cdot a_{22} - a_{12} \cdot a_{21} > 0$。

将5个平衡点代入公式（4 - 27），可得到雅克比矩阵中各元素的值，如表4 - 28所示。由于点（x^*，y^*）不满足 $\mathrm{Tr}J = 0$ 的条件，所以以下分析只考虑其他4个均衡点。

表 4 - 28　雅克比矩阵的元素构成

均衡点	a_{11}	a_{12}	a_{21}	a_{22}
(0, 0)	$zR_1^\alpha - \lambda I^\alpha$	0	0	$\lambda S^\alpha + (pF)^\alpha - C^\alpha$
(0, 1)	$\overline{R} + \overline{G} + \lambda (pF)^\alpha - \lambda I^\alpha$	0	0	$C^\alpha - \lambda S^\alpha - (pF)^\alpha$
(1, 0)	$\lambda I^\alpha - zR_1^\alpha$	0	0	$\lambda S^\alpha + (1-z)[(r_1 - r_2)I]^\alpha - C^\alpha - (r_1 I)^\alpha$

均衡点	a_{11}	a_{12}	a_{21}	a_{22}
$(1, 1)$	$\lambda I^{\alpha} - \bar{R} - \bar{G} - \lambda (pF)^{\alpha}$	0	0	$C^{\alpha} + (r_1 I)^{\alpha} - (1-z) [(r_1 - r_2) I]^{\alpha} - \lambda S^{\alpha}$
(x^*, y^*)	0	V	W	0

注：V 和 W 与后续研究无关，此处不再展开。

在 $(0, 0)$、$(0, 1)$、$(1, 0)$、$(1, 1)$ 4 个均衡点处均有 $a_{12} \cdot a_{21} = 0$，因此上述条件 2 可以简化为 $\mathrm{Det} J = a_{11} \cdot a_{22} > 0$，结合条件 1 可知，只要均衡点满足 $a_{11} < 0$ 且 $a_{22} < 0$ 即为系统的 ESS。

设 $M_l = z R_1^{\alpha}$、$M_b = \bar{R} + \bar{G} + \lambda (pF)^{\alpha}$、$N_l = C^{\alpha} - (pF)^{\alpha}$、$N_b = C^{\alpha} + (r_1 I)^{\alpha} - (1-z) [(r_1 - r_2) I]^{\alpha}$。$M_l$ 表示在没有环境管制的条件下，企业进行与不进行绿色技术创新的收益差额；M_b 表示在环境管制条件下，企业进行与不进行绿色技术创新的收益差额。根据前文的基本假设可知，$M_l < M_b$。N_l 表示企业不进行绿色技术创新的条件下，政府采取与不采取环境管制措施的收益差额；N_b 表示企业进行绿色技术创新的条件下，政府采取与不采取环境管制措施的收益差额，则 $N_b > N_l$。对企业而言，绿色技术创新的投资越小越好；对政府而言，社会收益越大越好。根据企业对绿色投资的损失感知 λI^{α} 以及政府对社会收益的损失感知 λS^{α} 的大小，确定条件由差到好的 9 种情况，如表 4 – 29 所示。

表 4 – 29　基本情况设置

		较小	中等	较大
		$0 < \lambda S^{\alpha} < N_l$	$N_l < \lambda S^{\alpha} < N_b$	$\lambda S^{\alpha} > N_b$
较大	$\lambda I^{\alpha} > M_b$	情况 1	情况 2	情况 3
中等	$M_l < \lambda I^{\alpha} < M_b$	情况 4	情况 5	情况 6
较小	$0 < \lambda I^{\alpha} < M_l$	情况 7	情况 8	情况 9

根据 a_{11} 和 a_{22} 的大小，判断 9 种情况下局部均衡点的稳定性和系统的 ESS，如表 4 – 30 所示。

表 4 – 30　ESS 分析

均衡点	情况 1	情况 2	情况 3	情况 4	情况 5	情况 6	情况 7	情况 8	情况 9
(0, 0)	E	S	S	E	S	S	S	U	U
(0, 1)	S	E	E	U	S	S	U	S	S
(1, 0)	S	S	U	S	S	U	E	E	S
(1, 1)	U	U	S	S	S	E	S	S	E

注: E 表示 ESS, U 表示不稳定点, S 表示鞍点。

9 种情况下系统的 ESS 可以分为以下五大类。

第一类包含情况 1 和情况 4。当 $\lambda I^{\alpha} > M_l$、$0 < \lambda S^{\alpha} < N_l$ 时, 系统的 ESS 为 (0, 0), 即当企业对绿色投资的损失感知中等或较大, 政府对社会收益的损失感知较小时, 企业选择策略 A_2, 政府选择策略 B_2。情况 1 和情况 4 中, 政府的损失感知相同, 区别在于企业对绿色投资的损失感知在情况 1 中比情况 4 中大, 导致情况 1 的不稳定点为 (1, 1), 情况 4 的不稳定点为 (0, 1)。政府为了减缓环境恶化、营造绿色技术创新氛围采取了环境管制措施, 由于绿色技术创新成功率较低、收益较少、政策水平较低以及损失恐惧等, 企业不愿意进行绿色技术创新, 当损失恐惧大到政府环境管制措施无法平衡时, 即使是那些具有创新精神且已经开展绿色技术创新的企业, 在巨大的损失感知下最终也会认为该行为有害于经济效益, 进而停止创新活动, 政策失效导致政府获得的社会收益急剧收缩, 政府最终放弃环境管制, 系统稳定在"企业不开展绿色技术创新、政府不采取环境管制"的恶性状态。因此在这类情况下, 一方面要从心理上引导企业对绿色技术创新产生信心, 减少其风险恐惧；另一方面要从多方面提供保障措施, 以增加创新成功的可能性, 如加大创新补贴和处罚力度等, 增强绿色技术创新的收入保障, 以提升企业收入感知的门槛值, 尽量平衡损失感知, 进而激励企业开展绿色技术创新。

第二类包含情况 2 和情况 3。当 $\lambda I^{\alpha} > M_b$、$\lambda S^{\alpha} > N_l$ 时, 系统的 ESS 为 (0, 1), 即当企业对绿色投资的损失感知较大, 政府对社会收益的损失感知中等或较大时，企业选择策略 A_2、政府选择策略 B_1。结合情况 1 可知，当企业对绿色投资的损失感知较大时，N_l 是改变政府决策的社会收益分界线，且政府对社会收益的损失感知变化没有改变企业的稳定策略。对比情况 2 和情况 3，当政府对社会收益的损失感知从中等变为较大时，虽然政府的稳定策略没有发生变化，但是系统的不稳定点由（1，1）转变为（1，0）。也就是说，当其他变量一定时，政府对社会收益的损失感知越大（在情况 3 中），政府采取环境管制的动力就越强。部分企业为了追求创新收益积极开展绿色技术创新，产生的环境效益和社会效益满足了政府的利益需求，因此已经采取环境管制的政府会持续采取该行为，没有采取环境管制的政府也将改变策略，开始实施环境管制以追求更多的社会效益。然而由于绿色技术创新回报率较低且回收周期较长，企业会逐渐发现绿色投入过大，即使有政策支持也难以平衡经济支出，最终企业将放弃进行绿色技术创新。因此，在此类情况下，政府要采取适宜的奖惩措施，避免出现"劣币驱逐良币"的不良现象，防止创新企业纷纷"弃明投暗"，最终陷入企业都不愿进行绿色技术创新的恶性循环。

第三类包含情况 6 和情况 9。当 $\lambda I^\alpha < M_b$、$\lambda S^\alpha > N_b$ 时，系统的 ESS 为（1，1），即当企业对绿色投资的损失感知中等或较小，政府对社会收益的损失感知较大时，企业选择策略 A_1，政府选择策略 B_1。结合情况 3 可知，当政府对社会收益的损失感知较大时，M_b 是改变企业绿色投资决策的分界线。对比情况 6 和情况 9，当企业对绿色投资的损失感知由中等变为较小时，系统的不稳定点由（1，0）变为（0，0）。也就是说，当其他变量一定时，企业对绿色投资的损失感知越小（在情况 9 中），企业进行绿色技术创新的动力就越强。当政府高度重视环境问题时，其对社会效益的追求远高于资金效益，此时政府倾向于采取高强度的环境管制；与此同时，在高压惩罚机制以及适度的绿色收益平衡下，企业对绿色投资的损失感知降低，最终促使企业进行绿色技术创新。要达到这种稳定状态，一方面政府要提供高质量的环境管制措施减少企业的后顾之忧；

另一方面企业要正视绿色技术创新，不要对未知风险过度恐惧。

第四类包含情况 7 和情况 8。当 $0 < \lambda I^\alpha < M_l$、$\lambda S^\alpha < N_b$ 时，系统的 ESS 为（1，0），即当企业对绿色投资的损失感知较小，政府对社会收益的损失感知中等或较小时，企业选择策略 A_1、政府选择策略 B_2。结合情况 9 可知，当企业对绿色投资的损失感知较小时，N_b 是改变政府决策的社会收益分界线。结合情况 1 和情况 4 可知，当政府对社会收益的损失感较小时，M_l 是改变企业决策的绿色投资分界线。由此可知，博弈双方的行为可以影响甚至改变对方的决策结果，这种现象符合并验证了参与者在博弈过程中通过学习不断调整策略的特性。如果投资回报率足够大，即使没有政策支持，巨大的经济收益也会促使企业开展绿色技术创新。此时，良好的创新环境和技术背景是促使企业在绿色技术创新成功率一定时依然开展巨额投资的保障。

第五类包含情况 5。当 $M_l < \lambda I^\alpha < M_b$、$N_l < \lambda S^\alpha < N_b$ 时，系统不存在 ESS，即当企业和政府对绿色投资和社会收益的损失感知中等时，由于价值差异不明显，博弈双方永远处于策略调整状态，不能形成稳定策略。在复杂且未知的环境中，企业根据信息变化不断调整策略选择，政府同样需要频繁调整策略选择，这不仅无法为企业提供决策依据，反而增加了企业决策环境的不确定性，导致系统陷入无法抉择的恶性循环。在此情境下，作为经济体系的构建者和方向引领者，政府有责任打破这种怪圈，通过改善创新环境、提高基础科技水平、完善环境管制体系、加强信息公开等手段，为企业提供良好的决策环境，促使企业做出绿色创新决策。

9 种情况下系统的演化相位图如图 4-4 所示。

4.5.3 数值模拟分析

为了更直观地体现企业与政府的互动过程以及影响因素对决策行为的作用机制，下面采用数值模拟方法，首先赋予参数不同的数值从而产

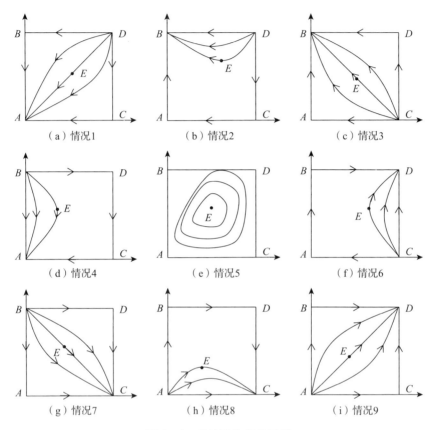

图 4 – 4　系统演化相位图谱

生多条演化路径，然后对模拟结果进行分析，得到决策行为的影响机制。在初始赋值中，主要根据参数间的大小关系设置初始值。假设博弈初期参与者选择各策略的概率相同，即 $x = 0.5$、$y = 0.5$；企业绿色技术创新成功和失败的概率相同，即 $z = 0.5$；企业进行绿色技术创新所获得的市场经济增益和政策经济增益均为 10 单位，即 $R_1 = 10$、$R_2 = 10$；政府采取环境管制的政策成本为 20 单位，即 $C = 20$；基于我国环境管制力度在不断加大的事实，假设政策力度较大，取 $K = 15$。此外，考虑到绿色补贴率过低则激励效果较差，过高又容易使企业产生资金依赖进而削弱自我进步的动力，设置 $r_1 = 0.3$；容错补偿率略小于绿色补贴率，取 $r_2 = 0.2$；罚金过低不能引起企业对环境政策的重视，过高则会给企业造成巨大的经济压力，因此根据企业平均绿色增益设置罚金额度，即 $F = 5$。在前景理论研究中，Tversky 和 Kahneman（1992）的实验结果表明，当 α 为 0.88、λ 为 2.25 时，感知价值公式对不确定性决策问题的解释力度最大，因此本书的 α、λ 也据此取值为 0.88、2.25。

（1）不同情景下的演化路径模拟

根据前文的分析，分别对 S 和 I 按照较小、中等和较大三种情况进行赋值，即 S 依次取值为 5.5、7、10，I 依次取值为 1.5、11、13。运用 Matlab 2018a 进行数值模拟，得到 9 种情景下系统的演化路径，如图 4 - 5 所示。

从演化路径结果来看，系统的总体演化过程符合表 4 - 30 的分析结果，且与图 4 - 4 的演化趋势基本一致，这进一步证明了演化模型分析结果的稳定性。从演化路径的总体趋势可以看出，当绿色技术创新的投资较大而社会收益较小时，如果政府不能及时采取措施加大绿色技术的创新补偿力度、优化环境管制机制，平衡企业绿色技术创新的损失感知和收益感知，那么系统极有可能演化为企业不创新、政府不管制的均衡点，这对全社会的可持续发展是非常不利的。当绿色技术创新的投资较小而社会收益较大时，博弈双方在满足各自利益需求的情况下采取有利于环境保护的措施，是企业绿色技术创新系统最希望实现的状态。但这需要较高的投资回报率作为创新诱因，如果投资回报率较低、回收周期较长，再加上绿色技术创新的双重正外部性特征，这种均衡在现实环境中自动实现的可能性会大打折扣。如果绿色投资和社会收益均为中等，则系统无法自动形成稳定策略。综合以上情况得出，恰当的政策设计对于绿色技术创新尤为必要。

（2）影响因素分析

由上述分析可知，比较理想的状态是政府采取环境管制、企业进行绿色技术创新，此时需要满足 $M_l < \lambda I^\alpha < M_b$、$\lambda S^\alpha > N_b$，这正是情况 6。

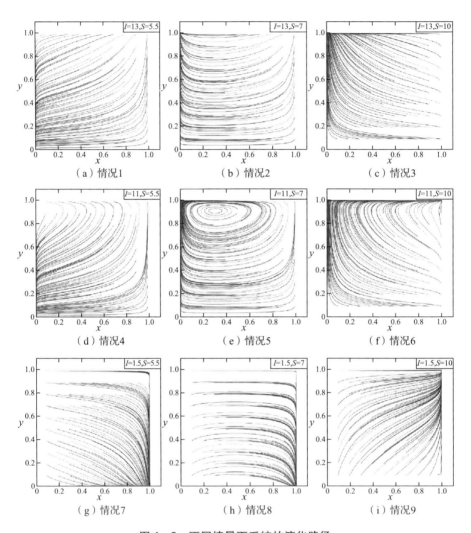

图 4-5　不同情景下系统的演化路径

为此，下面重点在情况 6 中讨论各参数对企业绿色技术创新的影响。

　　第一，感知价值敏感度的影响。取 $I=11$、$S=10$，其他变量为初始值，由图 4-4（f）和图 4-5（f）均可知，此时系统的 ESS 为（1，1）。感知价值敏感度 α 分别取 0.5、0.7、0.88 和 1，企业和政府的演化情况如图 4-6 所示。由此可以看出，随着 α 的增大，企业选择策略 A_1 的概率（x）在减小、政府选择策略 B_1 的概率（y）在增大，即企业决策者对价值改变过于敏感会阻碍企业进行绿色技术创新，而政府决策者对价值变化的敏感度提升有利于政府采取环境管制政策。这与企业和政府的参考

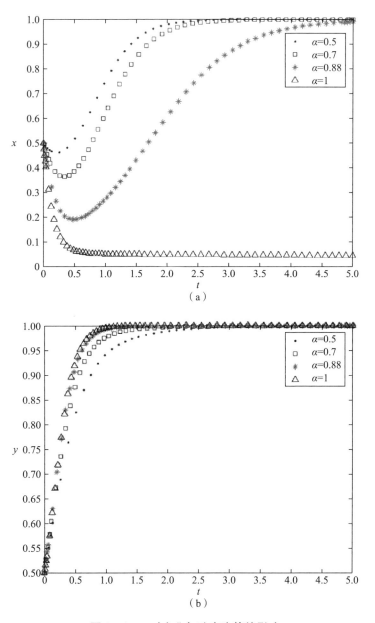

图 4-6　α 对企业与政府决策的影响

点不同有关。在现有价值参考点之下，企业对绿色技术创新是损失感知，政府对环境管制是收益感知，因此感知价值敏感度对企业和政府的决策行为产生了相反的作用效果。

第二，损失厌恶程度的影响。损失厌恶程度 λ 分别取 1、1.5、2、2.25、2.5 和 3。当 λ 为 1 时，政府不采取环境管制，企业失去政府的支持和鞭策，随之选择不进行绿色技术创新；当 λ 为 1.5 和 2 时，政府和企业无法达成稳定策略。因此这里只分析 λ 为 2.25、2.5 和 3 时，即政府采取环境管制的情况下，λ 对模型的影响。下面取 $I = 11$、$S = 10$，其他变量为初始值，得到的模拟结果如图 4 - 7 所示。由图 4 - 7 可知，随着 λ 的降低，企业选择策略 A_1 的概率（x）在增大、政府选择策略 B_1 的概率（y）在减小。这说明，企业决策者对绿色技术创新越乐观，损失厌恶程度越低，企业越有可能进行绿色技术创新，而企业过度的损失恐惧感会限制其对绿色技术的探索；相反，政府决策者的损失厌恶程度越高，政府越在意绿色技术创新的社会收益，因而越趋向于采取环境管制政策，以激励企业开展绿色技术创新。

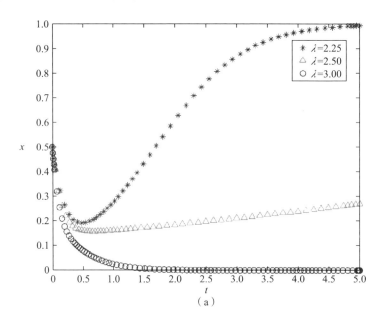

（a）

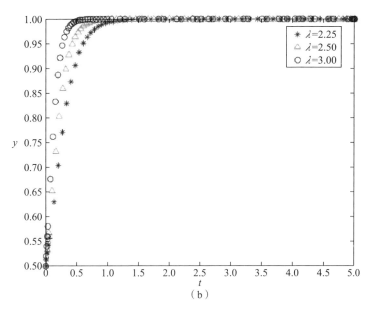

图 4 - 7 λ 对企业与政府决策的影响

第三，政府补贴的影响。根据企业绿色技术创新是否成功，政府补贴分为创新成功时的绿色补贴和创新失败时的容错补偿，下面分别探讨在成功率较高和较低情况下，这两种补贴对企业决策行为的影响。

首先，绿色补贴率对企业绿色技术创新的影响分析。绿色补贴率 r_1 分别取 0.2、0.4、0.6、0.8 和 1，其他变量为初始值，当 $z = 0.4$ 和 $z = 0.8$ 时，企业的演化情况如图 4 - 8 （a） 和 （b） 所示。由此可以看出，随着绿色补贴率 r_1 的提高，企业选择策略 A_1 的概率增大，但是当绿色补贴率大于门槛值后，x 在 [0, 1] 范围内循环波动，无法达到稳定状态。模拟分析显示，创新成功率 $z = 0.4$ 时，绿色补贴率的门槛值约为 0.6；创新成功率 $z = 0.8$ 时，绿色补贴率的门槛值约为 0.4。企业绿色技术创新的成功率越低，所需要的政府绿色补贴门槛值就越高，这说明创新风险越高，越需要有政府担保。

其次，容错补偿率对企业绿色技术创新的影响分析。容错补偿率 r_2 分别取 0、0.1、0.2 和 0.3，其他变量为初始值，当 $z = 0.4$ 和 $z = 0.8$ 时，企业决策的演化情况如图 4-8（c）和（d）所示。由此可以看出，当企业绿色技术创新的成功率较低时，政府的创新容错补偿率较高，有利于提高企业选择策略 A_1 的概率；如果容错补偿率过低，企业则有可能直接放弃策略 A_1。当企业绿色技术创新的成功率较高时，容错补偿率的高低

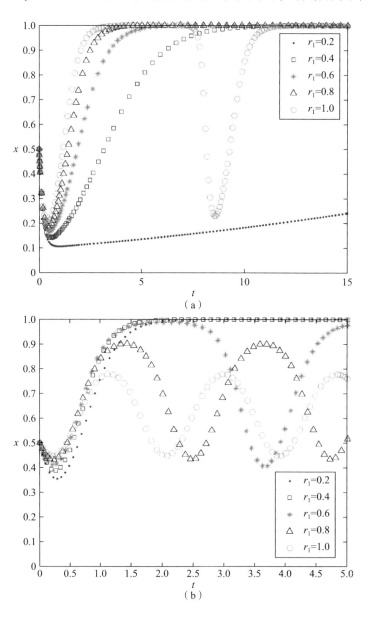

（a）

（b）

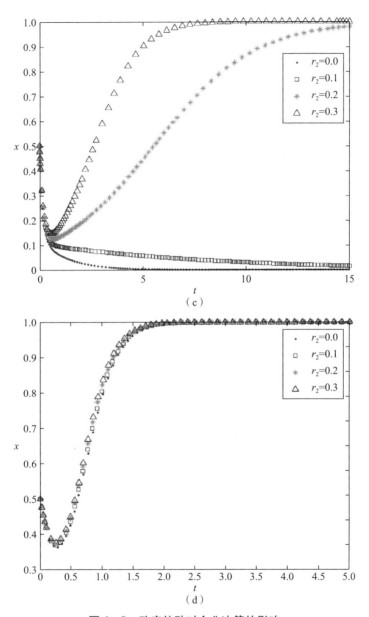

图 4-8 政府补贴对企业决策的影响

对企业选择创新的影响将不再明显，这可能是因为，企业通过创新成功获得较多的市场经济收益而不在意政府提供的创新补偿了。对比图4-8的（c）和（d）得出，成功率越低越需要容错补偿来支持企业开展绿色技术创新。鉴于通常情况下，政府提供的绿色补贴一般都大大高于政府提供的容错补偿，即 $r_1 > r_2$，故本书没有再讨论容错补偿率过高是否会导致企业出现无法抉择的情况。

综合图 4-8 可知，政府提供的绿色补贴和容错补偿可以促进企业进行绿色技术创新，且企业绿色技术创新成功率越低，需要政府提供的补贴门槛值就越高。值得注意的是，过高的补贴也会导致企业陷入决策循环，挤占企业自发的创新投入，进而阻碍绿色技术创新的发展。

第四，政策措施的影响。政策措施包含政府对企业不环保行为的惩罚成本和管制政策的执行成本，这与政府的管理水平、政策取向和社会收益等因素有关。

首先，惩罚成本的影响。当罚金额度 F 分别取 0、3、5、7 和 10，其他变量为初始值，创新成功率分别为 $z=0.4$ 和 $z=0.8$ 时，企业决策的演化情况如图 4-9（a）和（b）所示。由此可以看出，罚金越高，企业进行绿色技术创新的可能性越大，且绿色技术创新成功率越高，罚金对企业绿色技术创新的驱动作用越明显。

其次，管制政策执行成本的影响。当政策成本 C 取 0、5、10、15、20，其他变量为初始值，创新成功率分别为 $z=0.4$ 和 $z=0.8$ 时，企业决策的演化情况如图 4-9（c）和（d）所示。由此可以看出，政策成本越高，监督力度越大，企业被发现和被惩罚的概率越大，则企业进行绿色技术创新的概率越高。但是政策成本要控制在一定范围内，过高的政策成本将抑制政府采取环境管制政策。

第五，环境管制机制的影响。为了刻画不同管制政策的作用效果，分别令 $r_1=0$、$r_2=0$、$F=5$，$r_1=0.5$、$r_2=0$、$F=5$，$r_1=0.3$、$r_2=0.2$、$F=5$，$r_1=0.3$、$r_2=0.2$、$F=0$，以此来表示单一的惩罚机制、单一的奖惩机制、综合奖惩机制和容错补贴机制等四种环境管制机制，其他变量为初始值，创新成功率分别为 $z=0.4$ 和 $z=0.8$ 时，企业策略演化情况如图 4-10 所示。

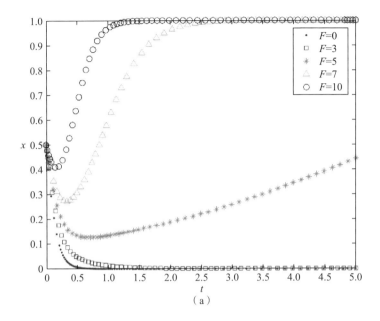

（a）

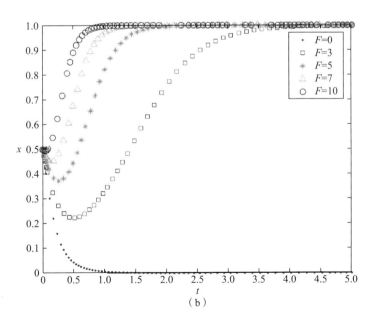

（b）

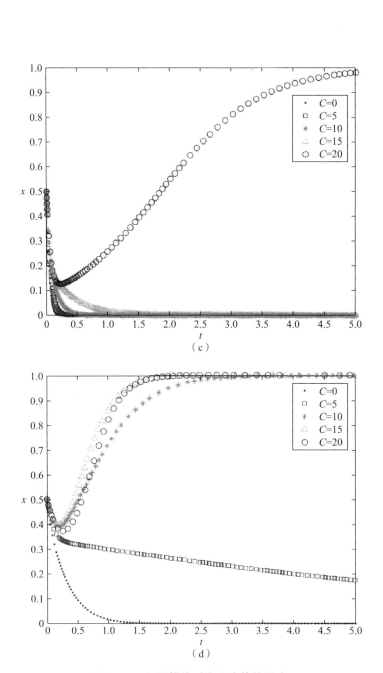

图 4 - 9　惩罚措施对企业决策的影响

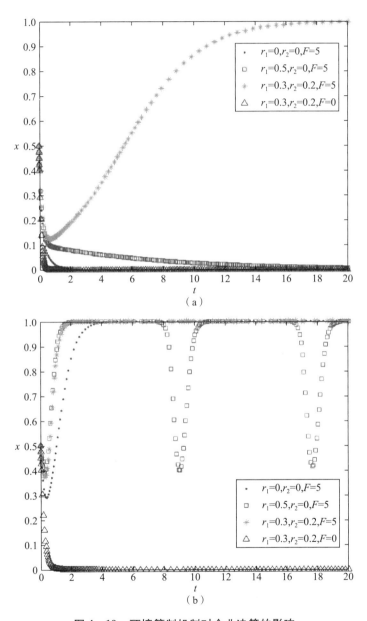

图 4 - 10 环境管制机制对企业决策的影响

由此可以看出，无论企业的创新成功率高（$z = 0.8$）或低（$z = 0.4$），当 $r_1 = 0.3$、$r_2 = 0.2$、$F = 5$ 时，即政府采取包含绿色补贴、容错补偿和惩罚在内的综合奖惩机制时，企业选择策略 A_1 的概率都是最大的，且创新成功率越高，企业调整到创新策略的动态学习时间越短。从图 4 – 10（a）可以看出，在创新难度较大、成功率较低的情况下，如果政府只有末端的惩罚、惩罚与成功奖励、缺乏惩罚机制的单纯补偿，那么无论企业初始的创新积极性有多高，最终都会趋向于选择不创新，这可能与企业决策者追求风险补偿、注重公平的心理因素有关。从图 4 – 10（b）可以看出，在创新难度较低、成功率较高的情况下，即使没有任何补偿，只要惩罚机制健全，企业的创新积极性仍然会很高；如果没有惩罚机制，只有绿色补贴和容错补偿，企业的创新积极性就会很低。这两种情况对比得出，企业可能希望政府提供奖惩分明的公平创新环境。此外，如果创新比较容易，政府仍然提供较高的绿色补贴，结果会使企业陷入决策循环，反而不利于创新积极性的提升和创新环境的建设。综合以上检验结果得出，企业绿色技术创新的积极性更容易被政府合理的创新风险补偿与公平的奖惩措施所调动，且补贴、容错和处罚三种措施综合使用的驱动效果尤其显著，而单一的环境管制措施不利于激发企业开展绿色技术创新。

4.5.4　研究结论与政策启示

本书用感知价值替代客观价值，从行为科学视角研究了企业绿色技术创新的决策过程，并对博弈结果进行了数值模拟，为揭示企业的微观决策机理、完善环境管制政策体系、调动企业的创新积极性提供了新思路，研究得出以下结论。

第一，当企业以不进行绿色技术创新的收益为价值参考点时，只有当决策者对绿色投资的损失感知小于绿色技术创新的平均市场经济收益时，企业才会自愿进行绿色技术创新。但是这种情况在目前的经济科技水平下属于理想状态，系统的实际最佳稳定状态是企业在环境管制下进行绿色技术创新，此时需要满足企业对绿色投资的损失感知小于绿色创新净收入的感知价值，政府对社会收益的损失感知大于政策成本和补贴支出的感知价值。

第二，决策者的感知价值敏感度和损失厌恶程度对企业的绿色技术创新有显著影响。对价值变化和风险过于敏感，会阻碍企业进行绿色技术创新，因此要注重对决策者的价值引导，通过外部的创新环境宣传以及信息交流，增加企业对绿色技术创新的信心，降低企业对绿色技术创新的损失感知，以提高企业的创新积极性。

第三，绿色补贴、容错补偿、惩罚措施对企业绿色技术创新的影响机制不同。一定范围内的绿色补贴对企业绿色技术创新有积极驱动作用，且绿色技术创新成功率越低，企业希望得到的绿色补贴门槛值越高；容错补偿的促进作用随着绿色技术创新成功率的提高而被削弱；罚金和政策成本的促进作用存在边际递减效应，且过高的政策成本将导致政府放弃采取环境管制。因此，环境管制的政策要与绿色技术创新的难易度适应，政府部门应高度关注那些颠覆式或突破式的创新，采取有别于渐进式创新的政府补偿政策。

第四，综合使用绿色补贴、容错补偿、惩罚措施等三种环境管制措施比单一的环境管制措施的创新激励效果更好，但政府仍需注意不同措施的强度大小需要满足各自的门槛条件，防止出现政府的绿色补贴过高，挤占企业绿色投资的不良后果。另外，政府还应根据绿色技术创新的成功率去调整不同环境管制策略的强度，以期实现以最低支出成本去最大限度地激发企业进行绿色技术创新。环境管制政策的不同也反映出企业在绿色技术创新决策中不仅追求自身利益最大化，而且对公平创新环境也提出了更高的要求。因此，政府不仅需要设计恰当的激励机制，以提升企业绿色技术创新的积极性，同时还应在构建奖惩分明的创新环境上下功夫。

5

促进企业绿色技术创新的对策研究

5.1 基于政府视角

5.1.1 法律手段

（1）完善法律法规，构建多元化的绿色技术创新政策体系

法律是促进企业绿色技术创新的制度保障，要不断完善环境立法、严格执法、加强监督管理。首先，政府需要完善环境保护和绿色技术创新方面的法律法规，加强环境规制，细化污染物排放标准，提高绿色准入门槛；把绿色技术创新评估标准和绿色创新成果保护等内容纳入法律范畴，为绿色技术创新提供制度支持。其次，政府要加强执法力度，健全执法体系，对违法排污企业加大处罚力度，对进行绿色技术创新的企业加大扶持力度，只有严格执法才能对企业产生威慑力，倒逼企业进行绿色技术创新。最后，政府应强化监督管理机制，细化各部门的环境监管责任。在赋予监管部门更大的执法权力的同时还应让其接受社会公众的监督，防止监管部门出现环境腐败问题，落实好环境巡视制度，让环境监督不局限于某一个部门，在不同领域、不同层次形成协同监管机制。此外，政府在制定相应法律法规时，应结合不同地区经济发展水平、环境状况和资源禀赋等特征，兼顾法律的前瞻性和可持续性。

（2）健全知识产权保护制度，加强对绿色创新成果的合法性保护

加快绿色技术创新发展，需要对绿色创新成果进行合法性保护，因此政府应加快建立和完善知识产权保护制度，提高企业进行绿色技术创新的积极性和主动性。强化绿色技术研发、示范、推广、应用等各个方面的绿色创新成果保护，增强企业进行绿色技术创新的内在动力。可以借鉴 WIPO 国际专利分类绿色清单的划分方式，根据我国实际情况制定绿色专利分类清单。构建知识产权检索、审查、维权一体化的综合服务体系，建立"绿色审批通道"，对绿色清单内的专利在审批方面给予特殊待遇，简化审批流程、缩减审批时间，加快绿色专利进入市场的速度。同时，要建立和完善绿色专利数据库和相关专利检索系统，推动绿色专利信息开放，加快绿色专利成果的推广与应用，提高绿色专利研发效率和创新质量。此外，还需完善知识产权交易体系，鼓励高质量绿色专利交易，不断提升我国整体的绿色技术创新水平。

5.1.2　市场手段

（1）完善碳排放权交易市场制度，发挥市场在资源配置中的决定性作用

碳排放权交易市场作为一种市场型环境管制，可以充分发挥市场在资源配置中的决定性作用，通过调整碳排放权配额和交易价格来促使企业进行绿色技术创新。政府应利用好碳交易试点城市取得的经验，进一步完善全国性碳交易市场的制度建设，加强对碳交易市场的管理和引导，把更多行业企业纳入碳排放交易系统中，充分发挥市场配置资源的决定性作用。政府可以根据市场上的碳交易价格和成交量情况，实时公布碳配额总量递减政策，逐步缩减配额供给总量，降低免费配额比重，激励企业进行绿色技术创新。各省区市要结合自身的环境状况、经济发展水平、能源消费等情况，因地制宜制定促进碳交易市场发展的政策措施，形成区域联防联控的协同减排模式和均衡运行的区域碳市场环境。中西部地区经济发展较落

后，绿色技术创新能力不足，可以适当增加碳排放配额发放比例，这不仅能够为中西部地区招商引资创造有利条件，拓展新的地区经济增长点，还能够缓解部分企业的压力，为绿色技术创新的长远发展打下坚实的经济基础。此外，政府还应根据不同行业企业发展特点制定差异化的碳交易规则，对于高污染企业，可以通过调整碳配额的有效期、市场准入门槛等增加其碳排放权的交易成本；对于绿色技术创新投入大、有较好成果的企业，可以给予一定数量的免费碳配额，进一步激发企业开展绿色技术创新的动力。基于市场化手段加大政府治理环境污染的力度，促使有能力的高污染企业进行绿色技术创新，同时淘汰低效率、高耗能的企业，从而进一步优化产业结构、促进产业转型升级。

（2）构建绿色技术交易平台，繁荣绿色技术交易市场

绿色技术交易平台，一方面可以让绿色技术在市场上流通，让绿色技术创新企业获得更高收益，有效提高企业进行绿色技术创新的积极性；另一方面，还可以为进入绿色研发瓶颈的企业提供关键技术，突破创新瓶颈，在绿色技术创新的需求和供给两侧形成良性互动，提高绿色技术创新成果的转化率，从经济效益和社会效益两方面增强企业进行绿色技术创新的动力，实现绿色技术创新可持续发展。首先政府应明确可以交易的绿色技术的种类和领域，制定绿色技术交易清单，加快构建统一、透明、高效的绿色技术交易市场。其次要根据绿色技术的特点、创新程度和实用程度等制定合理的价格监管区间，充分发挥绿色技术交易中介机构的桥梁作用，维护市场交易秩序，防止出现远高于或远低于绿色技术本身价值的交易价格，造成市场混乱。最后要加强各地区、各行业之间绿色技术交易平台的互动，通过吸收、整合不同地区、不同行业的绿色技术，创造出新的绿色技术，加快绿色技术创新发展速度。

（3）加强新兴技术的应用，推动绿色技术创新和数字化技术深度融合

推动以互联网为基础的数字化技术在绿色技术创新领域的运用，有

利于提高政府的环境治理能力和企业的技术整合能力，促进绿色技术创新发展。政府应加强数字化平台建设，提高企业协同创新的能力，营造共生共赢的绿色技术创新氛围；加大对数字基础设施的投资力度，鼓励以大数据、云计算、物联网、5G 等新一代信息技术应用为支撑，推动绿色技术创新与数字化技术深入融合，推动数字化技术为企业绿色技术创新服务。可以利用卫星遥感技术监测企业各种污染物的排放情况，用物联网技术监测有机农产品的生产、加工和运输的全过程，利用智能仪表实时、高效监测绿色建筑和绿色家电的节能情况。此外，还要推动数字化人才和绿色技术创新人才的协同发展，培养既懂绿色创新又懂数字化技术的人才，发展绿色数字产业，推进整体产业链条的数字技术运用，推动绿色技术创新和数字化技术深度融合发展。

5.1.3　经济手段

（1）完善税收管理制度，鼓励企业进行绿色技术创新

税收促进绿色技术创新可以从两方面入手，一个是增加企业污染成本，一个是减少企业绿色技术创新成本。一方面，政府应渐进提高环境税征收标准，引导企业走向绿色生产，同时，根据污染物的浓度、排放量以及产生的环境损害程度等设置差异化的税率。另一方面，对有重大突破的绿色技术实行免税或税收优惠政策，同时配合税收监管、融资机制和财政政策等，通过经济手段有效解决企业因投资高风险、长周期的绿色技术创新而产生的资金不足问题，激励企业进行绿色技术创新。政府对绿色创新项目和活动应设置明确的绿色技术标准及评审程序，包括绿色产品的等级认定等，使绿色税收优惠政策建立在科学合理的评定程序之上。

（2）完善绿色技术创新专项补贴制度，构建绿色创新评价机制

政府专项补贴作为一种基于市场的经济手段，通过明确绿色专项补贴范围、建立专项补贴金额监管体系，有效促进企业进行绿色技术创新。

首先，政府应明确绿色技术的范围和绿色标准，并建立相应的评价机制，判断其是否能够获得专项补贴以及获得补贴的额度；还应对绿色产品进行测试，对其投放市场的可行性进行评估，防止企业为获得政府补贴而滥竽充数。其次，政府应明确不同方向、不同研发难度的绿色项目的补贴金额，并且应向具有基础性、前瞻性的绿色项目倾斜，避免企业过多进行环保意义不大的绿色研发。最后，在实施专项补贴政策后，需要建立相应的监督机构进行监管，防止企业浑水摸鱼，把绿色专项补助投向非绿色创新项目。

（3）完善绿色金融制度，提供多渠道、多层次、多品种的绿色金融支持

加快推动绿色技术创新发展，应着力解决绿色技术创新面临的一系列融资难、融资贵的问题，构建集绿色信贷、绿色保险、绿色基金、绿色担保、绿色期货等于一体的绿色金融体系，运用金融杠杆作用，实现资源再配置。政府应充分发挥金融系统的资金引导功能，完善绿色信贷相关配套政策，给予银行一定的风险补偿，引导其主动有效地落实绿色信贷政策，并针对不同类型企业，开展环境风险压力测试，提供个性化的绿色信贷产品和服务。建立绿色信贷政策效果评价机制，构建环境风险评价体系，统一商业银行绿色信贷评价标准，将绿色信贷政策效果评价机制纳入绿色信贷政策设计和落实的全过程；构建绿色信贷统计监测指标体系，统一数据来源和填报口径。针对绿色技术创新风险大这一特点，政府应引导保险机构设计相应的绿色保险和风投基金，使高校、科研机构和企业失败的绿色技术创新活动能够通过保险获得相应补偿，通过减少其经济损失达到保护绿色技术创新积极性的目的。政府还应制定有针对性的绿色技术创新担保制度，明确担保的范围，对于不同类型、不同周期、不同成本的绿色技术给出差异化的担保金额、担保期限。此外，还可以设立绿色债券、绿色股票、绿色基金等金融工具，充分发挥金融市场的融资功能和杠杆效应，增加创新资金来源、降低创新风险、

分摊创新成本、减少失败损失，优化绿色金融服务。

5.1.4 行政手段

（1）加强环境信息披露制度建设，发挥环境信息监管职责

政府应不断完善环境信息披露指南和环境信息披露监管体系，缓解企业与外界的信息不对称问题，及时掌握企业环境污染和保护的总体现状，为制定有针对性的环境管制政策提供现实基础。可以借鉴国际上常用的可持续发展报告、国际综合报告框架、ISO26000 社会责任指导文件，并融入 ESG（Environmental、Social、Governance）理念等构建环境信息披露操作指南和量化、可比的环境绩效指标，提升我国环境信息披露质量，坚决杜绝企业为了业绩粉饰披露内容的问题，扭转上市公司重软披露而轻硬披露的客观现实，让环境信息披露报告成为企业与社会各界环境信息交流的桥梁与纽带。构建以内部监督为基础、政府监管为核心、社会监督为补充的环境信息监管体系；健全环境信息监管职责分工，充分利用大数据等新技术加强数据共享，降低监管部门的监管难度和监管成本，提高多部门协同监管的效率；通过行业评比推动信息披露制度的优胜劣汰，发挥榜样企业的示范引领作用，进一步扩大自愿开展环境信息披露的企业范围。

（2）打造产学研金介合作平台，推动绿色技术创新产业化发展

政府要在绿色技术创新体系的建设上充分发挥宏观调控的作用，积极引导企业、高校、科研机构、金融机构和中介机构进行深入合作，强化企业创新主体地位，打造优质的产学研金介合作平台。充分发挥国有及大型企业的主导作用、中小企业的协同配合功能、高等院校的人才培养和理论创新优势、科研院所的创新转化作用、金融机构的杠杆效应、中介机构的信息服务功能，全方位优化绿色技术创新生态系统。各主体应围绕绿色技术创新开展分工与合作，形成优势互补、收益共享、联合开发、风险共担的产学研金介协同创新模式。其中，要强化企业绿色技

术创新的主体地位，鼓励各类中小企业积极同高校和科研机构组建绿色技术创新联盟，提高绿色技术创新水平；对积极参与绿色技术创新的中小企业实施各种优惠政策，提高其进行绿色技术创新的意愿；成立企业绿色技术创新发展中心，为企业提供专业化的信息技术服务，推动绿色技术创新产业化发展。此外，要进一步提高政府对产学研金介协同创新的指导、监督和服务水平，保障绿色技术创新合作能够顺利开展，并在合作过程中加快绿色技术创新成果转化速度，推动生产与生活资料的绿色转化和循环利用。

（3）推进配套设施体系建设，激发各类创新主体的内生动力

绿色技术创新基础设施、绿色技术创新平台、绿色产业园等绿色配套设施体系的建立可以减少企业的创新成本，激发企业进行绿色技术创新的内生动力。目前，我国关于绿色技术创新的基础设施较为缺乏，有些绿色产品，比如新能源汽车的充电桩、新能源电力并网设施等需要政府提供相应的支持。对于相关配套设施建设，一方面，对于公益性强、社会受益面大的基础设施，政府应按照基础公共设施或服务模式进行供给，提供公共平台供绿色产品的生产、开发；另一方面，对于能够实现市场化运作的基础设施项目，政府应鼓励企业提供或者采用 PPP 模式，政府加强对配套设施的监管，在保证市场效率的同时提高其受益面和覆盖率，由点到线、由线到面逐步推进相关配套设施的建立。除了建设基础公共设施外，还应建立绿色技术创新服务和示范中心、绿色技术创新联盟、绿色技术创新信息网等绿色技术创新平台，方便国内企业和科研机构及时了解国内外绿色技术创新的最新发展动态，推动绿色技术创新进一步发展。此外，政府还应加强绿色产业集群、园区的建设与完善，使企业充分利用集聚经济产生的技术、知识溢出效应，推动绿色技术的创新发展。

（4）加强人才培养和交流，引导科技人才向绿色技术创新领域流动

人力资本是创新的根本来源，要想推动科技创新发展，必须重视对

高科技人才的培养。政府应加大对教育的投入力度，提高人均受教育水平，提升人力资本的基本素质；对存量人才进行专项技术培训，尤其要注重科技型人才的培养，提升人力资本的专业素养，为绿色技术创新提供强大的高技术人才支持。制订绿色技术创新人才计划，打造绿色领军人才产业园等，通过多种形式的平台吸引高层次人才向绿色技术创新领域集聚，建立高技术人才协同共享机制，加快绿色创新技术研发速度，提升绿色创新成果持续产出的能力和效率。各省区市应根据自身发展状况，秉持制度创新理念，提高政策弹性，制定更有吸引力的高层次人才引进和创业政策。此外，还应加强绿色技术创新人员之间的国际交流与合作，在吸收、引进高质量的绿色技术的基础上，进行消化、吸收和再创新，提高我国绿色技术创新水平。

（5）加强绿色宣传教育，培育壮大绿色消费市场

绿色消费是绿色技术创新的市场反映，因此，加强绿色宣传教育提高公众环保意识和增加政府绿色采购有助于扩大绿色消费市场。首先，政府应进行绿色宣传教育，提高社会公众的绿色环保意识，鼓励公众积极参与环保活动，逐步形成绿色消费倾向。借助各类媒体开展绿色发展理念的宣传；在广场、公交车、地铁、公园等公共场所投放提倡绿色生活的公益广告、海报等；在学校、社区、单位等场所开展绿色宣传教育活动，如举办公益讲座、举行绿色技术创新大赛和绿色创新大赛等，营造绿色生活的氛围。其次，政府还可以牵头建立绿色公益组织，鼓励和支持其分担政府绿色宣传教育的职责，将绿色宣传教育长期化、多样化，让绿色理念深入人心。再次，进一步完善政府绿色采购制度，发挥政府采购规模大、稳定性强、范围大、示范效应突出等特点，为绿色市场的供需双方提供风向标，引领绿色消费市场。因此，政府应分产品、分行业制定绿色采购标准，定期更新绿色产品采购清单，构建全国绿色采购网络系统，规范采购流程，拉动绿色产品消费，充分发挥政府在绿色产品需求方面的导向性作用。最后，政府应完善社会

公众参与环保监督和决策的渠道，为公众环保投诉、政策解答、社会监督等提供便利渠道，通过社会公众的监督和参与，有效规范和约束企业污染物排放行为，形成绿色消费的道德约束和舆论氛围。

　　基于政府视角的政策建议框架如图5-1所示。

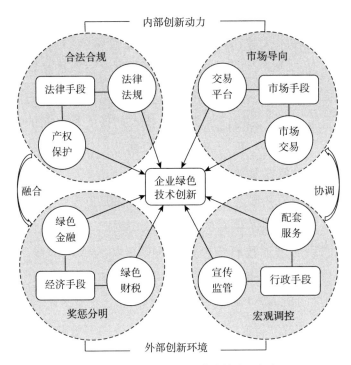

图5-1　基于政府视角的政策建议框架

5.2　基于企业视角

5.2.1　企业内部的政策建议

（1）针对企业管理方面的建议

第一，加强绿色技术创新人才队伍建设。人才是企业发展的核心力量，企业应重视人才队伍的建设，通过内培外引提升企业绿色技术创新

"软实力"。一是，鼓励并支持企业现有员工通过学习深造、参加绿色技术专业培训等方式提升自身能力，形成善于思考、勇于探索、乐于创新的精神风貌，减少企业人员技能不熟练、能力不足等导致的生产、研发失败问题。二是，企业要制定更加开放、公平的高端人才引进政策，任人唯贤，杜绝裙带关系，根据绿色创新人才特点和层级的不同设置不同的应聘要求。内外并用，增加企业科技创新人才的同时，还应确实激发出这些人才的创新动力，尤其是在人才竞争非常激烈的今天，要完善企业员工晋升制度和福利政策，以人文关怀和事业发展吸引高科技人才，增强员工归属感，提升其为增加企业价值而积极进行绿色技术创新的意愿。

第二，优化高管团队人员组成和权力分配结构。首先，企业需注重高管团队多样化建设，博采众长，通过发挥不同特征人才在其专长领域的知识和技能优势使高管团队整体实力得到全方位的提高，发挥多样化团队能够提供更加多元化观点的优势，充分激发团队的创新活力。其次，企业应根据所处行业背景和商业环境变化的需要合理分配团队中不同特征人员的比例，使团队能力既全面又有所突出，进而能够更好地配合企业绿色创新战略的实施。最后，高管才能的实现离不开适当的权力配置，要避免权力过于集中造成"一言堂"现象，以及挫败低权力高管的绿色创新积极性；同时也要注意到权力过于分散容易导致组织混乱和决策效率低下等问题，不利于绿色技术创新活动的顺利开展。因此，企业应制定相对集中但又能够有效牵制的权力分配机制以更好地发挥高管才能。

第三，制定合理的激励政策。首先，企业应当设置适宜的业绩考核标准，提高绿色技术创新绩效在业绩考核中的权重，避免管理者和员工片面追求短期利润增长。其次，短期激励手段和长期激励手段并用。一方面，根据员工的职位层级设置适当的工资标准，同时关注不同员工之间的公平问题，建立创新激励机制，鼓励员工积极创新和敢于创新，避免员工因创新失败而受到惩罚，从而提升员工进行绿色技术创新的意愿；另一方面，采取具有长期激励效用的股权、期权等激励方式作为薪酬激励的补充，激发管理者和员工为实现企业长期价值而进行绿色技术创新的积极性。再次，建立透明化、程序化的晋升制度，以公平、公正、公开的职位晋升机制激励企业员工努力工作，降低道德风险，避免高层次创新人才流失。最后，通过设立绿色创新先进个人荣誉称号、颁布荣誉证书、设置企业年度贡献榜单等手段对员工进行声誉激励，提升员工自我价值实现的满足感，进一步增强其绿色创新热情。

第四，完善企业绿色创新制度化建设。其一，明确企业绿色创新目标，广泛采取并协调各部门意见后，对绿色创新总目标进行细化，明确各部门的责任，并将其制度化，形成企业绿色创新规章制度。其二，建立一套完整的考评体系，定期对部门绿色创新责任履行进行考核和评价，对未履行或表现较差的部门进行惩戒，对表现突出的部门给予适当奖励，从而更好地督促各部门承担起企业绿色创新的责任。其三，建立开放、高效、全覆盖的绿色监督平台，形成有理有据的检举机制，鼓励自我监督和互相监督行为，强化企业绿色创新规章的威慑力。

第五，加强企业绿色创新文化建设，以非正式制度弥补正式制度的不足。一是组织管理层和企业一线员工到行业标杆企业和国际一流企业进行交流，深入学习优秀企业文化和管理经验，并与本企业的实际相结合，取精华弃糟粕，推动构建企业积极开放、协同共享的绿色创新文化，以更好地发挥管理层和员工的主观能动性。二是选派企业核心人员参与生态文明讲座、绿色创新研讨会等活动，通过社会教育提升其环保理念和社会责任感，并进一步借由组织环境扩散至基层员工，形成企业内积极履行社会责任、主动承担生态环境保护工作的氛围，进而提升企业整体的社会责任感和环境认知水平。三是搭建企业内部的绿色文化传播平台，通过公司教育宣传栏、公司网站、定期组织绿色创新文化相关活动等文化传播渠道将企业绿色创新文化传导给企业全体员工，提升员工对企业绿色创新文化的认同感，使得企业绿色创新文化内化于员工个人的价值观与行为中。

（2）针对企业资源禀赋方面的建议

首先，企业应积极搭建数字化信息平台，提升企业绿色创新效率。建立企业资源信息数据库，借助云计算、大数据等高新技术，及时、快速地更新企业资源的使用和配置情况，便于企业及时对各项资源进行补充和调整，降低成本，使企业可以调动更多的资源投入绿色创新研发项目。对生产流程进行数字化改造，实现从设计到服务、从前端到后端全流程数据的高度联通，勾勒出企业生产全景，并据此对业务流程进行优化，提升企业绿色创新效率。构建数字化沟通渠道，优化企业组织形式，以此疏通组织中信息传导的"堵点"，形成良性信息传导机制，促进企业绿色创新信息在企业内部流通，从而激发更多元化创新理念的产生。

其次，企业应构建绿色创新风险防范体系，增强企业抵御风险的能力。企业应既广泛又有所侧重地收集各方信息，并进行识别和筛选，形成绿色创新风险预警信息库，进而根据相关性、重要性等原则选定风险指标，于实践中进行总结，结合国内外新兴的风险评估方法和技术，及时做出调整，形成适用于本企业的绿色创新风险评价系统。企业需要综合考虑自身发展需要和外部环境变化选取恰当的预警模型，对风险评价指标体系全面、综合地进行评判，进而设置恰当的预警区间，将超过预警线的风险隐患告知企业各个部门。完善风险控制与应对措施，形成共同承担、共化风险的绿色创新风险预警系统。

再次，根据企业绿色发展战略和环境变化动态配置企业资源。企业要完善基础设施，在保证具有良好的经营根基的同时提升企业的战略柔性，以更好地应对外部环境可能发生的变化。企业务必保持较高水平的绿色研发投入，并根据市场变化调整研发侧重点。市场动荡时期，将资源更多地倾斜于颠覆式绿色创新项目；市场稳定时期，加大对渐进式绿色创新的投入。在满足预防性需要的基础上，根据企业绿色战略目标和内外部环境状况，适时改变非沉淀性冗余的存量，提高非沉淀性冗余资源的利用效率以更好地推进企业绿色创新。

最后，企业应加强绿色声誉建设。重视企业的环境信息披露，通过提高环境会计核算质量、丰富环境信息披露方法和渠道、邀请第三方权威机构审核并出具审计报告等手段来完善企业环境信息披露体系，传递企业调整资金布局和环境战略的信号，从而有助于企业获取更多的战略性绿色资源。企业应积极进行绿色技术创新和绿色产品认定，通过官方认定为企业产品或服务冠上绿色标签。此外，企业应积极开展环保项目，主动参与政府和公益性部门的环保项目、成立企业绿色公益基金会等，向环境保护组织捐赠，树立企业主动承担保护生态环境责任的绿色形象。

5.2.2　企业外部的政策建议

（1）企业应处理好与政府的关系

首先，积极参与政府环境管制政策的制定。企业应加强与政府的联系，畅通双方的沟通渠道，通过正式和非正式途径向政府反映企业的政策制定需求。企业要从全球发展战略的高度，科学研判本行业的发展前景和发展壁垒，同时结合我国国情和省情，本着实事求是的原则，采用多元化的沟通方式，如参政议政、党代会、政协会议、决策咨询、座谈访谈、茶话会等，以多种渠道向政府部门反映行业发展形势。必要时，可以联合其他市场主体，通过建立政策网络，和与自己利益相同的企业达成同盟，加强所提建议的影响力。另外，在感知到新的市场机遇时，企业可以在经济效益和环境效益方面做出承诺，与政府达成战略合作，以此获得政府的政策倾斜。企业也可根据自身经验提出新的环保方案，并主动承担政府试点工作，多渠道获得政府绿色创新支持。根据生态议题的特点，包括涉及的地域范围、争议性、与不同政府的绿色目标匹配度、政府的重视程度等，灵活选择与政府的互动模式。例如，对于全国性、争议性大的生态议题可通过与行业主管部门沟通，推动其制定全国性的绿色生态政策；对于地域性特点较强的生态议题，企业则应当通过与地方政府沟通对现有政策进行创新。

其次，提高对政府出台环境政策的关注度。企业应加强员工尤其是高管对政府环保政策的学习，熟悉当前国际国内背景下我国制定的环保政策，让员工了解自己所在行业及周边地区的生态安全现状与环境压力，加深他们对相关制度和政府政策的理解，从而提升其政策感知能力，并据此及时调整企业战略，把握先占优势。在此基础之上，一方面，企业需重点强调对命令型环境管制的遵循，合法合规经营，以此降低企业违规成本，并构建良好的政企关系，获得政府在绿色稀缺资源方面的支持；另一方面，企业要充分利用中央和地方政府的支持性政策，将企业资源倾斜于政府鼓励的绿色技术项目，并搭借政府力量加速企业落后产能的淘汰，推进绿色转型战略的实施。

最后，加强与"学研金介"的合作，通过"产学研金介"联盟突破自身的绿色创新瓶颈。第一，企业应当对自身的核心技术进行深度剖析，对企业绿色创新发展阶段形成较为全面的认知，综合企业发展需要和自身情况后合理制定产学研策略。第二，寻求与企业产学研策略相契合的学研机构进行深度合作，共建绿色创新项目孵化基地。可利用企业员工的校友关系网络直接对接高校和科研院所或吸引高校和科研院所科技人才任职于企业，在加强合作紧密性的同时降低合作成本。第三，在合作过程中，采用开放式的运作模式，企业提出技术需求，金融机构提供资金支持，高校和科研院所提供技术和人才资源，充分发挥各自优势，加快绿色创新成果转化为绿色生产力。

（2）企业应协调好与供应商、客户、竞争企业的关系

首先，加强企业绿色供应链管理，与产业上下游达成绿色战略合作。第一，在采购环节考虑材料的可循环性、可再生性和环境清洁性，明确企业绿色采购标准，要求供应商提供绿色可持续的原材料，并利用信息化技术深化与供应商的联系，科学管理企业原料，在保证绿色原料供应

量的同时降低企业库存，提高资源利用率。第二，在生产环节采用绿色化生产模式，建立严格、标准化、高效率的生产体系，减少生产过程中的能源消耗量；建立废弃资源回收利用系统，使废弃资源利用率和使用价值最大化。第三，在销售环节注重加强与客户的绿色联系，使客户参与企业的绿色创新研发活动，为客户的绿色消费需求提供差异化的产品，强化企业绿色形象，提高客户对企业的绿色依赖。

其次，与竞争企业、合作企业达成技术同盟，建立产业园区，充分发挥产业集群效应。第一，驻扎产业集聚区域，加强与区域内部同类型企业的技术交流，并与之达成战略合作，通过合作研发、联合设计或签订绿色技术研发成果兜售协议降低企业绿色技术创新成本，以期充分利用规模效应、技术溢出效应获得双赢。第二，利用大数据、人工智能、区块链等高新技术链接全国产业园区，加快各地区间的信息交流和研究成果的共享，群策群力，形成多元化、分层次的跨地区、跨行业的信息融合，促进企业绿色创新新思路和新理念的产生，推进全国产业链的绿色化转型。

最后，推进绿色创新国际合作。通过政府搭建的国际化合作平台加强与国际上优秀企业的绿色技术信息与绿色创新理念的交流，提高国际化合作的可能性。通过技术入股、合作办厂等形式引进国际先进技术或推广企业绿色技术，尤其是借助"一带一路"倡议的对外合作优势，拓宽国际合作渠道，利用好国际市场的优惠政策，促成绿色技术在国际上落地生根。

（3）企业应加强与社会公众的沟通协调

首先，企业应重视调研工作，把握市场需求。社会公众是绿色商品的最终消费者，企业要在市场中取得竞争优势，必须清楚了解公众的消费偏好，做好社会调研工作。企业需充分考虑公众这一重要利益相关者的环保诉求，合理、规范地利用好各种调研方法和技术，或与各互联网公司合作，在不侵犯用户隐私的情况下，对用户数据进行分析，以便准确掌握公众的绿色消费偏好及其变化趋势，把握市场动向，进而明确企业的绿色创新战略方向。另外，企业也需要重视对竞争对手和企业自身的调研工作，时刻关注企业绿色产品的市场占有率及认可度，对比竞争企业，客观、公正地评价自身产品的优势和劣势，并据此对企业战略进行调整。

其次，加强企业绿色产品营销。第一，企业需拓宽绿色产品营销渠道，逐步降低传统媒体的营销比重，加大新兴网络自媒体平台的营销投放力度，灵活运用微博、抖音等营销渠道，提高企业绿色产品的知名度。第二，采取多样化的营销方式，不拘泥于一般的明星代言等营销方式，通过拍摄小视频、创作音乐和文字作品、互动小游戏等营销方式，增加营销趣味性，提高用户参与度的同时降低企业营销成本。第三，突出产品的差异化优势，以质取胜。一方面，企业应突出绿色产品的使用性能，加强使用体验方面优势的宣传，激发公众对企业绿色产品的使用欲望；另一方面，将绿色产品的生态效益可视化，使公众清晰了解到自身的绿色消费行为对生态保护所做的贡献，通过增加道德满足感的方式提高公众对企业绿色产品的购买意愿和支付强度。第四，根据不同消费群体的价格心理，对不同等级的绿色产品采取差异化的定价策略。例如，对市场上无类似功能的新产品采用撇脂定价、渗透定价或满意定价策略；对高端绿色产品优先考虑采用声望定价或整数定价策略，适当提高产品的价格；对中低端绿色产品可以考虑使用尾数定价、招徕定价策略等。

最后，联合新闻媒体和环境保护组织，推进公众绿色消费意识觉醒。一是加强社会公众对绿色生态的理解，客观真实发布企业相关环境数据和污染物信息，公布企业自身在环境方面的战略规划，让公众了解企业的努力。二是与环境保护组织和社区合作，举办绿色公益教育活动，借助新闻媒体的影响力，通过在各类媒体上投放生态文明公益广告等方式传播绿色生态价值观，倡导社会公众绿色出行、绿色消费，使公众清晰认识到生态环境保护对于全人类的重要性，从而主动进行绿色消费和绿色消费宣传。此外，企业的上述行为能够提升公众对企业的认同感，使企业成为弘扬绿色发展理念的生动载体，通过榜样作用影响其他企业，进一步扩大绿色消费理念的传播。

基于企业视角的政策建议框架见图5-2。

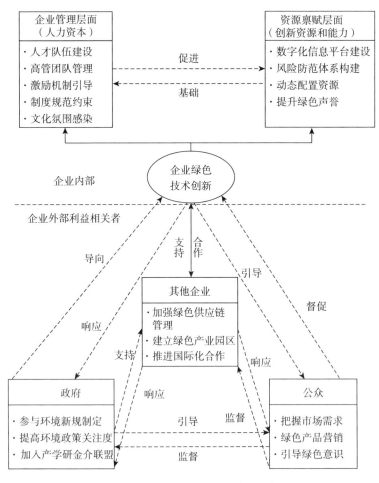

图5-2　基于企业视角的政策建议框架

5.3 基于公众视角

5.3.1 培养绿色消费意识

（1）参与环保知识学习，提升绿色消费认知

消费者的绿色消费认知是其绿色消费需求的内在驱动力，因此，消费者应多渠道加强环保知识的学习。首先，应积极自觉参加绿色科普教育学习，通过电视、广播、报纸和手机等了解我国的资源、环境等基本国情，深刻理解国家的绿色发展理念和生态文明思想，明确社会公众在全球可持续发展中的地位和作用，树立强烈的社会责任意识和环境保护意识，为绿色市场繁荣奠定思想基础。其次，通过典型环境损害事件的学习，从反面理解黑色消费带来的社会危害。消费者还可以通过社区设置的环境保护专栏、社区主题活动等途径了解党和政府的环境保护政策、法律法规等，知晓新形势下应采取的环保措施，进而结合自身生活方式，深入剖析可能的绿色行为改进之处，不断提升消费者自身的环境素养和绿色行为意识，让环保理念扎根于内心深处。

（2）警惕假冒伪劣产品，增强绿色产品鉴别能力

作为绿色消费主体，消费者应提升自我对绿色产品的鉴别能力，为绿色消费保驾护航。首先，消费者应尽量选择经专门机构认定，附有环境标志或绿色标签的产品或服务，主动采购绿色工程物资进行装修，选用有环境标识的绿色家具用品，积极选购节能电视、变频空调、低耗能冰箱等绿色家电，尽量选择排放较少且使用清洁能源的汽车产品，如新能源汽车等。其次，公众采购企业生产的绿色产品时，应时刻保持警惕，提高鉴别假冒伪劣产品的能力，细心查看是否具有相关环境标识，避免受到企业"漂绿营销"的误导，一旦发现虚假广告或假冒伪劣产品，应及时向相关部门举报，坚持"绿色"法治思维，推

动利益受损的正规品牌商积极配合政府做好打假工作，避免出现"劣币驱逐良币"，同时帮助企业树立良好的环境保护形象，为环境友好型企业健康发展提供助力，维护良好的市场经济秩序，助力绿色经济增长。

（3）知晓环保法治内容，增强环保法律意识

在保护生态环境问题上，每个人都应树立自己就是参与者、建设者与受益者的观念。公众环保法律意识的强弱直接关系着环境治理的法治化进程，是推进企业绿色技术创新的重要力量。首先，公众应培养自身法律意识，通过听证会、论证会、意见征集与反馈活动、公益讲座等多种途径参与环境法治宣传教育活动，了解环境公益诉讼、环境侵权诉讼、环境刑事诉讼等环境司法程序，知晓自身参与环境治理的渠道以及遇到环境污染问题时采取法律手段的流程，提升自身维权能力。其次，公众要认真学习相关法律文件，配合当地政府部门参与线上线下学习，提高对于环保法律的整体认知，知悉自身在环境保护方面所拥有的权利和应该承担的义务，通过政策法规学习知晓自己在环境法治工作中扮演的角色，消除"搭便车"心理，同时认识到环境法治所带来的好处。最后，公众应积极建言献策，争取自身能实质性地参与政策实施，提升环保法律意识与责任意识，主动做环保法律的宣传者，从自身做起引导身边的人保护环境。

5.3.2 践行绿色消费行为

（1）加强舆论引导，积极参与绿色宣传活动

消费者通过参与绿色消费宣传活动感知绿色消费理念，提高对低碳消费行为与个人生活相关联的认知，提升绿色消费行为的参与率，解决消费者对绿色消费理解浅薄以及曲解绿色消费的现实难题。消费者在日常生活中，可以多关注绿色产品包装或海报上的环境公益广告，主动参与地球一小时、世界环境日、世界水日、世界湿地日、国际生物多样性

日、世界粮食日、世界荒漠日等与可持续发展相关的国际节日活动，以及中国政府或民间组织设立的与绿色发展相关的节日活动，如中国植树节、全国城市节水宣传周等主题宣传活动，甚至包括社区组织开展的绿色消费知识竞赛活动等，学习环保知识，增强绿色消费感知，强化资源节约意识，实现由奢侈浪费与不合理消费向适度消费、绿色消费转变。

（2）从日常生活做起，践行绿色生活方式

消费者应积极在衣食住行等领域践行绿色消费行为，从点滴小事做起，形成绿色消费意识到行为的促进机制，形成低碳、节约的绿色生活方式。消费者应采购环保、舒适、健康的居家生活用品，促进绿色环保产品成为低碳经济时代时尚界的设计趋势。消费者需自觉培养科学文明的餐饮习惯，减少食物浪费和厨余垃圾，自觉践行"光盘行动"，抵制采用不可降解的塑料制品，少用或不用一次性餐具，支持餐饮企业、外卖行业等简化产品包装、对包装进行回收利用，时刻牢记绿色消费理念，推动形成简约、环保的绿色消费方式。消费者应减少设备待机能耗，节约用水用电，支持全面推行低能耗、低排放的绿色标准，以绿色消费带动绿色产品市场的发展，为企业绿色技术创新提供需求侧的有力支撑。消费者需要错峰出行，减少使用私家车、出租车，根据距离远近合理选择步行、共享单车、公交、地铁等绿色出行方式，同时应积极参与各部门与组织举办的"绿色出行"活动，如绿色骑行、绿色健走、绿色出游等，将绿色出行作为自觉行动，争做绿色出行的先行者。

（3）坚持绿色发展理念，助力企业绿色技术创新

在传统供应链被逆向打通，消费决定生产的发展形势下，公众坚持绿色发展理念可以推动生产端形成绿色生产方式，促进企业积极开展绿色技术创新，提供更多优质的绿色产品。首先，公众应坚持绿色消费，及时响应企业绿色生产号召，通过对生态产品的偏好倒逼污染企业转换

生产模式以迎合消费需求，从而营造良好的绿色消费与生产环境。其次，公众可以根据对产品的亲身体验主动参与企业的绿色产品设计，从绿色产品的材料选择、可回收设计、残料处理等方面提出改进意见，将绿色发展理念贯穿到产品生产的每一个环节，通过问卷、邮件、电话等将自己的想法反馈给企业并进行持续性沟通，以便企业生产出更符合公众需求的绿色产品。最后，消费者的绿色消费行为也是绿色供应链下的重要环节，对于形成循环利用、节约资源的闭环供应链具有举足轻重的作用。消费者应主动配合企业促进绿色供应链的形成，将绿色消费意识切实转化为绿色消费行动支持企业绿色化改革，积极参与绿色商城的无纸化小票、化妆品空瓶回收等绿色消费活动，通过实际行动提升绿色商城在构建绿色生活方式方面的示范作用，带动绿色消费市场健康快速发展，助力企业提升绿色技术创新水平。

（4）通过群体力量，参与低碳交易

社会公众处于社会网络关系的各个连接点，每个个体单独进行低碳交易所带来的影响较小，但互联网交互性与共享性的特点，能够将个体分散化的力量进行整合，极大地提升公众参与低碳交易的整体效果。首先，公众应积极使用蚂蚁森林这个全球最大的个人碳账户平台，通过蚂蚁森林将步行、在线支付水电费、网购等方式节省的碳排放量计算转化为"绿色能量"，累积到一定数值后线上申请种树，同时被授予专属的植树证书。这可以使公众收获真实感与成就感，增加环保行为的趣味性，并且在公众的共同参与下会对碳减排产生极大的影响。其次，公众应主动配合地方推行的"碳普惠"试点工作，积极使用碳普惠网站、微信公众号、手机 App 等碳普惠平台记录日常生活中的低碳行为，依据特定计算方法将其转换为碳积分，然后用来兑换商品或优惠券，通过响应"碳普惠"制度实现个人碳排放管理，达到个人碳减排的效果。最后，公众应积极支持流域生态补偿制度，提高流域水资源的利用效率。公众要明确自身在流域生态补偿制度中的权利和义务，水源区居民因享受良好的水源供给而应主动承担生态维护成本，同时因提供优质水源而有权争取补偿，接收区居民因享受优质水源而提供相应的补偿。公众应提升生态服务付费意识与责任感，减少生活污染排放，共同维护良好的流域生态环境。

5.3.3 加强环境维权意识

（1）利用网络信息技术，加强对环境损害事件的跟踪监督

社会公众应利用新闻媒体传播速度快、传播范围广的优势，加强对环境事件的跟踪监督，以促进企业积极进行绿色技术创新。首先，社会公众应持续关注新闻媒体对于环境污染事件的报道，依据报道内容了解企业的环境违法行为，密切关注案件进展，准确掌握案件动态，提升舆论监督在解决环境污染问题方面的作用。其次，社会公众可以充分运用微博、微信、抖音等平台丰富自身参与的渠道，积极在平台上对环境污染事件进行监督并提出建议，对重大环境事件进行跟踪监督，提升对环境事件的敏感度。在面对未经证实的与环境污染相关的新闻言论时，公众应提高明辨是非的能力，绝不盲从、盲听、盲信，不将虚假消息进行宣传与扩散，倡导社会舆论向健康方向发展。最后，环保社会组织作为比较健全且独立的第三方管理机构，是环境治理体系的重要组成部分，也是公众进行维权的重要途径。社会公众应监督环保社会组织与利益相关者，维护环保社会组织工作的独立性和客观性。公众应合理利用新闻媒体平台汇聚自身的环境诉求给环保社会组织，环保社会组织将其传递给政府以跟进处理环境污染问题，进一步调整环境政策，反映公众对于环境的合理要求。同时，公众可以通过环保社会组织监督环保公益诉讼的判决，长期持续性的监督可以保障环境公益诉讼的判决有效执行。

（2）利用环境信息披露制度，督促企业广泛承担社会责任

企业的环境信息披露是社会公众获取企业环境行为信息的重要渠道，

公众应充分利用新闻媒体的舆论监督作用严格督促企业积极进行信息披露，维护自身知情权，获取企业排污信息与环境治理信息，知晓企业绿色技术创新发展规划与进展，以缓解公众与企业之间环境信息不对称的矛盾。首先，新闻媒体作为媒介组织可以促进各主体之间的信息共享，是企业与公众之间传递信息的媒介。社会公众应有效利用新闻媒体揭露企业环境污染问题，对企业应披而未披、虚假披露、不规范披露等行为通过正式渠道反馈，保障自身知情权，增进自身对于企业参与环境治理工作的了解，督促企业提高信息披露质量。其次，社会公众需积极参与企业社会责任评价、环境信用评价，根据企业的环境行为等各方面的综合表现对其进行客观评价，并主张各企业公开评级结果，将评级结果与市场销售、企业声誉和品牌价值等挂钩，以推动企业积极承担社会责任，规范完整地披露环境信息，保证信息真实可靠。环境影响评价是项目建设者与公众交流的一种方式，为保证居住环境质量不受影响，公众应全程参与环境影响评价，使得其利益诉求在环评报告书中得以体现，引导建设项目的运行更加合理与环保。最后，公众也应支持企业进行相关环境管理体系认证，如 ISO14001 认证，提升企业绿色技术创新水平。公众通过选购已进行认证企业的绿色产品促使其可持续健康发展，并通过拒绝购买非认证企业的产品影响其生产经营方式，或使得未认证企业在消费者的长期抵制下逐渐退出市场。同时，已认证企业会积极将其证书进行披露，通过自身环境管理创新企业环境文化，扩大绿色产品供给，从而降低绿色产品价格，实现公众与企业互利共赢，共同推动绿色生活方式的形成。

（3）利用信访等渠道，加强与政府部门的环境信息沟通

信访是政府与公众之间的信息沟通途径，社会公众应有效利用信访等方式督促政府承担环境监管职责。

首先，全面有效的信息公开是公众参与环境治理的前提，政府是环境信息的重要来源，公众应通过多样化的方式及时获取有效信息。社会

公众应充分利用广播、电视、自媒体、官网等渠道知悉政府公布的环境评价标准、环境排污标准、环境监测标准、绿色产品评定程序、绿色创新示范园区等涉及环境质量评价的官方要求，及时知晓社会关注的热点话题及近期政府工作的基本流程，并针对政府服务机构存在的问题通过传统通信方式或网络平台进行反馈，畅通自身获取影响环境评价的各类信息以及沟通的渠道，形成民政互动模式。

其次，环保信访是公众向政府部门表达环保意见和诉求的重要手段，这会对企业环境污染行为产生一定的约束力，同时促使政府部门采取有效的环境治理手段。公众要充分结合传统信访和网上信访，选择最为便利的方式与政府互动交流，公众也可以将其环保诉求传递给人大代表，充分发挥人大代表在信访工作中的主力军作用。同时，公众应督促政府及时受理并反馈，主动公布信访结果。为保证政府部门及时有效地处理信访事务，公众应将满意度评价落到实处。公众需要根据真实情况进行评价，除了评判满意程度外，公众还可以主动对政府信访服务态度、工作效率、处理结果等进行评价，并建议政府部门细化满意度评价指标，以督促政府更好地处理提出的环境问题。

最后，公众要参与信访的全过程，知晓信访的流程和最终处理结果，成为信访的参与者、结果的知晓者、绩效的评价者。为提升政府参与环境治理及处理环境信访事务的积极性，公众应积极对政府绩效评价指标的构建建言献策，提高绩效评价的客观性。公众应主动学习相关绩效管理法规和政策文件，知悉绩效评价规则，提升对政府绩效监督管理的专业性，积极争取政府绩效评价的参与权。不同类型、不同收入、不同职业的公众都应主动通过问卷调查、满意度调查等手段真实有效地表达对政府的意见，并对政府的环境信访等工作做出客观的评价，推动信访工作向健康有序的方向发展。

基于公众视角的政策建议框架见图5-3。

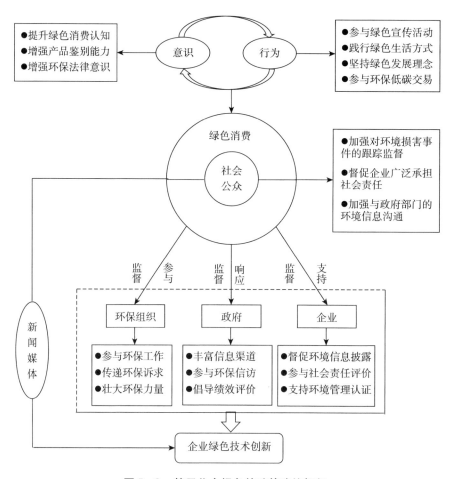

图5-3 基于公众视角的政策建议框架

5.4 基于第三方组织视角

5.4.1 针对高校和科研院所的政策建议

（1）加强绿色技术创新人才集聚，探索与企业合作的新模式

第一，引导人才培养向绿色技术创新方向倾斜。首先，应当支持绿色技术创新人才的合理流动。一方面，高校或科研院所的研究人员可以

按照国家政策引导，到企业开展绿色技术创新工作，打通人员流动壁垒。另一方面，高校或科研院所也可以设置一些流动岗位，吸引企业创新人员加入，同时将人员流动机制与评先评优、项目评审的衡量标准相匹配，避免不必要的扭曲，从多维度综合衡量人员贡献。其次，在高校或科研院所内部实施专项的人才培养模式，在高校设立以企业或创新项目命名的专业班、实践基地等，为企业输送绿色创新人才，同时使高校或科研院所的学生以及研究人员等更熟悉技术前沿需求，掌握创新发展动态。

第二，探索高校或科研院所同企业合作开展绿色技术创新的新模式。应将高校或科研院所同企业进行有效衔接，通过多种模式的合作优化配置绿色创新资源，从而加速科技创新成果的转化。首先，高校或科研院所可以在技术开发方面同企业合作，将自身的人力资本优势和科研攻关优势同企业的实际技术难题相结合，共同开发绿色技术。高校或科研院所可以通过科研项目的形式接受企业的技术委托，有针对性地进行项目开发。其次，高校或科研院所可以通过与企业形成联盟关系进行合作创新，研究机构可以通过股权或合同等形式与企业形成一种长期的稳定合作关系，实现项目分工合理、资源有效配置、知识产权共享，从而降低市场交易成本，更快地突破产业核心技术。最后，高校或科研院所可以推出科研攻关项目公共服务平台，以市场化的形式向社会和企业提供技术开发、技术咨询等专业化服务，综合考虑实体平台和线上平台，使资源被最大限度地利用，同时与企业对接市场所需绿色技术，推动科研成果的产业化。

（2）完善科研管理机制，激发科研机构的创新活力

第一，加强绿色技术人才队伍建设。首先，完善高校或科研院所的人才引进措施，提升各项目组的人才队伍整体素质。高校或科研院所在进行研究人员分配的过程中，应当将高水平的专业团队或研究员向国家重点创新项目倾斜，从而激发科研机构的绿色技术创新动力。例

如，绿色技术创新项目部应当提高成员准入门槛，要求成员具备较高绿色意识、具有较强自主创新精神、掌握核心技术和专业前沿信息。其次，完善高校或科研院所的人员激励机制，从职称评定或薪资收入的角度激励绿色技术创新成果突出的发明人或科研团队，允许研发团队的重要骨干或关键绿色技术研发者通过持有股权等形式来获得技术转化收益，多举措降低成果转化成本，实实在在提高科技创新人员的智力收益。

第二，完善科研管理机制。对于周期长、投资规模大的绿色技术创新项目可以采取一次预算分批拨款的方式，也可以采取多次预算多次拨款的方式，但无论采取哪种方式，都应该给予研发人员一定的自主权和经费审批权，尤其是要结合绿色技术创新项目具有探索性研究的特点，采取经费包干制，缩短预算编制环节，并加大绩效支出的比例，鼓励科研人员积极开展突破式创新。在具体经费使用过程中，引入信用承诺制，简化经费审批流程，下放经费支出调整的审批权限，对于延期未用经费尽可能留给原科研人员，鼓励其持续开展创新工作。高校或科研院所应根据国家政策导向科学合理安排项目布局，针对绿色创新领域的重大科技攻关项目和重大工程，设置绿色技术创新的科研专项项目，制定科学的项目申报、审核、调整以及监督管理办法，鼓励科研人员研究真问题、产出真成果、干出真实效，实现项目管理严谨有序，不断提升项目的管理效率。

5.4.2 针对中介服务机构的政策建议

（1）加强行业发展规划与内部管理，发挥行业协会的协调作用

第一，加强行业发展规划与内部管理。依据社会绿色发展进程，聚焦气候变化、能源革命、数字技术、生态文明等关乎人类命运的世界性、全局性重大问题，科学谋划行业发展，推动绿色技术产业发展。行业协会应当积极推动跨区域的行业资源共享，促进不同地区间的行业技术交

流，推动行业的跨区域协同发展，缓解不平衡不协调的发展矛盾。行业协会应当拓宽对外交流的渠道，加强与国际组织的合作，从而吸收国际前沿绿色创新技术以及先进的管理经验。行业协会应加强自我管理，积极制定行业行规，规范绿色技术创新行为，防止行业恶性竞争等不良现象的出现。

第二，畅通行业协会同其他部门的联结渠道。行业协会应完善行业同政府部门之间的信息共享制度，通过设置专项业务查询端口协助政府部门熟悉行业运营相关状态，协助政府科学评估行业中的绿色技术创新企业，助力政府及时完善行业发展政策，有针对性地扶持或规制特定绿色技术创新企业。行业协会应发挥自身信息沟通的中介作用，及时掌握行业动态发展状况，实时监测重大事项的发展动向，凭借自身具备的专业技术（如绿色创新技术）对其进行分析，推动顺应时代发展趋势的、以绿色技术创新为主流的行业协会逐渐成为领头组织，带动产业整体创新的绿色化。行业协会应积极向社会开放公共服务平台，综合利用线上资源和线下平台，多渠道了解客户的服务需求，放宽协会的准入门槛，尽可能地包容多种角色的协会成员，更大力度吸收社会高素质人才以及多样化组织，进而扩大行业整体的规模，提升行业协会的综合实力，发挥好行业协会的协调作用。

（2）优化认证机构的绿色评价体系

第一，及时完善绿色技术创新的动态评估机制。绿色认证是绿色技术或绿色产品的通行证，认证机构应充分做好通行证的发证、审证、验证、查证等把关工作。认证机构应不断更新污染防治、节能减排、新能源、可再生利用等领域的认证标准，基于国际先进标准结合我国的发展阶段，制定出我国多领域下绿色技术创新的通用标准，进而推动我国企业绿色技术创新体系不断完善，为绿色技术或绿色产品的发证工作奠定坚实的基础。认证机构应顺应社会技术发展，及时更新专业技术，不断优化认证服务的认证、贴标、评估、跟踪与反馈等工作，建立科学规范的认证流程管理办法，防止以次充好、以假乱真，扰乱认证市场秩序，全力做好绿色标签的审核与检验工作。认证机构应拓宽自身的业务范围，不仅要包含传统的鉴定业务，还应当延伸出对鉴别对象的后续引导业务，可以采取动态更新、不定期抽查等方法，监管认证企业的各项工作是否持续达标，及时更新认证状态，防止企业一劳永逸，持续做好绿色标签的查验工作，提升绿色标签的含金量与市场口碑，为企业绿色技术创新提供市场导向。

第二，充分发挥认证机构的监督职能作用。认证机构在履行其鉴证职能的同时，也储备了海量的数据信息，应当利用好这些数据信息，同政府部门建立专项数据使用端口，形成同金融机构、税务部门、财政系统等各部门之间的数据交接，进而完善企业环境信息披露制度，提升第三方对企业环境职责履行的监督能力。认证机构还应当兼顾社会公众的环境权益，加大面向社会的绿色标签宣传力度，向居民普及绿色标签的认证标准、鉴别方法等，提升公众对绿色产品或节能产品的鉴别力，提高公众对环境以及绿色技术创新的关注度，完善面向公众的环境信息披露制度，激发社会多主体的监督意识和协同监管能力。绿色标准或标签的认证机构应当不断优化自身的管理体系，健全内部管理制度，加强对技术人员的再教育。另外，认证机构还应当建立信息反馈机制，建立稳固的风险防范机制，设立保险和相关储备金等应急预案，提升第三方中介组织的履责能力。

5.4.3 针对金融机构的政策建议

（1）顺应政策性机构的引导，发挥营利性机构的支撑作用。

第一，发挥政策性金融机构的导向作用。央行作为最权威的金融机构应当创新货币政策，实行各类激励措施以达到增加绿色金融供给的目标。国家级的绿色投资银行可以利用各项绿色创新激励政策形成自身优势，并通过信贷、投资和担保等形式为企业绿色技术创新提供多元化融资渠道。国家监管机构应当加大其监督力度，及时更新绿色金融标准以保证监管政策的有效实施。

第二，发挥营利性金融机构的支撑作用。营利性金融机构可以将环境要素纳入银行的经营业务范围，从而通过市场发挥对企业绿色技术创新的融资支撑作用。商业银行可以通过设立绿色金融部门将环境要素市场化，实现对经济效益和环境效益的兼顾。商业银行也可以同股权投资公司合作，对绿色技术创新项目进行金融支持，通过风险分摊或第三方担保的方式投资被商业银行风险规避的绿色技术创新项目，提高商业银行对绿色技术创新融资支持的积极性。

（2）实施差异化的金融扶持政策，更新多元化的绿色金融产品

第一，金融机构应实施差异化的金融扶持政策。金融机构应当积极开展金融创新，在信贷方面，根据企业的综合贡献提供相应的信贷扶持政策。对具备"绿色"属性的产品实施优惠的信贷利率，降低绿色技术创新项目的融资成本，缓解绿色技术创新项目的融资约束。与此同时，金融机构还应该不断提升重污染企业的融资门槛和借贷成本，对于国家严厉监管和重点督办的淘汰项目坚决采取零容忍的融资态度，利用成本收益机制倒逼企业进行绿色转型。此外，金融机构不能局限于绿色技术创新项目本身，要将优惠范围扩大至绿色技术创新企业或项目所需的技术、设备与基础设施等的贷款与融资，切实多方面采取有力措施为企业绿色技术创新提供信贷支持。

第二，投资机构应不断创新绿色金融产品。投资机构应在证券发行方面表明对绿色资产的支持，积极制定绿色股票指数等一系列与"绿色"有关的评价指数，鼓励投资机构向新能源、节能减排、清洁技术等领域进行股权投资，进而拓宽绿色融资渠道。金融机构还可以成立风投基金或推出保险产品，对风险大、投资规模大、周期长、社会影响面广的颠覆式创新给予定向资金支持，支持创新企业和科研机构大胆尝试原始创新，通过丰富细化的保险产品分摊创新失败的风险。金融机构应持续创

新绿色金融服务，提供更加专业化的保险解决方案，必要时可以将绿色金融服务内置于绿色产品的生产、销售与使用过程，使其享有更多更优的金融服务。

5.4.4　推进产学研金介有效融合

（1）推进各中介机构同绿色技术创新企业之间的优势互补

在企业绿色技术创新的各环节应综合运用产学研金介协同体系，利用各中介机构的资源优势来降低企业的绿色技术创新风险，同时企业绿色技术创新也能对中介机构发挥市场作用。首先，企业可以借助高校或科研院所的专业优势进行技术开发，加快绿色科研进度。同时，企业应为科研机构提供市场指向信息，发现潜在研究方向。其次，企业可以借助行业协会和认证机构的引导及评价作用，结合市场应用前景，制定绿色标准，评价绿色技术创新的市场价值，提升绿色技术创新的市场适用程度。同时，企业应为行业协会和认证机构提供行业发展信息，助力认证机构确定更适用的认证标准。最后，企业可以借助金融机构的融资作用，优化绿色技术创新环境。同时，企业应为金融机构提供需求，引导绿色金融创新。

（2）兼顾各中介机构之间的融合协调

产学研金介的有效融合还应包括各中介机构之间的交流，以形成产学研金介有机整体。首先，高校或科研院所可利用其科研优势向中介服务机构提供人力资源、技术资源，为金融机构开发绿色金融产品提供前沿知识。其次，中介服务机构应当同金融机构实时共享信息，从而保障其融资作用发挥的及时性，与科研机构交流绿色技术创新的发展，把握市场发展规律。最后，政策性金融机构应当根据国家规定及时提供保障性的资金支持，推动科研机构的绿色技术创新项目顺利进行，与营利性金融机构相互补充，共同构成金融服务体系。

基于第三方组织视角的政策建议框架见图 5－4。

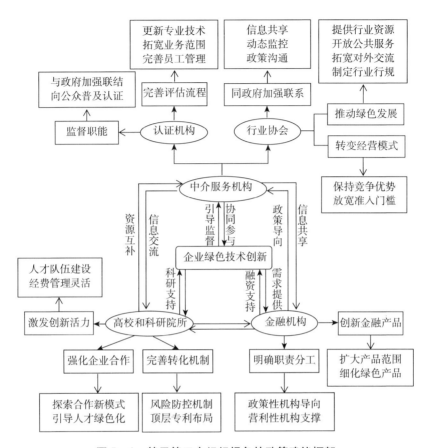

图 5 - 4　基于第三方组织视角的政策建议框架

参考文献

蔡宁，葛朝阳．绿色技术创新与经济可持续发展的宏观作用机制［J］．浙江大学学报（人文社会科学版），2000，（3）：51－56.

曹春方，张超．产权权利束分割与国企创新——基于中央企业分红权激励改革的证据［J］．管理世界，2020，（9）：155－168.

曹洪军，陈泽文．内外环境对企业绿色创新战略的驱动效应——高管环保意识的调节作用［J］．南开管理评论，2017，20（6）：95－103.

曹霞，张路蓬．企业绿色技术创新扩散的演化博弈分析［J］．中国人口·资源与环境，2015，25（7）：68－76.

常莹莹，曾泉．环境信息透明度与企业信用评级——基于债券评级市场的经验证据［J］．金融研究，2019，（5）：132－151.

陈红，纳超洪，雨田木子等．内部控制与研发补贴绩效研究［J］．管理世界，2018，（12）：149－164.

陈红，张玉，刘东霞．政府补助、税收优惠与企业创新绩效——不同生命周期阶段的实证研究［J］．南开管理评论，2019，22（3）：187－200.

陈金勇，舒维佳．管理层风险偏好对技术创新的影响——基于内部控制的调节作用［J］．软科学，2021，35（3）：76－82.

陈林，万攀兵，许莹盈．混合所有制企业的股权结构与创新行为——基于自然实验与断点回归的实证检验［J］．管理世界，2019，35（10）：186－205.

陈诗一．中国的绿色工业革命：基于环境全要素生产率视角的解释

（1980—2008）[J]．经济研究，2010，45（11）：21–34+58.

陈璇，钱维．新《环保法》对企业环境信息披露质量的影响分析[J]．中国人口·资源与环境，2018，（12）：76–86.

陈屹立，曾琳琳．新《环境保护法》实施对重污染企业的影响研究——基于上市公司的分析[J]．山东大学学报（哲学社会科学版），2018，（4）：91–102.

陈羽桃，冯建．企业绿色投资提升了企业环境绩效吗——基于效率视角的经验证据[J]．会计研究，2020，（1）：179–192.

陈钰芬，金碧霞，任奕．企业社会责任对技术创新绩效的影响机制——基于社会资本的中介效应[J]．科研管理，2020，41（9）：87–98.

陈泽文，曹洪军．绿色创新战略如何提升企业绩效——绿色形象和核心能力的中介作用[J]．华东经济管理，2019，33（2）：34–43.

陈泽文，陈丹．新旧动能转换的环境不确定性背景下高管环保意识风格如何提升企业绩效——绿色创新的中介作用[J]．科学学与科学技术管理，2019，40（10）：113–128.

谌仁俊，肖庆兰，兰受卿 等．中央环保督察能否提升企业绩效？—以上市工业企业为例[J]．经济评论，2019，（5）：36–49.

程昕，杨朝军，万孝园．机构投资者、信息透明度与股价波动[J]．投资研究，2018，37（6）：55–77.

迟楠，李垣，郭婧洲．基于元分析的先动型环境战略与企业绩效关系的研究[J]．管理工程学报，2016，（3）：9–14.

初钊鹏，卞晨，刘昌新 等．雾霾污染、规制治理与公众参与的演化仿真研究[J]．中国人口·资源与环境，2019，29（7）：101–111.

崔广慧，姜英兵．环境规制对企业环境治理行为的影响——基于新《环保法》的准自然实验[J]．经济管理，2019，（10）：54–72.

崔也光，周畅，王肇．地区污染治理投资与企业环境成本[J]．财政研究，2019，（3）：115–129.

单春霞，仲伟周，张林鑫．中小板上市公司技术创新对企业绩效影响的实证研究——以企业成长性、员工受教育程度为调节变量［J］．经济问题，2017，（10）：66－73．

董景荣，张文卿，陈宇科．环境规制工具、政府支持对绿色技术创新的影响研究［J］．产业经济研究，2021，（3）：1－16．

董直庆，王辉．环境规制的"本地—邻地"绿色技术进步效应［J］．中国工业经济，2019，（1）：100－118．

杜晶，朱方伟．企业环境技术创新采纳的行为决策研究［J］．科技进步与对策，2010，27（7）：68－72．

范进，赵定涛，郭韬．基于消费者视角的碳排放权交易机制研究［J］．中国软科学，2012，（6）：24－32．

范群林，邵云飞，唐小我．环境政策，技术进步，市场结构对环境技术创新影响的实证研究［J］．科研管理，2013，34（6）：68－76．

冯根福，郑明波，温军 等．究竟哪些因素决定了中国企业的技术创新——基于九大中文经济学权威期刊和 A 股上市公司数据的再实证［J］．中国工业经济，2021，（1）：17－35．

冯海红，曲婉，李铭禄．税收优惠政策有利于企业加大研发投入吗？［J］．科学学研究，2015，33（5）：665－673．

冯志军，陈伟，杨朝均．环境规制差异、创新驱动与中国经济绿色增长［J］．技术经济，2017，36（8）：61－69．

冯宗宪，贾楠亭．环境规制与异质性企业技术创新——基于工业行业上市公司的研究［J］．经济与管理研究，2021，42（3）：20－34．

傅京燕，代玉婷．碳交易市场链接的成本与福利分析——基于MAC曲线的实证研究［J］．中国工业经济，2015，（9）：84－98．

高翠云，王倩．绿色经济发展与政府环保行为的互动效应［J］．资源科学，2020，42（4）：776－789．

高良谋，李宇．企业规模与技术创新倒 U 关系的形成机制与动态拓展

[J].管理世界，2009，（8）：113－123.

高苇，成金华，张均.异质性环境规制对矿业绿色发展的影响［J］.中国
　　人口·资源与环境，2018，28（11）：150－161.

高志刚，李明蕊.正式和非正式环境规制碳减排效应的时空异质性与协
　　同性——对2007—2017年新疆14个地州市的实证分析［J］.西部论
　　坛，2020，30（6）：84－100.

高子平.科技人才声誉激励机制研究［J］.科学管理研究，2011，29
　　（5）：89－93.

龚光明，曾照存.产权性质、公司特有风险与企业投资行为［J］.中南财
　　经政法大学学报，2014，（1）：137－144.

龚光明，曾照存.公司特有风险、管理者风险特质与企业投资效率——
　　来自中国上市公司的经验数据［J］.经济与管理研究，2013，（11）：
　　67－75.

关海玲，武祯妮.地方环境规制与绿色全要素生产率提升——是技术进
　　步还是技术效率变动？［J］.经济问题，2020，（2）：118－129.

郭捷，杨立成.环境规制、政府研发资助对绿色技术创新的影响——基
　　于中国内地省级层面数据的实证分析［J］.科技进步与对策，2020，
　　37（10）：37－44.

郭金花，郭檬楠，郭淑芬 等.中国创新政策试点能有效驱动企业创新
　　吗？——基于国家自主创新示范区建设的经验证据［J］.产业经济研
　　究，2021，（2）：56－70.

唐国平，李龙会，吴德军.环境管制、行业属性与企业环保投资［J］.会
　　计研究，2013，（6）：83－89＋86.

何小钢.绿色技术创新的最优规制结构研究——基于研发支持与环境规
　　制的双重互动效应［J］.经济管理，2014，36（11）：144－153.

何瑛，于文蕾，戴逸驰，王砚羽.高管职业经历与企业创新［J］.管理世
　　界，2019，35（11）：174－192.

和苏超，黄旭，陈青．管理者环境认知能够提升企业绩效吗——前瞻型
环境战略的中介作用与商业环境不确定性的调节作用［J］．南开管理
评论，2016，19（6）：49－57．

胡江峰，黄庆华，潘欣欣．碳排放交易制度与企业创新质量：抑制还是
促进［J］．中国人口·资源与环境，2020，30（2）：49－59．

黄珊珊，邵颖红．高管创新意识、企业创新投入与创新绩效——基于我
国创业板上市公司的实证研究［J］．华东经济管理，2017，31（2）：
151－157．

季桓永，许冠南，周蓉，周源．企业社会责任、非沉淀性冗余资源与二
元性技术创新［J］．科技进步与对策，2019，36（15）：69－76．

季晓佳，陈洪涛，王迪．媒体报道、政府监管与企业环境信息披露［J］．
中国环境管理，2019，11（2）：44－54．

贾军，张伟．绿色技术创新中路径依赖及环境规制影响分析［J］．科学学
与科学技术管理，2014，35（5）：44－52．

江诗松，何文龙，路江涌．创新作为一种政治战略：转型经济情境中的
企业象征性创新［J］．南开管理评论，2019，22（2）：104－113．

姜广省，卢建词，李维安．绿色投资者发挥作用吗？——来自企业参与
绿色治理的经验研究［J］．金融研究，2021，（5）：117－134．

蒋伏心，王竹君，白俊红．环境规制对技术创新影响的双重效应——基
于江苏制造业动态面板数据的实证研究［J］．中国工业经济，2013，
（7）：44－55．

蒋卫平，刘黛蒂．研发投入、冗余资源与企业绩效的关系研究［J］．财经
理论与实践，2016，37（5）：57－62．

蒋尧明，陈力维．高管党员身份、法治环境和企业社会责任信息披露
［J］．会计之友，2019（12）：112－119．

金碚．资源环境管制与工业竞争力关系的理论研究［J］．中国工业经济，
2009，（3）：5－17．

金晓雨，宋嘉颖．环境规制、技术距离与异质性企业研发选择 [J]．南方经济，2020，(6)：70-86.

匡远凤，彭代彦．中国环境生产效率与环境全要素生产率分析 [J]．经济研究，2012，(7)：62-74.

邝嫦娥，路江林．环境规制对绿色技术创新的影响研究——来自湖南省的证据 [J]．经济经纬，2019，36 (2)：126-132.

雷玉桃，孙菁靖．节能消费激励政策能否引领制造企业绿色转型？[J]．产业经济研究，2021，(3)：17-30+56.

黎文靖，郑曼妮．实质性创新还是策略性创新？——宏观产业政策对微观企业创新的影响 [J]．经济研究，2016，51 (4)：60-73.

李百兴，王博．新环保法实施增大了企业的技术创新投入吗？——基于 PSM-DID 方法的研究 [J]．审计与经济研究，2019，(1)：87-96.

李柏洲，曾经纬．知识搜寻与吸收能力契合对企业创新绩效的影响——知识整合的中介作用 [J]．科研管理，2021，42 (6)：120-127.

李斌，彭星，欧阳铭珂．环境规制、绿色全要素生产率与中国工业发展方式转变——基于 36 个工业行业数据的实证研究 [J]．中国工业经济，2013，(4)：56-68.

李长娥，谢永珍．区域经济发展水平、女性董事对公司技术创新战略的影响 [J]．经济社会体制比较，2016，(4)：120-131.

李创．企业环境战略及其与企业竞争力的关系研究 [J]．现代经济探讨，2016，(3)：57-61.

李广明，张维洁．中国碳交易下的工业碳排放与减排机制研究 [J]．中国人口·资源与环境，2017，27 (10)：141-148.

李广培，李艳歌，全佳敏．环境规制、R&D 投入与企业绿色技术创新能力 [J]．科学学与科学技术管理，2018，39 (11)：61-73.

李敬子，毛艳华，蔡敏容．城市服务业对工业发展是否具有溢出效应？[J]．财经研究，2015，41 (12)：129-140.

李玲，陶锋．中国制造业最优环境规制强度的选择——基于绿色全要素生产率的视角［J］．中国工业经济，2012，（5）：70－82．

李明，郑艳秋．盈余管理、媒体负面报道与公司上市后业绩变脸——基于我国创业板上市公司的经验证据［J］．管理评论，2018，30（12）：212－225．

李楠博．本土情境下高管团队断裂带对企业绿色技术创新的影响［J］．科技进步与对策，2019，36（17）：142－150．

李楠博．压力与期冀：生态文明视域下企业绿色技术创新的驱动机制研究［J］．求是学刊，2020，47（1）：75－87．

李姝，肖秋萍．企业社会责任、投资者行为与股票流动性［J］．财经问题研究，2012，（3）：24－31．

李项峰．环境规制的范式及其政治经济学分析［J］．暨南学报（哲学社会科学版），2007，（2）：47－52．

李依，高达，卫平．中央环保督察能否诱发企业绿色创新？［J］．科学学研究，2021，39（8）：1504－1516．

廖文龙，董新凯，翁鸣 等．市场型环境规制的经济效应：碳排放交易、绿色创新与绿色经济增长［J］．中国软科学，2020，（6）：159－173．

令狐大智，武新丽，叶飞．考虑双重异质性的碳配额分配及交易机制研究［J］．中国管理科学，2021，29（3）：176－187．

刘和旺，刘博涛，郑世林．环境规制与产业转型升级：基于"十一五"减排政策的 DID 检验［J］．中国软科学，2019，（5）：40－52．

刘善仕，孙博，葛淳棉，王琪．人力资本社会网络与企业创新——基于在线简历数据的实证研究［J］．管理世界，2017，（7）：88－98．

刘自敏，申颢．有偏技术进步与中国城市碳强度下降［J］．科学学研究，2020，38（12）：2150－2160．

龙婷，衣长军，李雪，王玉敏．股权集中度、机构投资者与企业对外直接投资决策——冗余资源的调节作用［J］．国际贸易问题，2019，

（2）：129 - 144.

陆松开. 产融结合、高管团队特征与创新效率［J］. 华南农业大学学报（社会科学版），2020，19（3）：94 - 104.

逯东，朱丽. 市场化程度、战略性新兴产业政策与企业创新［J］. 产业经济研究，2018，（2）：65 - 77.

路江涌，何文龙，王铁民，刘颖. 外部压力、自我认知与企业标准化环境管理体系［J］. 经济科学，2014，（1）：114 - 125.

吕明晗，徐光华，沈弋 等. 异质性债务治理、契约不完全性与环境信息披露［J］. 会计研究，2018，（5）：67 - 74.

马士国. 环境规制工具的选择与实施：一个述评［J］. 世界经济文汇，2008，（3）：76 - 90.

马嫣然，蔡建峰，王淼. 风险投资背景、持股比例对初创企业技术创新产出的影响——研发投入的中介效应［J］. 科技进步与对策，2018，35（15）：1 - 8.

孟猛猛，陶秋燕，雷家骕. 企业社会责任与企业成长：技术创新的中介效应［J］. 研究与发展管理，2019，31（3）：27 - 37.

潘楚林，田虹. 利益相关者压力、企业环境伦理与前瞻型环境战略［J］. 管理科学，2016，29（3）：38 - 48.

彭星，李斌. 不同类型环境规制下中国工业绿色转型问题研究［J］. 财经研究，2016，42（7）：134 - 144.

彭雪蓉，魏江. 利益相关者环保导向与企业生态创新——高管环保意识的调节作用［J］. 科学学研究，2015，33（7）：1109 - 1120.

蒲阿丽，李平. 出口、市场化与资源配置效率的行业异质性分析［J］. 改革，2019，（9）：93 - 102.

齐绍洲，林屾，崔静波. 环境权益交易市场能否诱发绿色创新？——基于我国上市公司绿色专利数据的证据［J］. 经济研究，2018，53（12）：129 - 143.

强雁．美国绿色技术创新经验对创建航天绿色企业的启示［J］．科技进步
与对策，2003，20（17）：74-76.

秦炳涛，余润颖，葛力铭．环境规制、绿色技术创新与资源型城市产业
结构转型［J］．中国环境科学，2021，（3）：453-466.

韩庆兰，闵雨薇．环境不确定性、管理者过度自信与研发投入［J］．中南
大学学报（社会科学版），2018，24（6）：132-139.

曲小瑜，张健东．制造业环境技术创新能力综合评价——基于最大信息
熵原理与投影寻踪耦合模型［J］．科技管理研究，2017，37（5）：
70-76.

曲薪池，侯贵生，孙向彦．政府规制下企业绿色创新生态系统的演化博
弈分析——基于初始意愿差异化视角［J］．系统工程，2019，37
（6）：1-12.

权浩渤．新时代化工企业污染防治工作存在问题及对策建议［J］．环境与
发展，2020，32（8）：58-59.

任胜钢，项秋莲，何朵军．自愿型环境规制会促进企业绿色创新
吗？——以 ISO14001 标准为例［J］．研究与发展管理，2018，30
（6）：1-11.

任胜钢，郑晶晶，刘东华 等．排污权交易机制是否提高了企业全要素生
产率——来自中国上市公司的证据［J］．中国工业经济，2019，（5）：
5-23.

任晓松，马茜，刘宇佳 等．碳交易政策对高污染工业企业经济绩效的影
响——基于多重中介效应模型的实证分析［J］．资源科学，2020，42
（9）：1750-1763.

邵帅，张可，豆建民．经济集聚的节能减排效应：理论与中国经验［J］．
管理世界，2019，35（1）：36-60+226.

沈宏亮，金达．异质性环境规制、工业企业研发与就业技能结构——基
于空间面板杜宾模型的实证研究［J］．软科学，2019，33（8）：39-

43 + 53.

沈洪涛，黄楠．碳排放权交易机制能提高企业价值吗［J］．财贸经济，
　　2019，40（1）：144 – 161.

史丹，李少林．排污权交易制度与能源利用效率——对地级及以上城市
　　的测度与实证［J］．中国工业经济，2020，（9）：5 – 23.

史学瀛，杨博文．控排企业碳交易未达履约目标的罚则设定［J］．中国人
　　口·资源与环境，2018，28（4）：35 – 42.

斯丽娟．环境规制对绿色技术创新的影响——基于黄河流域城市面板数
　　据的实证分析［J］．财经问题研究，2020，（7）：41 – 49.

宋来胜，苏楠．政府研发资助、企业研发投入与技术创新效率［J］．经济
　　与管理，2017，31（6）：45 – 51.

宋铁波，翁艺敏，钟熙，陈伟宏．高管团队特征视角下的CEO任期与企
　　业研发投入——基于中小板上市公司的实证分析［J］．科技管理研
　　究，2020，40（2）：171 – 180.

宋亚植，刘天森，梁大鹏 等．碳市场合理初始价格区间测算［J］．资源科
　　学，2019，41（8）：1438 – 1449.

宋岩，孙晓君．企业社会责任与研发投入——基于年报文本分析的视角
　　［J］．重庆社会科学，2020，（6）：80 – 96.

宋洋．创新资源、研发投入与产品创新程度——资源的互斥效应和研发
　　的中介效应［J］．中国软科学，2017，（12）：154 – 168.

宋德勇，杨秋月．环境规制打破了"资源诅咒"吗？——基于跨国面板数
　　据的经验分析［J］．中国人口·资源与环境，2019，29（10）：61 – 69.

孙秀丽，赵曙明．CEO冒险倾向对公司创业的影响：一个被调节的中介模
　　型［J］．科学学与科学技术管理，2019，40（6）：107 – 124.

汤维祺，吴力波，钱浩祺．从"污染天堂"到绿色增长——区域间高耗能
　　产业转移的调控机制研究［J］．经济研究，2016，51（6）：58 – 70.

汤亚莉，陈自力，刘星 等．我国上市公司环境信息披露状况及影响因素

的实证研究 [J].管理世界，2006，(1)：158－159.

陶锋，赵锦瑜，周浩.环境规制实现了绿色技术创新的"增量提质"吗——来自环保目标责任制的证据 [J].中国工业经济，2021，(2)：136－154.

田红娜，李金波.基于行业异质性的制造业绿色技术创新能力演化研究——兼论企业研发资金投入的影响 [J].科技进步与对策，2020，37 (17)：63－72.

田虹，王宇菲.企业环境战略对企业三重绩效的影响研究 [J].西安交通大学学报（社会科学版），2019，39 (4)：19－26.

佟岩，谢明智，李思飞.企业成长性与机构投资者行为选择——基于定向增发折价的分析 [J].北京理工大学学报（社会科学版），2019，21 (3)：67－75.

童健，刘伟，薛景.环境规制、要素投入结构与工业行业转型升级 [J].经济研究，2016，51 (7)：43－57.

涂正革，金典，张文怡.高污染工业企业减排："威逼"还是"利诱"？——基于两控区与二氧化硫排放权交易政策的评估 [J].中国地质大学学报（社会科学版），2021，21 (3)：90－109.

涂正革，周涛，谌仁俊 等.环境规制改革与经济高质量发展——基于工业排污收费标准调整的证据 [J].经济与管理研究，2019，40 (12)：77－95.

汪明月，李颖明，王子彤.技术和市场双重不确定性下企业绿色技术创新及绩效 [J].系统管理学报，2021，30 (2)：353－362.

汪明月，李颖明.政府市场规制驱动企业绿色技术创新机理 [J].中国科技论坛，2020，(6)：85－93.

王班班，齐绍洲.市场型和命令型政策工具的节能减排技术创新效应——基于中国工业行业专利数据的实证 [J].中国工业经济，2016，(6)：91－108.

王锋正，陈方圆．董事会治理、环境规制与绿色技术创新——基于我国重污染行业上市公司的实证检验［J］．科学学研究，2018，36（2）：361－369．

王锋正，姜涛，郭晓川．政府质量、环境规制与企业绿色技术创新［J］．科研管理，2018，39（1）：26－33．

王惠，王树乔，苗壮，李小聪．研发投入对绿色创新效率的异质门槛效应——基于中国高技术产业的经验研究［J］．科研管理，2016，37（2）：63－71．

王慧英，王子瑶．我国试点城市碳排放权交易的政策效应与影响机制［J］．城市发展研究，2021，28（6）：133－140．

王建秀，刘星茹，尹宁．社会公众监督与企业绿色环境绩效的关系研究［J］．经济问题，2020，（8）：70－77．

王丽萍，李淑琴，李创．环境信息披露质量对企业价值的影响研究——基于市场化视角的分析［J］．长江流域资源与环境，2020，（5）：1110－1118．

王丽萍，刘明浩．企业自愿实施环境管理体系的动因和障碍性因素分析［J］．资源开发与市场，2016，32（9）：1104－1107．

王丽萍，姚子婷，李创．环境战略对环境绩效和经济绩效的影响——基于企业成长性和市场竞争性的调节效应［J］．资源科学，2021a，（1）：23－39．

王丽萍，姚子婷，李创．新环保法对上市工业企业绩效影响的准自然实验研究［J］．产业经济研究，2021b，（8）：115－128．

王鹏，郭淑芬．正式环境规制、人力资本与绿色全要素生产率［J］．宏观经济研究，2021，（5）：155－169．

王韧．环境规制与绿色技术创新的动态关联——基于"波特假说"的再检验［J］．科技管理研究，2020，40（8）：243－250．

王文军，谢鹏程，李崇梅 等．中国碳排放权交易试点机制的减排有效性评估及影响要素分析［J］．中国人口·资源与环境，2018，28（4）：

26 - 34.

王小鲁，樊纲，余静文．中国分省份市场化指数报告（2018）［M］．北京：社会科学文献出版社，2019.

王旭，褚旭．基于企业规模门槛效应的外部融资对绿色创新影响研究［J］．系统工程理论与实践，2019，39（8）：2027 - 2037.

王旭，杨有德．企业绿色技术创新的动态演进：资源捕获还是价值创造［J］．财经科学，2018，（12）：53 - 66.

王珍愚，曹瑜，林善浪．环境规制对企业绿色技术创新的影响特征与异质性——基于中国上市公司绿色专利数据［J］．科学学研究，2021，39（5）：909 - 919.

卫武，夏清华，资海喜 等．企业的可见性和脆弱性有助于提升对利益相关者压力的认知及其反应吗？——动态能力的调节作用［J］．管理世界，2013，（11）：101 - 117.

隗斌贤，揭筱纹．基于国际碳交易经验的长三角区域碳交易市场构建思路与对策［J］．管理世界，2012，（2）：175 - 176.

温忠麟，叶宝娟．中介效应分析：方法和模型发展［J］．心理科学进展，2014，22（5）：731 - 745.

吴昊旻，张可欣．长计还是短谋：战略选择、市场竞争与企业环境责任履行［J］．现代财经（天津财经大学学报），2021，41（7）：19 - 38.

吴磊，贾晓燕，吴超 等．异质型环境规制对中国绿色全要素生产率的影响［J］．中国人口·资源与环境，2020，30（10）：82 - 92.

吴舜泽，申宇，郭林青，邢晶晶．中国环境战略与政策发展进程、特点及展望［J］．环境与可持续发展，2020，45（1）：34 - 36.

吴伟伟，张天一．非研发补贴与研发补贴对新创企业创新产出的非对称影响研究［J］．管理世界，2021，37（3）：137 - 160.

习近平．决胜全面建成小康社会夺取新时代中国特色社会主义伟大胜利［N］．人民日报，2017 年 10 月 28 日．

向书坚，徐应超．对外贸易开放、人力资本积累与企业技术创新［J］．产经评论，2021，12（1）：68－84．

苏昕，周升师．双重环境规制、政府补助对企业创新产出的影响及调节［J］．中国人口·资源与环境，2019，29（3）：31－39．

邢丽云，俞会新．环境规制对企业绿色创新的影响——基于绿色动态能力的调节作用［J］．华东经济管理，2019，33（10）：20－26．

邢丽云，俞会新．企业绿色创新驱动因素的跨层次分析——以建筑企业为例［J］．技术经济，2018，37（11）：49－55＋115．

熊广勤，石大千，李美娜．低碳城市试点对企业绿色技术创新的影响［J］．科研管理，2020，41（12）：93－102．

徐宁，王雪凝，张阳．高管声誉对企业 R&D 投资的双重效应——基于高管薪酬中介作用的路径分析［J］．商业研究，2018，（7）：104－112．

徐学军，查靓．对我国企业绿色经营的探索性研究［J］．科技管理研究，2009，29（7）：277－279．

许东彦，佟孟华，林婷．环境信息规制与企业绩效——来自重点排污单位的准自然实验［J］．浙江社会科学，2020，（5）：4－14＋156．

许慧，李国英．环境规制对绿色创新效率的影响研究［J］．财经问题研究，2018，（9）：52－58．

许敏，朱伶俐．管理层激励对企业技术创新投入的影响研究［J］．南方金融，2017，（7）：64－72．

许庆瑞，王毅．绿色技术创新新探：生命周期观［J］．科学管理研究，1999，（1）：3－6．

许照成，侯经川．创新投入、竞争战略与企业绩效水平——基于中国制造业上市公司的实证分析［J］．现代财经（天津财经大学学报），2019，39（9）：56－68．

杨东宁，周长辉．企业自愿采用标准化环境管理体系的驱动力：理论框架及实证分析［J］．管理世界，2005，（2）：85－95．

杨明海，刘凯晴，谢送爽. 教育人力资本、健康人力资本与绿色技术创新——环境规制的调节作用 [J]. 经济与管理评论，2021，37（2）：138－149.

杨仁发，李娜娜. 环境规制与中国工业绿色发展：理论分析与经验证据 [J]. 中国地质大学学报（社会科学版），2019，19（5）：79－91.

姚小剑，何珊，杨光磊. 强度维度下的环境规制对绿色技术进步的影响 [J]. 统计与决策，2018，34（6）：78－82.

叶琴. 不同环境规制工具对节能减排技术创新的影响——基于中国 285 个地级市的面板数据 [C]. 2017 年中国地理学会经济地理专业委员会学术年会论文集. 中国地理学会经济地理专业委员会，2017，1.

衣凤鹏，徐二明. 企业与上下游企业的连锁董事对环境战略的影响研究 [J]. 商业经济与管理，2014，（5）：24－33.

尹建华，王森，张玲玲. 制度同构下企业环境战略的异质性响应——来自重污染行业上市公司社会责任报告的经验分析 [J]. 北京理工大学学报（社会科学版），2019，21（4）：47－55.

游达明，蒋瑞琛. 我国环境规制工具对技术创新的作用——基于 2005—2015 年面板数据的实证研究 [J]. 科技管理研究，2018，38（15）：39－45.

于飞，刘明霞，王凌峰，李雷. 知识耦合对制造企业绿色创新的影响机理——冗余资源的调节作用 [J]. 南开管理评论，2019，22（3）：54－65＋76.

于鹏，李鑫，张剑 等. 环境规制对技术创新的影响及其区域异质性研究——基于中国省级面板数据的实证分析 [J]. 管理评论，2020，32（5）：87－95.

余伟，陈强，陈华. 环境规制、技术创新与经营绩效——基于 37 个工业行业的实证分析 [J]. 科研管理，2017，38（2）：18－25.

虞义华，赵奇锋，鞠晓生. 发明家高管与企业创新 [J]. 中国工业经济，

2018，（3）：136－154.

袁建国，后青松，程晨．企业政治资源的诅咒效应——基于政治关联与企业技术创新的考察［J］．管理世界，2015，（1）：139－155.

原毅军，谢荣辉．环境规制与工业绿色生产率增长——对"强波特假说"的再检验［J］．中国软科学，2016，（7）：144－154.

曾宪聚，黄金楷，严江兵．高管团队权力不平等、创新注意力与企业创新强度［J］．兰州大学学报（社会科学版），2020，48（4）：39－48.

张爱美，金杰，吴卫红．化工企业环境管理、环境绩效与经营绩效关系［J］．企业经济，2018，37（11）：154－160.

张长江，施宇宁，张龙平．绿色文化、环境绩效与企业环境绩效信息披露［J］．财经论丛，2019，（6）：83－93.

张弛，任剑婷．基于环境规制的我国对外贸易发展策略选择［J］．生态经济，2005，（10）：169－171.

张国兴，邓娜娜，管欣 等．公众环境监督行为、公众环境参与政策对工业污染治理效率的影响——基于中国省级面板数据的实证分析［J］．中国人口·资源与环境，2019，29（1）：144－151.

张洪辉，平帆，章琳一．经济政策不确定性与内部人寻租：来自内部人交易超额收益的证据［J］．会计研究，2020，（6）：147－157.

张嫚．环境规制对企业竞争力的影响［J］．中国人口·资源与环境，2004，（4）：128－132.

张平，张鹏鹏，蔡国庆．不同类型环境规制对企业技术创新影响比较研究［J］．中国人口·资源与环境，2016，26（4）：8－13.

张晓亮，杨海龙，唐小飞．CEO 学术经历与企业创新［J］．科研管理，2019，40（2）：154－163.

张旭，王宇．环境规制与研发投入对绿色技术创新的影响效应［J］．科技进步与对策，2017，34（17）：111－119.

张旭，王宇．环境规制与研发投入对绿色技术创新的影响效应［J］．科技进步与对策，2017，34（17）：111－119.

张永旺，宋林．环境规制与创新的出口质量效应——技术开发与技术改造谁扮演了更重要的角色［J］.经济科学，2019，（2）：53－65.

张兆国，常侬，曹丹婷 等．高管任期、企业技术创新与环境绩效实证研究——以新环保法施行为事件窗口［J］.科技进步与对策，2020a，（12）：73－81.

张兆国，张弛，曹丹婷．企业环境管理体系认证有效吗［J］.南开管理评论，2019，22（4）：123－134.

张兆国，张弛，裴潇．环境管理体系认证与企业环境绩效研究［J］.管理学报，2020b，17（7）：1043－1051.

张正勇，李玉．企业环境绩效与高管薪酬激励有效性研究［J］.华东经济管理，2018，32（4）：126－133.

张治栋，陈竞．环境规制、产业集聚与绿色经济发展［J］.统计与决策，2020，36（15）：114－118.

张子余，袁澍蕾．生命周期视角下董监高治理机制与企业技术创新［J］.软科学，2017，31（6）：96－99.

赵立祥，冯凯丽，赵蓉．异质性环境规制、制度质量与绿色全要素生产率的关系［J］.科技管理研究，2020，40（22）：214－222.

赵子夜，杨庆，陈坚波．通才还是专才：CEO 的能力结构和公司创新［J］.管理世界，2018，34（2）：123－143.

郑洁，刘舫，赵秋运．环境规制与高质量创新发展：新结构波特假说的理论探讨［J］.经济问题探索，2020，（12）：171－177.

中华人民共和国国家发展和改革委员会、中华人民共和国科学技术部．关于构建市场导向的绿色技术创新体系的指导意见［Z］.［发改环资（2019）689 号］，2019 年 5 月 14 日.

钟昌标，胡大猛，黄远浙．低碳试点政策的绿色创新效应评估——来自中国上市公司数据的实证研究［J］.科技进步与对策，2020，37

（19）：113 - 122.

钟鹏，吴涛，李晓渝. 上市公司企业社会责任报告、社会责任缺失与财务绩效关系的实证研究［J］. 预测，2021，40（1）：17 - 23.

周方召，符建华，仲深. 外部融资、企业规模与上市公司技术创新［J］. 科研管理，2014，35（3）：116 - 122.

周永圣，梁淑慧. 供应链中绿色技术创新合作的演化博弈分析［J］. 江西师范大学学报（自然科学版），2017，41（1）：28 - 34.

周泽将，马静，胡刘芬. 高管薪酬激励体系设计中的风险补偿效应研究［J］. 中国工业经济，2018，（12）：152 - 169.

朱建民，朱静娇. 制造业技术转型视角下企业创新意识与创新绩效实证研究——基于技术战略的调节作用［J］. 预测，2018，37（3）：29 - 34.

朱永明，贾明娥，赵程程. 晋升激励与创业板上市公司创新绩效［J］. 科技进步与对策，2017，34（15）：72 - 79.

祝丽敏，赵晶，孙泽君. 社会责任承担能提升企业信心吗？——企业参与精准扶贫的实证研究［J］. 经济管理，2021，43（4）：71 - 87.

邹国伟，周振江. 环境规制、政府竞争与工业企业绩效——基于双重差分法的研究［J］. 中南财经政法大学学报，2018，（6）：13 - 21.

邹志勇，辛沛祝，晁玉方，朱晓红. 高管绿色认知、企业绿色行为对企业绿色绩效的影响研究——基于山东轻工业企业数据的实证分析［J］. 华东经济管理，2019，33（12）：35 - 41.

Acemoglu D., Aghion P., Bursztyn L., et al. The environment and directed technical change［J］. American Economic Review，2012，102（1）：131 - 166.

Albrizio S., Kozluk T., Zipperer V. Environmental policies and productivity growth: Evidence across industries and firms［J］. Journal of Environmental Economics and Management，2017，81（3）：209 - 226.

Alt E., Castro D. E., Pablo E., et al. Linking employee stakeholders to environmental performance：The role of proactive environmental strate-gies and shared vision ［J］. Journal of Business Ethics，2015，128 （1）：167 – 181.

Ambec S. ，Cohen M. A. ，Elgie S. ，et al. The Porter Hypothesis at 20：Can environmental regulation enhance innovation and competitiveness？ ［J］. Review of Environmental Economics and Policy，2013，7（1）：2 – 22.

Amores-Salvadó J. ，Castro G. M. ，Navas-López J. E. The importance of the complementarities between environmental management systems and envi-ronmental innovation capabilities：A firm level approach to environmental and business performance benefits ［J］. Technological Forecasting and So-cial Change，2015，96：288 – 297.

Andersen M. M. On the faces and phases of Eco-innovation-On the dynamics of the greening of the economy ［D］. University of Copenhagen，Denmark，2010.

Anderson B. ，Convery F. ，Maria C. D. Technological change and the EU ETS：The case of Ireland ［J］. Ssrn Electronic Journal，2010，216 （1）：233 – 238.

Ángela T. ，Cuerva M. ，Alvarez-Aledo C. Environmental Innovation and Employ-ment：Drivers and Synergies ［J］. Sustainability，2017，9（11）：2057.

Antonioli D. ，Borghesi S. ，Mazzanti M. Are regional systems greening the e-conomy？Local spillovers，green innovations and firms´economic perform-ances ［J］. Economics of Innovation & New Technology，2016，25（7）：1 – 22.

Arena C. ，Michelon G. ，Trojanowski G. Big egos can be green：A study of CEO hubris and environmental innovation ［J］. British Journal of Manage-ment，2017，29（2）：316 – 336.

Babakri K. A. ，Bennett R. A. ，Franchetti M. Critical factors for implementing ISO14001 standard in United States industrial companies ［J］. Journal of

Cleaner Production, 2003, 11 (7): 749 – 752.

Banerjee S. B. Corporate environmentalism: The construct and its measurement [J]. Journal of Business Research, 2002, 55 (3): 177 – 191.

Beise M. , Rennings K. Lead markets and regulation: A framework for analyzing the international diffusion of environmental innovations [J]. Ecological Economics, 2005, 52 (1): 5 – 17.

Berrone P. , Fosfuri A. , Gelabert L. , et al. Necessity as the mother of green' inventions: Institutional pressures and environmental innovations [J]. Strategic Management Journal, 2013, 34 (8): 891 – 909.

Bertrand M. , Duflo E. , Mullainathan S. How much should we trust differences-in-differences estimates [J]. The Quarterly Journal of Economics, 2004, 119 (1): 249 – 275.

Boeing P. The allocation and effectiveness of China's R&D subsidies—Evidence from listed firms [J]. Research Policy, 2016, 45 (9): 1774 – 1789.

Boirl O. , Henri J. F. Modeling the impact of ISO14001 on environmental performance: A comparative approach [J]. Journal of Environmental Management, 2012, 99 (30): 84 – 97.

Borghesi S. , Cainelli G. , Mazzanti M. Linking emissions trading to environmental innovation: Evidence from the Italian manufacturing industry [J]. Research Policy, 2015, 11 (4): 669 – 683.

Brawn E. , Wield D. Regulation as a means for the social control of technology [J]. Technology Analysis & Strategic Management, 1994, 6 (3): 259 – 272.

Bu M. L. , Qiao Z. Z. , Liu B. B. Voluntary environmental regulation and firm innovation in China [J]. Economic Modeling, 2020, 89: 10 – 18.

Cai W. J. , Gu J. B. , Wu J. L. How CEO passion promotes firm Innovation: The mediating role of Top Management Team (TMT) creativity and the moderating role of organizational culture ［J］. Current Psychology, 2023, 42: 6963 – 6979.

Cai X., Lu Y., Wu M., et al. Does environmental regulation drive away inbound foreign direct investment? Evidence from a quasi-natural experiment in China ［J］. Journal of Development Economics, 2016, 123 (1): 73 – 85.

Calel R., Dechezlepretre A. Environmental policy and directed technological change: evidence from the European carbon market ［J］. Climate Change and Sustainable Development, 2016, 98 (1): 173 – 191.

Camison, C. Effect of coercive regulation versus voluntary and cooperative auto regulation on environmental adaptation and performance: Empirical evidence in Spain ［J］. European Management Journal, 2010, 28 (5): 346 – 361.

Chang Y. K., Chen Y. L., Chou R., et al. Corporate governance, product market competition and dynamic capital structure ［J］. International Review of Economics and Finance, 2015, (38): 44 – 55.

Cheng X., Long R., Chen H. A policy utility dislocation model based on prospect theory: A case study of promoting policies with low-carbon lifestyle ［J］. Energy Policy, 2020, 137: 111 – 134.

Chen T., Harford J., Lin C. Do analysts matter for governance? Evidence from natural experiments ［J］. Journal of Financial Economics, 2015, (2): 383 – 410.

Chen Y. S., Lai S. B., Wen C. T. The influence of green innovation performance on corporate advantage in Taiwan ［J］. Journal of Business Ethics, 2006, 67 (4): 331 – 339.

Chen Z., Kahn M. E., Liu Y., et al. The consequences of spatially differentiated water pollution regulation in China ［J］. Journal of Environmental Economics and Management, 2018, 88: 468 – 485.

Chiang K. Efficiency decomposition in network data envelopment analysis with slacks-based measures [J]. Omega, 2013, 45: 1 – 6.

Cho T. S. , Hambrick D. C. Attention as the mediator between top management team characteristics and strategic change: The case of airline deregulation [J]. Organization Science, 2006, 17 (4): 453 – 469.

Clarkson P. M. , Li Y. , Richardson G. D. , et al. Revisiting the relation between environmental performance and environmental disclosure: An empirical analysis [J]. Accounting, Organizations and Society, 2008, 33 (4): 303 – 327.

Claudia G. , Francesco Q. Green technologies and environmental productivity: A cross-sectoral analysis of direct and indirect effects in Italian regions [J]. Ecological Economics, 2017, 132: 1 – 13.

Cole M. A. , Elliott R. J. R. , Shimamoto K. Globalization, firm-level characteristics and environmental management: A study of Japan [J]. Ecological Economics, 2006, 59 (3): 312 – 323.

Comoglio C. , Botta S. The use of indicators and the role of environmental management systems for environmental performances improvement: A survey on ISO14001 certified companies in the automotive sector [J]. Journal of Cleaner Production, 2011, 20 (1): 92 – 102.

Costellom W. 13 steps to "green" your business [J]. Business & Economic Review, 2008, 54 (4): 6 – 9.

Daddi T. , Frey M. , De Giacomo M. R. , et al. Macro-economic and development indexes and ISO14001 certificates: A cross national analysis [J]. Journal of Cleaner Production, 2015, 108: 1239 – 1248.

Dai J. , Chen H. K. , Yee R. W. Y. Examining moderating effect of organizational culture on the relationship between market pressure and corporate environmental strategy [J]. Industrial Marketing Management, 2018, 74: 227 – 236.

Darnall N. , Edwards J. R. Predicting the cost of environmental management system adoption: The role of capabilities, resources and ownership structure [J]. Strategic Management, 2006, 27 (4): 301 – 320.

De-Groot J. I. M. , Steg L. Morality and prosocial behavior: The role of awareness, responsibility, and norms in the norm activation model [J]. The Journal of Social Psychology, 2009, 149 (4): 425 – 449.

De Jesus A. , Mendonca S. Lost in transition? Drivers and barriers in the eco-innovation road to the circular economy [J]. Ecological Economics, 2018, 145: 75 – 89.

Delgado-Ceballos J. , Aragon-Correa J A. , Ortiz-De-Mandojana N. , et al. The effect of internal barriers on the connection between stakeholder integration and proactive environmental strategies [J]. Journal of Business Ethics, 2012, 107: 281 – 293.

Delgado-Verde M. , Martín-de Castro G. , Cruz-González J. , Navas-López J. E. Complements or substitutes? The contingent role of corporate reputation on the interplay between internal R&D and external knowledge sourcing [J]. European Management Journal, 2021, 39 (1): 70 – 83.

D'Souza C. , Marjoribanks T. , Young S. , et al. Environmental management systems: An alternative marketing strategy for sustainability [J]. Journal of Strategic Marketing, 2019, 27 (5): 417 – 434.

Fang Z. M. , Kong X. R. , Sensoy A. , et al. , Government's awareness of environmental protection and corporate green innovation: A natural experiment from the New Environmental Protection Law in China [J]. Economic Analysis and Policy, 2021, 70: 294 – 312.

Feng T. , Wang D. The influence of environmental management systems on financial performance: A moderated-mediation analysis [J]. Journal of Business Ethics, 2016, 135: 265 – 278.

Fliaster A. , Kolloch M. Implementation of green innovations – The impact of stakeholders and their network relations [J]. R&D Management, 2017, 47 (5): 689 – 700.

Foster C. , Green K. Greening the innovation process [J]. Business Strategy and the Environment, 2000, 9 (2): 287 – 303.

Frondel M. , Krätschell K. , Zwick L. Environmental management systems: Does certification pay? [J]. Economic Analysis and Policy, 2018, 59: 14 – 24.

Fu T. , Cai C. , Jian Z. The illusion of "win-win" solution: Why environmental regulation in China promotes firm performance [J]. Structural Change and Economic Dynamics, 2020, 52: 366 – 373.

García-Granero A. , Llopis Ó. , Fernández-Mesa A. , Alegre J. Unraveling the link between managerial risk-taking and innovation: The mediating role of a risk-taking climate [J]. Journal of Business Research, 2015, 68 (5): 1094 – 1104.

Getele G. K. , Li T. , Arrive T. J. Corporate culture in small and medium enterprises: Application of corporate social responsibility theory [J]. Corporate Social Responsibility and Environmental Management, 2020, 27 (2): 897 – 908.

Govindan K. , Rajendran S. , Sarkis J. , et al. Multi criteria decision making approaches for green supplier evaluation and selection: A literature review [J]. Journal of Cleaner Production, 2015, 98: 66 – 83.

Graafland J. J. Ecological impacts of the ISO14001 certification of small and medium sized enterprises in Europe and the mediating role of networks [J]. Journal of Cleaner Production, 2018, 174: 273 – 282.

Graafland J. , Smid H. Reconsidering the relevance of social license pressure and government regulation for environmental performance of European SMEs.

［J］. Journal of Cleaner Production，2017，141：967 – 977.

Guerrero-Baena M. D.，Gómez-Limón J. A.，Fruet J. V. A multicriteria method for environmental management system selection：An intellectual capital approach ［J］. Journal of Cleaner Production，2015，105：428 – 437.

Guimar D.，Ferro Es，J. C.，Eliana S. A.，Vasconcelos D.，Maia C. R. Sustainable Competitive advantage：A survey of companies in Southern Brazil ［J］. Brazilian Business Review（Portuguese Edition），2017，14（3）：352 – 367.

Gu L. Product market competition，R&D investment，and stock returns ［J］. Journal of Financial Economics，2016，119（2）：441 – 455.

Guo Y.，Xia X.，Zhang N.，et al. Environmental regulation，government R&D funding and green technology innovation：Evidence from china provincial data ［J］. Sustainability，2018，10（4）：940.

Habidin N.，Yusof S. Relationship between lean six sigma，environmental management systems，and organizational performance in the Malaysian automotive industry ［J］. International Journal of Automotive Technology，2012，13（7）：1119 – 1125.

Halkos G.，Skouloudis A. Corporate social responsibility and innovative capacity：Intersection in a macro-level perspective ［J］. Journal of Cleaner Production，2018，182：291 – 300.

Hall B. H.，Helmers H. C. Innovation and diffusion of clean/green technology：Can patent commons help? ［J］. Journal of Environmental Economics and Management，2013，（1）：33 – 51.

Hamamoto M. Environmental regulation and the productivity of Japanese manufacturing industries ［J］. Resource and Energy Economics，2006，（4）：299 – 312.

Hart S. L. A natural-resource-based view of the firm. Academy of Management

Review, 1995, 20 (4), 986 – 1014.

Hasan M. , Chan C. K. ISO14000 and its perceived impact on corporate perform-ance [J]. Business and Management Horizons, 2014, 2 (2): 1 – 14.

Heffels T. , Mckenna R. , Fichtner W. An ecological and economic assessment of absorption-enhanced-reforming (AER) biomass gasification [J]. Energy Conversion & Management, 2014, 77: 535 – 544.

Henri J. F. , Journeault M. Harnessing eco-control to boost environmental and financial performance [J]. CAM Management, 2008, 82 (5): 29 – 34.

Hering L. , Poncet S. Environmental policy and trade performance: Evidence from China [J]. Journal Environmental Economics Management, 2014, 68 (4): 296 – 318.

He W. L. , Liu C. , Lu J. Y. , et al. Impacts of ISO14001 adoption on firm performance: Evidence from China [J]. China Economic Review, 2015, 32: 43 – 56.

Hoffmann V. H. EU ETS and investment decisions: The case of the German electricity industry [J]. European Management Journal, 2007, 25 (6): 464 – 474.

Hojnik J. , Ruzzier M. Does it pay to be eco? The mediating role of competitive benefits and the effect of ISO14001 [J]. European Management Journal, 2017, 35 (5): 581 – 594.

Hojnik J. , Ruzzier M. The driving forces of process eco-innovation and its im-pact on performance: Insights from Slovenia [J]. Journal of cleaner pro-duction, 2016, 133: 812 – 825.

Horbach J. Determinants of environmental innovation: New evidence from Ger-man panel data sources [J]. Research Policy, 2008, 37 (1): 163 – 173.

Huang R. B. , Huang Y. B. Does internal control contribute to a firm's green in-formation disclosure? Evidence from China [J]. Sustainability, 2020,

12（8）：1 – 23.

Huang S. Z. , Chau K. Y. , Chien F. S. , Shen H. W. The impact of startups' dual learning on their green innovation capability: The effects of business executives' environmental awareness and environmental regulations [J]. Sustainability, 2020, 12（16）: 6526.

Huang X. , Liu X. The impact of environmental regulation on productivity and exports: A firm level evidence from China [J]. Emerging Markets Finance & Trade, 2019, 55（5）: 1 – 20.

Hung M. , Shi J. , Wang Y. The effect of mandatory CSR disclosure on information asymmetry: Evidence from a quasi-natural experiment in China [J]. Social Science Electronic Publishing, 2013, 33（5）: 1 – 17.

Jiang K. , You D. , Merrill R. , et al. Implementation of a multi-agent environmental regulation strategy under Chinese fiscal decentralization: An evolutionary game theoretical approach [J]. Journal of Cleaner Production, 2019, 214: 902 – 915.

Kemp R. , Pearson P. Final report of the MEI project measuring eco-innovation [M]. UM Merit, Socastricht, 2007.

Kemp R. , Smith K. , et al. How should we study the relationship between environmental regulation and innovation? [J]. Innovation-Oriented Environmental Regulation, 2000, （10）: 43 – 66.

Klenert D. , Schwerhoff G. , Edenhofer O. , et al. Environmental taxation, inequality and Engel's law: the double dividend of redistribution [J]. Environmental & Resource Economics, 2018, 71（3）: 605 – 624.

Kowalczyk R. , Kucharska W. Corporate social responsibility practices incomes and outcomes: Stakeholders' pressure, culture, employee commitment, corporate reputation, and brand performance. A Polish-German cross-country study [J]. Corporate Social Responsibility & Environmental Management, 2020, 27 (2): 595 –615.

Lanoie P. , Patry M. , Lajeunesse R. Environmental regulation and productivity: New findings on the Porter hypothesis [J]. Journal of Productivity Analysis, 2008, 30 (2): 121 –128.

Latridis G. E. Environmental disclosure quality: Evidence on environmental performance, corporate governance and value relevance [J]. Emerging Markets Review, 2013, 14 (1): 55 –75.

Lee C. T. , Rozali N. E. M. , Fan Y. V. , et al. Low-carbon emission development in Asia: Energy sector, waste management and environmental management system [J]. Clean Technologies and Environmental Policy, 2018, 20 (3): 443 –449.

Lee J. , Veloso F. M. , Hounshell A. D. Linking induced technological change and environmental regulation: Evidence from patenting in the US auto industry [J]. Research Policy, 2011, 40 (9): 1240 –1252.

Lee, K. H. , Min, B. Green R&D for eco-innovation and its impact on carbon emissions and firm performance [J]. Journal of Cleaner Production, 2015, 108: 534 –542.

Leyva-de la Hiz D. I. , Ferron-Vilchez V, Aragon-Correa J. A. Do firms' slack resources influence the relationship between focused environmental innovations and financial performance? More is not always better [J]. Journal of Business Ethics, 2019, 159 (4): 1215 –1227.

Lim S. , Prakash A. , Voluntary regulations and innovation: the case of ISO 14001 [J]. Public Administration Review, 2014, 74 (2): 233 –244.

Lin S. , Wang B. B. , Wu W. , et al. , The potential influence of the carbon market on clean technology innovation in China [J]. Climate Policy, 2018, 18 (S1): 71 –89.

Liu N. , Tang S. Y. , Lo W. H. , et al. Stakeholder demands and corporate environmental coping strategies in China [J]. Journal of Environmental Management, 2016, 165: 140 – 149.

Liu Q., Zhu Y., Yang W. X., et al., Research on the impact of environmental regulation on green technology innovation from the respective of regional differences: A quasi-natural experiment based on China's New Environmental Protection Law [J]. Sustainability, 2022, 14 (3): 1714.

Lo C. K. Y, Yeung A. C. L., Cheng T. C. E. The impact of environmental management systems on financial performance in fashion and textiles industries [J]. International Journal of Production Economics, 2011, 135 (2): 561 – 567.

Lonĉar D., Paunković J., Jovanović V., et al. Environmental and social responsibility of companies cross EU countries: Panel data analysis [J]. Science of the Total Environment, 2019, 657: 287 – 296.

Lopez J. M. R., Sakhel A., Busch T. Corporate investments and environmental regulation: The role of regulatory uncertainty, regulation-induced uncertainty, and investment history [J]. European Management Journal, 2016, 35 (1): 91 – 101.

Lucchesi A. Environmental innovations: Evidence from Brazilian manufacturing firms [D]. Universidade De Sǎo Paulo, 2013.

Luo Y., Salman M., Lu Z. Heterogeneous impacts of environmental regulations and foreign direct investment on green innovation across different regions in China [J]. Science of the Total Environment, 2021, 759: 143744.

Majumdar A., Sinha S. K. Analyzing the barriers of green textile supply chain management in South-east Asia using interpretive structural modeling [J]. Sustainable Production and Consumption, 2019, 17: 176 – 187.

Marchi V. Environmental innovation and R&D cooperation: Empirical evidence from Spanish manufacturing firms [J]. Research Policy, 2012, 41 (3):

614 – 623.

Marin G, Zanfei A. Does host market regulation induce cross border environmental innovation？ ［R］. Working Papers, from Sustainability Environmental Economics and Dynamics Studies, 2018: NO. 518.

Martínez R. E, Kunapatarawong R. Green innovation and knowledge: The role of size ［J］. Business Strategy & the Environment (John Wiley & Sons, Inc), 2019, 28 (6): 1045 – 1059.

Medase S. K. Product innovation and employees' slack time: The moderating role of firm age and size ［J］. Journal of Innovation and Knowledge, 2020, 5 (3): 151 – 174.

Meier B. , Cohen M. A. Determinants of environmental innovation in US manufacturing industries ［J］. Journal of environmental economics and management, 2003, 45 (2): 278 – 293.

Meng X. H. , Zeng S. X. , Tam C. M. From voluntarism to regulation: A study on ownership, economic performance and corporate environmental information disclosure in China ［J］. Journal of Business Ethics, 2013, 116 (1): 217 – 232.

Metechko L. B. , Sorokin A. E. Cluster strategy for Eco-Innovation at manufacturing enterprises ［J］. Russian Engineering Research, 2018, 38 (4): 316 – 319.

Miguel C. , Pazó C. Environmental protection, innovation and price-setting behavior in Spanish manufacturing firms ［J］. Energy Economics, 2017, (68): 116 – 124.

Milani, S. The impact of environmental policy stringency on industrial R&D conditional on pollution intensity and relocation costs ［J］. Environmental and Resource Economics, 2017, 68 (3): 595 – 620.

Montero J. P. Market structure and environmental innovation ［J］. Journal of Applied Economics，2002，5（2）：293 – 325.

Montmartin B.，Herrera M. Internal and external effects of R&D subsidies and fiscal incentives：Empirical evidence using spatial dynamic panel models [J]. Research Policy，2015，44（5）：1065 – 1079.

Murmura F.，Liberatore L.，Bravi L.，et al. Evaluation of Italian companies' perception about ISO14001 and eco management and audit scheme III：Motivations，benefits and barriers [J]. Journal of Cleaner Production，2018，174：691 – 700.

Nesta L.，Vona F.，Nicolli F. Environmental policies，competition and innovation in renewable energy. Journal of Environmental Economics and Management. 2014，67（3）：396 – 411.

Nguyen Q. A.，Hens L. Environmental performance of the cement industry in Vietnam：The influence of ISO14001 certification [J]. Journal of Cleaner Production，2015，96：362 – 378.

Ocasio W. Attention to Attention [J]. Organization Science，2011，22（5）：1286 – 1296.

Pacheco D.，Caten C. S.，Jung C. F.，et al. Eco-innovation determinants in manufacturing SMEs：Systematic review and research directions [J]. Journal of Cleaner Production，2017，142：2277 – 2287.

Pandej C. Environmental regulation and U. S States' technical inefficiency [J]. Economics Letters，2008，（3）：363 – 365.

Peng B. H.，Tu Y.，Elahi E.，et al. Extended producer responsibility and corporate performance：affects of environmental regulation and environmental strategy [J]. Journal of Environmental Management，2018，218（15）：181 – 189.

Perales I. R.，Ayerbe C. G.，Torres P. R.，et al. Is strategic proactivity a driver of an environmental strategy？Effects of innovation and internationalization leadership〔J〕. Sustainability, 2017, 9（10）: 1870.

Petroni G. , Bigliardi B. , Galati F. Rethinking the Porter Hypothesis: The underappreciated importance of value appropriation and pollution intensity. 〔J〕. Review of Policy Research, 2019, 36（1）: 121 – 140.

Porter M. America's Green Strategy〔J〕. Scientific American, 1991, 264（4）: 97 – 117.

Porter M. E. , Linde V. , Toward a New Conception of the Economy-Competitiveness Relationship〔J〕. Journal of Economic Perspectives, 1995, 9 （4）: 97 – 118.

Ramanathan R. , Black A. Impact of environmental regulations on innovation and performance in the UK industrial sector〔J〕. Management Decision, 2010, 48（10）: 1493 – 1513.

Ramanathan R. , Ramanathan U. , Bentley Y. The debate on flexibility of environmental regulations, innovation capabilities and financial performance—A novel use of DEA〔J〕. Omega, 2018, 75: 131 – 138.

Rashad A. K. CEO risk preference and investing in R&D〔J〕. Abacus, 2014, 50（3）: 245 – 278.

Rath A. , Copley B. , Green technologies for development: Transfer, trade and cooperation〔M〕. IDRC-CRDI Ottawa, Canada, 1993.

Ren S. , Wei W. , Sun H. , et al. Can mandatory environmental information disclosure achieve a win-win for a firm's environmental and economic performance〔J〕. Journal of Cleaner Production, 2020, 250: 119530. 1 – 119530. 10.

Riaz H. , Saeed A. Impact of environmental policy on firm's market performance: The case of ISO14001〔J〕. Corporate Social Responsibility and Environmental Management, 2020, 27（2）: 681 – 693.

Rosa M. D. , Devashish P. , Pierpaolo P. Green product innovation in manufacturing firms：A sustainability oriented dynamic capability perspective ［J］. Business Strategy and the Environment，2017，26（4）：490 – 506.

Ross J. ，Penesis J. ，Badrick T. Improving laboratory economic and environmental performance by the implementation of an environmental management system ［J］. Accreditation and Quality Assurance，2019，24（5）：319 – 327.

Rubashkina Y. ，Galeotti M. ，Verdolini E. Environmental regulation and competitiveness：Empirical evidence on the Porter Hypothesis from European manufacturing sectors ［J］. Energy Policy，2015，83（8）：288 – 300.

Ruediger K. Environmental technologies-from misleading interpretations to an operational categorisation & definition ［J］. Journal of Cleaner Production，2007，15（13 – 14）：1316 – 1320.

Salim H. K. ，Padfield R. ，Lee C. T. ，et al. An investigation of the drivers，barriers，and incentives for environmental management systems in the Malaysian food and beverage industry ［J］. Clean Technologies and Environmental Policy，2018，20（3）：529 – 538.

Scherer F. M. Firm size，market structure，opportunity，and the output of patented inventions ［J］. The American Economic Review，1965，55（5）：1097 – 1125.

Schwirern C. ，Suttrr M. Trust in cooperation or ability？ An experimental study on gender differences ［J］. Economic Letter，2008，99（3）：494 – 497.

Scott W. R. Institutions and Organizations：Ideas and Interests ［M］. Los Angeles，Sage Publications，2008.

Seroka-Stolka O，Fijorek K. Enhancing corporate sustainable development：Proactive environmental strategy，stakeholder pressure and the moderating effect of firm size ［J］. Business Strategy and the Environment，2020，29（6）：2338 – 2354.

Severo E. A. , Guimar J. C. , Dorion E. C. Cleaner production and environmental management as sustainable product innovation antecedents: A survey in Brazilian industries [J]. Journal of Cleaner Production, 2017, 142: 87 – 97.

Sharma S. , Henriques I. Stakeholder influences on sustainability practices in the Canadian forest products industry [J]. Strategic Management Journal, 2005, 26 (2): 159 – 180.

Sharma S. , Vredenburg H. Proactive corporate environmental strategy and the development of competitively valuable organizational capabilities [J]. Strategic Management Journal, 1998, 19 (8): 729 – 753.

Shrivastava P. Castrated environment: greening organizational studies [J]. Organization Studies, 2004, (15) 5: 705 – 726.

Shrivastava P. Environmental technologies and competitive advantage [J]. Strategic Management Journal, 1995a, 16: 183 – 200.

Shrivastava P. The role of corporations in achieving ecological sustainability [J]. Academy of Management Review, 1995b, 20 (1): 936 – 960.

Singh M. , Brueckner M. , Padhy P. K. Environmental management system ISO14001: Effective waste minimisation in small and medium enterprises in India [J]. Journal of Cleaner Production, 2015, 102: 285 – 301.

Song M. , Wang S. , Zhang H. Could environmental regulation and R&D tax incentives affect green product innovation? [J]. Journal of Cleaner Production, 2020, 258: 120849.

Stucki T. , Woerter M. , Arvanitis S. , et al. How different policy instruments affect green product innovation: A differentiated perspective [J]. Energy Policy, 2018, (114): 245 – 261.

Suphi S. Corporate governance, environmental regulations and technological change [J]. European Economic Review, 2015, 80 (10): 36 – 61.

Teng M. J. The effects of an environmental management system on intangible assets and corporate value：Evidence from Taiwan's manufacturing firms [J]. Asian Business & Management，2011，10（3）：381 –404.

Tian X. L. ，Guo Q. G. ，Han C. ，et al. Different extent of environmental information disclosure across Chinese cities：Contributing factors and correlation with local pollution [J]. Global Environmental Change，2016，39：244 –257.

Tian Y. ，Feng C. The heterogeneous impact of environmental regulation on urban green scale economy：An empirical analysis based on city-level panel data in China [J]. Environmental Science and Pollution Research，2021，28（35）：48392 –48407.

Tovilla E. ，Webb K. Examining the emerging environmental protection policy convergence in the Ontario municipal drinking water，wastewater and stormwater sectors [J]. Water Quality Research Journal，2017，52（3）：209 –228.

Turki M. ，Medhioub E. ，Kallel M. Effectiveness of EMS in Tunisian companies：Framework and implementation process based on ISO14001 standard [J]. Environment，Development & Sustainability，2017，19（2）：479 –495.

Tversky A，Kahneman D. Advances in prospect theory：Cumulative representation of uncertainty [J]. Journal of Risk & Uncertainty，1992，5（4）：297 –323.

Uyarra E. ，Zabalaiturriagagoitia J. M. ，Flanagan K. ，et al. Public procurement，innovation and industrial policy：Rationales，roles，capabilities and implementation [J]. Research Policy，2020，49（1）：103844.

Valentine S. V. The green onion：A corporate environmental strategy framework [J]. Corporate Social Responsibility and Environmental Management，

2010, 17 (9): 284 – 298.

Voinea C. L. , Hoogenberg B. J. , Fratostiteanu C. , et al. The relation between environmental management systems and environmental and financial performance in emerging economies [J]. Sustainability, 2020, 12 (13): 5309 – 5329.

Voukkali I. , Loizia P. , Pociovalisteanu D. M. , et al. Barriers and difficulties concerning the implementation of an environmental management system in a bakery-confectionary industry in Cyprus for 8 years [J]. Environmental Processes, 2017, 4 (1): 263 – 275.

Wagner M. On the relationship between environmental management, environmental innovation and patenting: Evidence from German manufacturing firms [J]. Research Policy, 2007, (10): 1587 – 1602.

Walley N. , Whitehead B. It's not easy being green [J]. Harvard Business Review, 1994, 72 (3): 46 – 52.

Wang L. P. , Zeng T. , Li C. , Behavior decision of top management team and enterprise green technology innovation [J]. Journal of Cleaner Production, 2022, 367: 133120.

Wong J. J. , Abdullah M. O. , Baini R. , et al. Performance monitoring: A study on ISO14001 certified power plant in Malaysia [J]. Journal of Cleaner Production, 2017, 147: 165 – 174.

Wu T. H. , Wu Y. C. J. , Chen Y. M. J. , et al. Aligning supply chain strategy with corporate environmental strategy: A contingency approach [J]. International Journal of Production Economics, 2014, 147: 220 – 229.

Xie X. , Huo J. , Qi G. , et al. Green process innovation and financial performance in emerging economies: Moderating effects of absorptive capacity and green subsidies [J]. IEEE Transactions on Engineering Management, 2016, 63 (1): 101 – 112.

Yale Center for Environmental Law and Policy, International Earth Science Information Network, 2020 Environmental Performance Index [R]. https://epi. yale. edu/downloads/epi2020report20210112. pdf.

Yang D. F., Wang A. X., Zhou K., et al. Environmental strategy, institutional force, and innovation capability: A managerial cognition perspective [J]. Journal of Business Ethics, 2019, 159: 1147 – 1161.

Yin H., Ma C. International integration: A hope for a greener China? [J]. International Marketing Review, 2009, 26 (3): 348 – 367.

Yin M. Q., Sheng L. Corporate governance, innovation input and corporate performance [J]. Nankai Business Review International, 2019, 10 (1): 120 – 137.

You D., Zhang Y., Yuan B. Environmental regulation and firm eco-innovation: evidence of moderating effects of fiscal decentralization and political competition from listed Chinese industrial companies [J]. Journal of Cleaner Production, 2019, 207: 1072 – 1083.

Yuan R. L., Wen W. Managerial foreign experience and corporate innovation [J]. Journal of Corporate Finance, 2018, 48: 752 – 770.

Yu W. T., Ramanathan R., Nath P. Environmental pressures and performance: An analysis of the roles of environmental innovation strategy and marketing capability [J]. Technological Forecasting and Social Change, 2017, 117: 160 – 169.

Yu Y. B., Cheng H. Environmental taxes and innovation in Chinese textile enterprises: Influence of mediating effects and heterogeneous factors [J]. Sustainability, 2021, 13 (8): 4561.

Zailani S., Premkumar R., Fernando Y. Factors influencing the effectiveness of operational information sharing within supply chain channels in Malaysia [J]. Operations and Supply Chain Management, 2008, 1 (2): 85 – 100.

Zhang D. , Shi M. J. Multiple environmental policies and pollution haven hypothesis: evidence from China's polluting industries ［J］. Journal of Cleaner Production, 2017, 141: 295 – 304.

Zhuge L. , Richard B. F. , Matthew T. H. Regulation and innovation: Examining outcomes in Chinese pollution control policy areas ［J］. Economic Modeling, 2020, 89: 19 – 31.

Zhu X. H. , Zuo X. G. , Li H. L. The dual effects of heterogeneous environmental regulation on the technological innovation of Chinese steel enterprises based on a high-dimensional fixed effects model ［J］. Ecological Economics, 2021, 188: 107113.

Zorpas A. Environmental management systems as sustainable tools in the way of life for the SMEs and VSMEs ［J］. Bioresource Technology, 2010, 101 (6): 1544 – 1557.

图书在版编目（CIP）数据

企业绿色技术创新：影响机制与发展对策 / 王丽萍，
李创著 . -- 北京：社会科学文献出版社，2023.10
ISBN 978 - 7 - 5228 - 2530 - 4

Ⅰ. ①企… Ⅱ. ①王… ②李… Ⅲ. ①企业管理 - 无
污染技术 - 技术革新 - 研究 Ⅳ. ①F273.1

中国国家版本馆 CIP 数据核字（2023）第 184411 号

企业绿色技术创新：影响机制与发展对策

著　　者 / 王丽萍　李　创

出 版 人 / 冀祥德
责任编辑 / 王小艳
文稿编辑 / 赵亚汝
责任印制 / 王京美

出　　版 / 社会科学文献出版社·当代世界出版分社（010）59367004
　　　　　　地址：北京市北三环中路甲 29 号院华龙大厦　邮编：100029
　　　　　　网址：www. ssap. com. cn
发　　行 / 社会科学文献出版社（010）59367028
印　　装 / 三河市龙林印务有限公司

规　　格 / 开本：787mm × 1092mm　1/16
　　　　　　印张：22.5　字数：312 千字
版　　次 / 2023 年 10 月第 1 版　2023 年 10 月第 1 次印刷
书　　号 / ISBN 978 - 7 - 5228 - 2530 - 4
定　　价 / 128.00 元

读者服务电话：4008918866